西华师范大学科研启动基金项目"主体自生与环境优化——多维视角下的薄弱学校改造研究"（14E020）系列成果之一

四川省哲学社会科学规划一般项目"内生视域下的义务教育均衡发展方式转变研究"（SC12B024）系列成果之一

社会学丛书

新时期下我国义务教育均衡发展方式的转变

姚永强 著

中国社会科学出版社

图书在版编目(CIP)数据

新时期下我国义务教育均衡发展方式的转变 / 姚永强著. —北京：中国社会科学出版社，2016.3
ISBN 978-7-5161-7236-0

Ⅰ.①新… Ⅱ.①姚… Ⅲ.①义务教育—研究—中国 Ⅳ.①G522.3

中国版本图书馆 CIP 数据核字(2015)第 291086 号

出 版 人	赵剑英
责任编辑	冯春凤
责任校对	张爱华
责任印制	张雪娇
出　　版	中国社会科学出版社
社　　址	北京鼓楼西大街甲 158 号
邮　　编	100720
网　　址	http：//www.csspw.cn
发 行 部	010-84083685
门 市 部	010-84029450
经　　销	新华书店及其他书店
印　　刷	北京君升印刷有限公司
装　　订	廊坊市广阳区广增装订厂
版　　次	2016 年 3 月第 1 版
印　　次	2016 年 3 月第 1 次印刷
开　　本	710×1000　1/16
印　　张	17.75
插　　页	2
字　　数	291 千字
定　　价	75.00 元

凡购买中国社会科学出版社图书，如有质量问题请与本社营销中心联系调换
电话：010-84083683
版权所有　侵权必究

序　言

推进义务教育均衡发展，是落实科学发展观、构建社会主义和谐社会的内在需要，是提高教育质量、促进教育公平的必然要求，是对世界义务教育改革发展趋势的必要回应。近年来，各级党委政府高度重视义务教育均衡发展，相继出台了一系列法规、规划和实施方案，积极推进义务教育均衡发展。2005年，教育部印发了《关于进一步推进义务教育均衡发展的若干意见》，明确要求把义务教育的工作重心转移到均衡发展上来，要求各级政府统一思想和认识，积极采取各项措施，进一步推进义务教育均衡发展；2006年，新修订的《中华人民共和国义务教育法》将均衡发展纳入法制化轨道，强调各级政府在推进义务教育均衡发展过程中应该履行的法定义务；2010年，《国家中长期教育改革和发展规划纲要（2010—2020年）》则将推进义务教育均衡发展提升到战略高度，要求到2020年基本实现区域内义务教育均衡发展。

在国家法规和相关政策的指引下，各级政府初步形成了合力推动义务教育均衡发展的工作机制，其主体责任不断得到强化，发展能力也不断得到提升，区域内义务教育均衡发展取得了初步成效。但由于过去非均衡发展的惯性作用和现实中各种因素的干扰，当前义务教育均衡发展还存在一些较为突出的问题，如区域间、城乡间、学校间的发展差距仍然较大，优质教育资源短缺，非均衡、两极化的义务教育发展格局未能根本改变，义务教育均衡发展的初级性、政府主导性和同质性的阶段性特征较为明显。

中国共产党第十八次全国代表大会报告指出，以科学发展为主题，以加快转变经济发展方式为主线，是关系我国发展全局的战略抉择；我们应适应国内外经济形势新变化，加快形成新的经济发展方式，把推动发展的立足点转到提高质量和效益上来。但要实现更好的社会发展，还需要在转变经济发展方式的同时转变教育发展方式。教育发展方式转变是对教育发展的基本理念、管理体制和运行机制进行调整与变革，以促进教育与经济社会的协调发展。义务教育作为国民教育体系的重要组成部分，均衡发展作为义务教育重中之重，理应适应并积极应对社会发展转型所带来的机遇与挑战。当前，我国义务教育均衡发展注重以资源配置为中心，依赖政府力量推动，强调同质发展，这与新时期下义务教育均衡发展的现实需求和目标要求不相适应，严重阻碍了义务教育均衡发展的全面推进。因此，要更好更快推进义务教育均衡发展，2020年如期实现区域内义务教育发展基本均衡目标，就必须加快转变现行义务教育均衡发展方式。

《我国义务教育均衡发展方式转变研究》一书是姚永强在其博士论文的基础上加工完成的。作者以义务教育均衡发展为切入点，在掌握大量调查资料和现实数据的基础上，采用定性与定量相结合的研究方法，归纳出当前我国义务教育均衡发展方式的主要特征，并全面深入剖析了现行发展方式存在的主要问题及其原因，继而提出了转变的思路和具体措施。尤其是作者通过对义务教育均衡发展的阶段性问题把握，结合世界义务教育的发展趋势和义务教育均衡发展目标，探索性地提出了义务教育均衡发展方式转变的路径，这对我国今后如何更好更快推进义务教育均衡发展具有重要的参考价值。

华中师范大学教育学院教授、博士生导师　范先佐

目　录

第一章　引论 / 1
第一节　研究缘由 …………………………………………（ 1 ）
第二节　研究价值 …………………………………………（ 3 ）
　一　理论价值 ……………………………………………（ 4 ）
　二　实践价值 ……………………………………………（ 6 ）
第三节　研究设计 …………………………………………（ 9 ）
　一　研究思路 ……………………………………………（ 9 ）
　二　研究方法 ……………………………………………（ 10 ）

第二章　义务教育均衡发展方式转变的内涵 / 14
第一节　义务教育均衡发展 ………………………………（ 14 ）
　一　发展的内在规定性 …………………………………（ 14 ）
　二　教育均衡发展的一般意义 …………………………（ 17 ）
第二节　教育发展方式 ……………………………………（ 20 ）
　一　发展方式的内涵 ……………………………………（ 20 ）
　二　教育发展方式的含义 ………………………………（ 22 ）
　三　教育发展方式的类型 ………………………………（ 24 ）
　四　教育发展方式的选择 ………………………………（ 25 ）
第三节　义务教育均衡发展方式转变 ……………………（ 28 ）

第三章　我国现行义务教育均衡发展方式的形成及主要特征 / 31
第一节　我国现行义务教育均衡发展方式的形成 ………（ 31 ）
　一　探索阶段 ……………………………………………（ 31 ）

二　形成阶段 …………………………………………（36）
三　拓展阶段 …………………………………………（51）
第二节　现行义务教育均衡发展方式的理论基础 ………（57）
一　公共产品理论 ……………………………………（57）
二　公平理论 …………………………………………（64）
三　规模经济理论 ……………………………………（71）
第三节　现行义务教育均衡发展方式的主要特征 ………（76）
一　充分发挥政府主导作用，不断完善教育政策法规 …（76）
二　千方百计增加教育投入，积极构建义务教育经费保障机制 …………………………………………（78）
三　大力改善农村学校和薄弱学校办学条件，着力缩小城乡和校际差距 …………………………………（81）
四　高度重视教师队伍建设，竭力培养和造就大批优秀中小学教师 …………………………………………（85）
五　努力加大财政转移支付力度，不断支持落后地区义务教育发展 …………………………………………（90）
六　着力推进学校布局调整，全力提高教育资源利用效率 …………………………………………………（94）

第四章　我国现行义务教育均衡发展方式存在的主要问题 / 98

第一节　重教育经费投入　轻资源有效利用 ……………（98）
一　过于偏重教育经费投入，忽视教育资源的优化配置和有效利用 …………………………………………（99）
二　普遍存在对增加教育经费不切实际的幻想，忽视大量资源浪费的现象 …………………………………（100）
第二节　重外在条件改善　轻内在质量提升 ……………（101）
一　片面强调办学条件改善在缩小校际差距中的作用，忽视学校教育质量提升 ……………………………（102）
二　过于偏重资源配置均衡对择校问题的治理，忽视导致择校问题产生的其他因素 ……………………（103）
三　过分突出薄弱学校硬件设施完善的重要性，忽视学

校管理水平和教师素质提高 …………………………………（105）
第三节　重政府外在推动　轻学校自我内在驱动 ………………（107）
　一　过于重视政府教育政策的制定，忽视其他利益相关
　　　者的参与 ……………………………………………………（108）
　二　片面强调政府及外界的"他助"，忽视学校主体作
　　　用的发挥 ……………………………………………………（110）
　三　过于重视外在的扶持与输血，忽视学校自我发展能
　　　力的培育 ……………………………………………………（111）
第四节　重规模经济效应　轻教育自身发展规律 ………………（115）
　一　不顾现实的盲目撤点并校，忽视由此导致的学生上
　　　学难问题 ……………………………………………………（115）
　二　片面追求规模办学，忽视由此产生的学校管理问题 …（118）
　三　片面追求办学效益的提高，忽视学生身心健康发展 …（120）
　四　过于重视办学的规模效应，忽视学校的区域社会文
　　　化功能 ………………………………………………………（122）
第五节　重同质发展　轻特色办学 ………………………………（124）
　一　过于重视学校标准化建设，忽视各个学校的特色
　　　发展 …………………………………………………………（124）
　二　片面强调集团化和区域一体化办学，忽视其成员学
　　　校的个性发展 ………………………………………………（126）
　三　过于强化督导评估的共性，忽视地方及学校的个性
　　　差异 …………………………………………………………（130）
第六节　重城市和示范学校发展　轻农村和一般学校建设 ……（134）
　一　长期奉行城市教育优先发展战略，忽视农村特别是
　　　偏远山村教育发展 …………………………………………（134）
　二　不断强化"重点学校制度"，忽视一般学校尤其是
　　　薄弱学校建设 ………………………………………………（139）

第五章　我国现行义务教育均衡发展方式存在问题的原因 / 142
　第一节　义务教育均衡发展认识上的偏颇 ……………………（142）
　　一　均衡发展就是平均发展 ……………………………………（142）

二　均衡发展就是同一发展 …………………………………… (143)
　　三　均衡发展就是资源配置均衡 ……………………………… (143)
　　四　均衡发展就是保障适龄儿童青少年受教育权利 ………… (144)
第二节　义务教育管理体制的制约 ………………………………… (146)
　　一　管理体制相对集中 ………………………………………… (146)
　　二　财权与事权相分离 ………………………………………… (148)
　　三　偏重对学校的管控 ………………………………………… (149)
第三节　经济学思维运用的不科学 ………………………………… (150)
　　一　学校布局调整过于偏重规模经济 ………………………… (150)
　　二　资源共享很大程度上是为减少教育投入 ………………… (152)
　　三　师资配置偏重经济杠杆 …………………………………… (153)
第四节　办学条件等同于办学水平观念的误导 …………………… (155)
　　一　办学条件不同于办学水平 ………………………………… (156)
　　二　办学条件改善并不一定导致办学水平提高 ……………… (157)
第五节　社会意识偏差的影响 ……………………………………… (157)
　　一　固化的社会等级观念 ……………………………………… (158)
　　二　"学而优则仕"的社会意识 ………………………………… (159)
　　三　"等、靠、要"的依赖思想 ………………………………… (160)
　　四　"重点"学校制度的惯性动能 ……………………………… (161)
　　五　城市优于农村的片面认识 ………………………………… (163)

第六章　我国义务教育均衡发展方式转变的维度 / 165

第一节　从注重教育资源投入转向资源优化配置与有效利用 …… (165)
　　一　教育资源的稀缺性决定了必须注重优化配置与有效
　　　　利用 ………………………………………………………… (166)
　　二　要素的相互性决定了教育资源必须优化配置 …………… (169)
第二节　从注重资源配置均衡转向教育质量均衡 ………………… (171)
　　一　现阶段义务教育发展的主要矛盾要求必须转向质量
　　　　均衡 ………………………………………………………… (171)
　　二　均衡发展的内在要求需要注重教育质量均衡 …………… (173)
　　三　世界教育改革的质量取向需要重视教育质量均衡 ……… (174)

第三节　从依赖政府的被动发展转向学校主动发展 …………（177）
　　一　学校作为教育活动的基本场域要求注重其自主发展 ……（177）
　　二　自主发展是学校发展的源泉和动力 ………………………（178）
　　三　内生发展理论为学校自主发展提供了科学的学理
　　　　基础 ………………………………………………………（180）
第四节　从一元发展转向多元发展 ………………………………（184）
　　一　社会多元价值发展的要求 …………………………………（184）
　　二　教育公平的内在要求 ………………………………………（186）
　　三　义务教育均衡发展的必然选择 ……………………………（189）
　　四　多元发展的世界教育改革取向要求我国义务教育发
　　　　展多元化 …………………………………………………（190）
第五节　从过度规模发展转向适度规模发展 ……………………（193）
　　一　学校适度规模的确定 ………………………………………（194）
　　二　学校适度规模发展具有多元价值 …………………………（197）
　　三　美英日小规模学校运动的经验借鉴 ………………………（201）
第六节　从单一发展转向共同发展 ………………………………（204）
　　一　教育共同体的价值认识 ……………………………………（204）
　　二　均衡发展本质属性决定了各区域和学校共同发展 ………（207）
　　三　教育改革要求城乡教育和学校教育共同发展 ……………（209）
　　四　国外对教育共同发展的有益探索对我国义务教育均
　　　　衡发展的启示 ……………………………………………（210）

第七章　我国义务教育均衡发展方式转变的对略 / 215

第一节　创新发展观念，厘清发展思路 …………………………（215）
　　一　树立主动发展理念 …………………………………………（215）
　　二　制定科学发展规划 …………………………………………（216）
　　三　提高均衡发展政策的社会认同感 …………………………（217）
第二节　改革教育管理体制，保障学校主体地位 ………………（218）
　　一　科学定位政府角色 …………………………………………（219）
　　二　构建义务教育均衡发展保障体系 …………………………（220）
　　三　加强县级以上人民政府的统筹力度 ………………………（221）

四　实行校长负责制 …………………………………………… (224)
　　五　提高学校自我发展能力 …………………………………… (225)
第三节　优化资源配置，提高资源利用率 ……………………………… (226)
　　一　调整资源配置结构 ………………………………………… (226)
　　二　健全资源管理机制 ………………………………………… (227)
　　三　动态调整学校布局 ………………………………………… (228)
　　四　优化师生比例 ……………………………………………… (229)
第四节　加强学校管理，提高教育质量 ………………………………… (229)
　　一　健全学校内部治理结构 …………………………………… (230)
　　二　强化教学过程质量控制 …………………………………… (231)
　　三　实施学校绩效管理 ………………………………………… (232)
第五节　实施多元评价，鼓励学校特色发展 …………………………… (234)
　　一　树立多元发展观 …………………………………………… (234)
　　二　构建多元评价机制 ………………………………………… (236)
　　三　打造特色校园文化 ………………………………………… (237)
　　四　加强地方课程和校本课程开发 …………………………… (238)

结束语 / 240

参考文献 / 243

后　记 / 273

第一章 引 论

第一节 研究缘由

义务教育是国民教育的基础,也是整个教育体系的重要组成部分。自改革开放特别是1986年《中华人民共和国义务教育法》颁布实施以来,我国政府始终坚持将普及九年义务教育作为教育工作的重中之重,并制定了一系列重大方针、政策,以推进"普九"目标的实现。2001年,我国如期实现了基本普及九年义务教育和基本扫除青壮年文盲的战略目标,普及九年义务教育人口覆盖率达到85%以上;[①] 2008年,城乡免费义务教育全面实现;2010年年底,全国2856个县(市、区)全部达到"两基"目标,"两基"人口覆盖率达到100%。[②]

然而,在取得巨大成就的同时,我国义务教育也存在一些不容忽视的问题。由于经济社会发展差距的影响,历史形成的体制、机制等方面的原因,公共教育资源在不同主体间配置不均衡,地区间、城乡间和学校间的办学水平存在较大差距,不同社会群体享用的优质教育资源极不均等,严重影响了教育质量的整体提高和教育公平的全面实现。义务教育非均衡发展已成为家庭、社会和各级政府关注的社会热点以及迫切需要解决的一个理论与现实问题。

为解决这一世纪难题,我国提出了义务教育均衡发展这一战略性目标。自20世纪80年代以来,中央政府相继颁布了一系列法律、规章及制

[①] 翟博、刘帆、时晓玲:《世纪的承诺——来自中国实现"基本普及九年义务教育和基本扫除青壮年文盲"的报告》,《中国教育报》,2001年4月9日。

[②] 教育部:《2010年全国教育事业发展统计公报》,《中国教育报》,2011年7月8日。

度，从法规和政策层面加以规范、引导和保障。1996年，国务院办公厅转发了国家教委等部门《关于1996年在全国开展治理中小学乱收费工作的实施意见》，指出要逐步缩小校际差距，全面提高教育质量，办好义务教育阶段所有学校。2005年，教育部颁布了《关于进一步推进义务教育均衡发展的若干意见》，要求各级教育行政部门要从实践"三个代表"重要思想和落实科学发展观的高度，把推进义务教育均衡发展纳入当地教育改革与发展的总体规划，研究制定出本地区推进义务教育均衡发展的目标任务、政策措施和实施步骤。2006年，新修订的《义务教育法》首次从法律的高度强调，国务院和县级以上地方人民政府应当合理配置教育资源，改善薄弱学校的办学条件，保障农村地区、民族地区实施义务教育，促进义务教育均衡发展。《国家中长期教育改革和发展规划纲要（2010—2020年）》（以下简称《规划纲要》）则将推进义务教育均衡发展提升到战略高度，要求建立健全义务教育均衡发展保障机制，均衡配置各项资源，切实缩小学校差距、城乡差距和区域差距，到2020年基本实现区域内义务教育均衡发展。为贯彻落实《国家中长期教育改革和发展规划纲要（2010—2020年）》，巩固提高九年义务教育水平，深入推进义务教育均衡发展，2012年，国务院下发了《关于深入推进义务教育均衡发展的意见》，再次重申了推进义务教育均衡发展的现实意义和历史意义，要求各级政府要充分认识推进义务教育均衡发展的长期性和艰巨性，增强责任感、使命感和紧迫感，全面落实责任，切实加大投入，完善政策措施，深入推进义务教育均衡发展，保障适龄儿童少年接受良好义务教育。由此可见，在新的历史时期下，党和国家对促进义务教育均衡发展高度重视，将推进义务教育均衡发展作为我国又一教育发展战略方针。

在国家政策法规的指导下，地方各级政府及教育行政部门根据本区域的实际，也纷纷出台了一系列义务教育均衡发展政策及配套措施，试图探索适合本地区实际情况的义务教育均衡发展模式。如北京东城区的学区化管理模式、成都青羊区的城乡一体化模式、安徽铜陵的薄弱学校改造模式以及辽宁沈阳的综合试验区模式，等等。通过加大县级以上人民政府的统筹力度、增加教育经费投入、推行城乡教师交流、实施学校标准化建设、扶持薄弱学校和弱势群体等措施，公共教育资源在区域间、学校间、不同社会群体间配置的不均衡状况得到了较大改观。

与此同时，社会各界，特别是学界的不少学者对义务教育均衡发展给予了前所未有的关注。2011年始，笔者作为教育部哲学社会科学重大攻关项目《我国义务教育均衡发展改革研究》课题组成员之一，参加了部分地区的调研工作，参与了调研资料的汇总整理。通过调研中的访谈与观察，以及调研资料的整理与分析，我深切感受到当前我国义务教育均衡发展还存在较多的问题，发展中的不平衡、不协调、不可持续问题依然突出，发展现实与理想目标还存在相当大的距离。地区间、城乡间、学校间教育质量和办学水平仍然参差不齐，高质量、多元化的义务教育供给不足，择校现象仍较普遍。尤其是在经济发展水平较高、义务教育经费保障有力的中心城区，择校现象更为明显和突出。在大力推进义务教育均衡发展的今天，为什么还广泛存在着与均衡发展主旨相背离的行为？是义务教育均衡发展的价值诉求存在偏差，还是义务教育均衡发展政策自身存在不足？或是我们所采用的义务教育均衡发展的模式、方法的科学性和可行性值得商榷？笔者认为，当前义务教育均衡发展问题的瓶颈不在于政策是否完善，也不在于教育经费投入是否充足，而是在于发展的方法、手段和模式存在一定的问题。

第二节 研究价值

随着我国经济社会发展的转型以及义务教育均衡发展的深入推进，义务教育均衡发展中的主要矛盾也随之发生转移，一些新的和亟待解决的发展问题也随之出现，不少学者也越来越认识到当前我国义务教育均衡发展方式转变的紧迫性和必要性，就转变的现实背景、转变的方向、转变的内在机理以及如何转变等问题进行了初步的思考和研究，并在此基础上提出了一些有关义务教育均衡发展方式转变的建设性意见。但由于对义务教育均衡发展方式转变研究还处于起步阶段，对一些问题的分析和思考较为肤浅和片面，研究中还存在诸多不足。因此，如何更好地从以资源配置为核心的资源均衡转向以质量提升为核心的优质均衡、从外延式发展转向内涵式发展、从依赖政府的被动发展转向学校的自主发展就成为各级人民政府和教育行政部门面临的主要任务，也是社会各界关注和研究的重要课题。基于义务教育均衡发展现实和理论研究现状，笔者综合运用教育学、社会学、经济学、管理学等学科的相关理论，借鉴经济社会发展方式转变的实践模式，从多维视角来探讨和分析义务教育均衡发展方式转变的相关问题，探寻发展方式转变的有效路径，以期更好地推进我国义务教育均衡发展，实现义务教育均衡发展目标。

一　理论价值

（一）有助于科学理解义务教育均衡发展的内在属性

事物内在属性的概括表现为概念，概念是反映事物本质属性的思维形式，人类在认识过程中，从感性认识上升到理性认识，把所感知事物的共同本质特点抽象出来，加以概括，就成为概念。"概念，既是思想的工具，又是思想的材料，还是思想的结果。"[①] 对概念的界定与分析是任何一门学科开展相应理论研究和实践活动的思想前提，只有一个科学、明晰的概念存在，才会使理论研究有一个坚实的逻辑根基，才会使研究不偏离主题和方向，也才会使实践者选择相应的行动策略，实施相应的实践行为。科学教育学的奠基人赫尔巴特（Johann Friedrich Herbart）在对教育问题分析和理论系统构建时，就非常重视概念问题，认为教育学要成为一门真正的科学，首先就必须具有严谨而又明晰的教育概念。"普通教育学必须把论述基本概念放在一切论述之前。"[②]

概念分析在义务教育均衡发展研究中同样具有重要的意义，它既是认识和理解义务教育均衡发展实践的需要，也是构建义务教育均衡发展理论体系的需要，更是提高义务教育均衡发展研究质量和实践效度的需要。在过去，正是由于我国学术界在义务教育均衡发展本质属性的认识上存在一定差异，各级政府也未能给予较为明确、科学而又统一的概念界定，导致了不少人对义务教育均衡发展的困惑与迷茫，在一定程度上阻碍了义务教育均衡发展的全面推进。对义务教育均衡发展方式转变研究，首先就要对"均衡发展""发展方式"等核心概念的本质属性进行分析，概括出相应的属性特征，这必然有助于对义务教育均衡发展内在属性的科学理解和正

[①] 石中英：《教育学研究中的概念分析》，《北京师范大学学报》（社会科学版），2009年第3期。

[②] ［德］赫尔巴特：《普通教育学·教育学讲授纲要》，李其龙译，人民教育出版社1989年版，第192页。

确认识。

(二) 有助于丰富和完善义务教育均衡发展理论

教育发展的理论问题研究是教育哲学研究的一个重要范畴，而任何一种理论都是一个不断丰富和完善的过程。义务教育均衡发展作为新时期我国义务教育改革的基本取向，同样需要科学的理论指导，需要广大理论研究者和教育实践者不断给予思考、总结，并将之相应思想、观点上升到科学理论的高度。从当前研究现状来看，不少学者从各个视角对义务教育均衡发展进行了积极的理论思考，形成了丰富的义务教育均衡发展理论和百家争鸣的局面。但现有的系统研究较少，重复性研究较多，而对义务教育均衡发展方式研究更是少之又少，这无疑导致现有研究成果对义务教育均衡发展实践指导的乏力。

本研究从我国经济社会转型和世界教育变革这一大的背景出发，借助教育学、经济学、管理学、社会学和哲学等学科的相关理论，从公平、质量、效率与效益等多维视角，集中探讨我国义务教育均衡发展推进中的问题、成因，分析当前义务教育均衡发展政策的不足及其可能产生的后果。通过对公平理论、规模经济理论、内生发展理论、质量管理理论等理论观点进行全面的梳理与分析，挖掘其理论价值并深入探讨它们对完善义务教育均衡发展政策所产生的作用，这无疑能够获得丰富而新颖的信息，能够完善我国义务教育均衡发展理论，继而对教育基本理论和教育发展理论的科学化产生积极作用。

(三) 有助于提升义务教育均衡发展政策理论高度

要实现教育持续、快速发展，就必须加大教育改革的力度，而改革的顺利推进必须依靠科学、有效的政策引导。教育政策的本质在于它是政府对教育资源进行调配的有效手段，它直接影响教育实践结果及教育公平的实现程度。均衡发展作为新时期我国义务教育的改革路向，同样需要科学的政策指引。近年来，为顺利推进义务教育均衡发展，又好又快实现义务教育均衡发展目标，从中央到地方都积极出台了诸多义务教育均衡发展政策，并在实践中不断给予完善，但由于我国义务教育改革与发展的复杂性和艰巨性，相应的义务教育均衡政策法规仍存在较大的修订和完善空间。并且随着政策实施环境的变化，政策本身的思维框架及实施方案都应进行相应修订和完善，这是我国义务教育事业健康、稳定发展的政策基石。原有政策的完善和新政策的出台，都需要对政策的价值取向、指向对象属性及政策实施的内外环境进行全面分析和深入思考，需要在科学理论的基础上形成完善的义务教育均衡发展政策体系，从而提升义务教育均衡发展政策的科学性和实效性。

基于这一研究原理，本研究以义务教育均衡发展本质属性、价值取向、实践困境的分析为出发点，将义务教育均衡发展政策与整个义务教育发展改革的相关政策法规紧密联系起来，探讨一种以政策科学理论为指导的改革分析视角，构建出科学的义务教育均衡发展政策体系，提升政策的理论高度。正如美国学者格瑞斯（Garec）所说："不考虑广泛的系统关系而只是关注具体问题……虽然它的具体性、自由价值以及客观姿态及直接性都是很诱人的，但这一研究却冒着失败的风险，如它缺少在意识形态及政策制定过程中相关群体的检验、政策表达中内部矛盾的显现，以及政策、决策所发生的环境中的政治和经济关系的检验。换言之，这种研究缺少政策学识。"[1]

二 实践价值

（一）有助于全面贯彻落实科学发展观

2003年7月，原中共中央总书记胡锦涛同志在全国防治"非典"工作会议上指出："我们要更好地坚持全面发展、协调发展、可持续发展的发展观，更加自觉地坚持推动社会主义物质文明、政治文明和精神文明协调发展，坚持在经济社会发展的基础上促进人的全面发展，坚持促进人与自然的和谐。"这是国家领导人在讲话中首次提出科学发展观。科学发展观是我们党和政府为实现我国经济社会又好又快地发展，在充分肯定改革开放以来我国取得举世瞩目成就的基础上，从新世纪新阶段的实际出发，适应现代化建设，努力把握发展规律、汲取人类关于发展的有益成果，着眼于丰富发展内涵、创新发展观念、开阔发展思路、解决发展难题的基础上提出来的。科学发展观的第一要义是发展，核心是以人为本，基本要求是全面、协调和可持续，根本方法是统筹兼顾。在中国共产党第十七次全

---

[1] Graec. G, Weafare Labourism Versus the New Right, International Studies in Sociology of Education, 1991, pp. 37 – 48.

国代表大会上，科学发展观被写入党章，成为中国共产党及我国经济社会发展的指导思想之一。中国共产党第十八次全国代表大会再次强调，面向未来，我们应深入贯彻落实科学发展观，以科学发展为主题，以加快转变经济发展方式为主线，要适应国内外经济形势新变化，加快形成新的经济发展方式，把推动发展的立足点转到提高质量和效益上来。在此背景下，教育如何为全面建成小康社会服务，在教育领域内如何落实科学发展观，正是教育理论研究者和实践者当前面临的一个重大课题。

均衡发展既是当前我国义务教育改革发展的重要内容和主流话语，也是贯彻落实科学发展观的具体体现和要求。"从促进经济社会文化相协调的角度，从促进人和自然相和谐的可持续发展的角度，科学发展都是涵盖人口、就业、收入分配、社会保障、教育、健康、医疗卫生、科技、文化事业、生态环境等在内的系统工程。"[①] 就义务教育发展而言，在各种因素的交叉作用下，公共教育资源在不同主体间配置不均衡，地区之间、城乡之间和学校之间的教育质量和办学水平存在较大差距，严重影响了义务教育质量的进一步提高和教育公平的全面实现，也严重影响了科学发展观的贯彻落实。义务教育非均衡发展已成为家庭、社会和各级政府关注的社会热点以及迫切需要解决的一个重大理论与实践问题。为解决这一世纪难题，我国提出了义务教育均衡发展这一战略构想。义务教育均衡发展的目的就是要让每一受教育者平等享有教育资源，最大限度满足广大人民群众高质量、多元化的教育需求，使每个地区、每个家庭的孩子都能接受更好的教育。而在每一时期，义务教育均衡发展面临的内外问题和主要矛盾都将发生变化，其根本任务和具体目标也将发生改变。发展目标的变化必然要求发展方式的转变，一定的教育发展方式适应于特定的教育发展目标。要深入推进义务教育发展，又好又快实现义务教育均衡发展目标，我们就必须结合义务教育均衡发展内外环境、现实矛盾和阶段性目标，转变发展的方法和模式。通过对义务教育均衡发展方式转变的相关研究，能够为义务教育均衡发展改革提供科学的参考依据，能够更好地推进义务教育均衡发展，从而扩大优质教育资源的覆盖面，发挥优质教育资源的最大效益，

---

① 刘新成、苏尚锋：《义务教育均衡发展的三重意蕴及其超越性》，《教育研究》，2010年第5期。

为广大人民群众提供更为满意的教育，最大程度实现教育公平，这都是对科学发展观的贯彻和落实。

(二) 有助于准确把握义务教育均衡发展现状

任何一项政策的制定或实践措施的出台都需要在现状把握的基础上进行。现状是指事物当时的局面和目前的状况，它是某一事物的各要素在一定时空下的综合反映。现状把握是进一步从事社会实践活动的基础和前提，只有全面了解和准确把握了现状，才能知晓事物发展的基本状况，也才能判断事物的发展阶段以及与最终目标的吻合程度，也才能使为进一步顺利开展工作而制定出的政策措施具有较强的针对性和实效性。而事物发展现状的把握需要主体对其进行集中关注，需要采用一定的工具和方法收集反映事物本质属性及外在特征的相关信息，并在此基础上进行整理、归纳和分析。

早在20世纪末期，人们就已重视义务教育发展的地区差距、城乡差距和学校差距问题，希望通过加大经费投入、改善办学条件、实行倾斜扶持等措施来缩小义务教育的非均衡发展状况。在这一过程中，教育均衡发展思想应运而生。我国政府及相关部门不仅出台了一系列专项性文件[①]，而且在《义务教育法》《规划纲要》等政策法规中将义务教育均衡发展提升到战略高度，要求合理配置教育资源，不断提高保障水平，切实缩小学校差距，加快缩小城乡差距，努力缩小区域差距，力争到2020年实现区域内义务教育基本均衡。经过近十年的发展，当前义务教育均衡发展的现状如何，发展中还存在哪些问题，存在这些问题的根源何在，这是我们今后进一步推进义务教育均衡发展的前提。本研究在深入理解和把握教育发展理论的主要观点及其实践模式的基础上，结合义务教育均衡发展的政策目标、基本内容，根据研究假设，综合运用文献资料法、问卷调查法、访谈法和案例研究法，对四川、重庆等省、区直辖市的部分区县进行调研，以准确把握义务教育均衡发展取得的成就、当前发展方式存在的问题及原因。

---

① 参见教育部《关于进一步推进义务教育均衡发展的若干意见》(2005年5月25日)；教育部《关于贯彻落实科学发展观进一步推进义务教育均衡发展的意见》(2010年1月4日)；教育部关于《县域义务教育均衡发展督导评估暂行办法》(2012年1月20日)；国务院《关于深入推进义务教育均衡发展的意见》(2012年9月5日)等。

（三）有助于更好更快推进义务教育均衡发展

近年来，为推进义务教育均衡发展，最大程度实现教育公平，国家制定了一系列政策法规，地方各级政府及教育行政部门也根据本区域实际，相继出台了一系列义务教育均衡发展的配套措施。通过各级政府和社会各界的共同努力，义务教育非均衡发展势头得到了有效遏制，公共教育资源配置也逐步均衡。

然而，我们在肯定取得的成就的同时，还应该正视当前义务教育均衡发展存在的问题和面临的各种阻力，认识到2020年实现区域内义务教育基本均衡这一理想目标与现实结果之间还有相当大的差距。《我国义务教育均衡发展改革研究》课题组通过对湖北、四川、重庆、山东、江西等省市的部分区县调研发现，尽管各个地方都积极贯彻落实中央的政策文件精神，出台了一系列的政策措施，不可谓不重视，但就现状而言，区域内义务教育非均衡发展状况并未得到较大改观，城乡间和学校间的教育质量和办学水平参差不齐甚至差距很大，择校现象仍较普遍。特别是在经济发展水平较高、义务教育经费保障有力的中心城市，择校现象更为明显和突出。经过近十年义务教育均衡发展战略的实施，为什么义务教育发展现状与均衡发展目标还相距甚远？推进义务教育均衡发展的方法与手段到底存在什么问题？本研究在现状把握、问题简析的基础上，深入分析与探讨当前我国义务教育均衡发展方式存在的问题及其原因，并借鉴国外义务教育发展改革的成功经验，指出我国义务教育均衡发展方式转变的路向，提出相应具体的实施措施，这都将有助于推进义务教育均衡发展，更好更快实现义务教育均衡发展目标。

第三节　研究设计

一　研究思路

为均衡配置公共教育资源，缩小区域间、城乡间和学校间办学水平存在的较大差距，我国提出了义务教育教育均衡发展战略。通过加大县级以上人民政府统筹力度、增加义务教育经费投入、实施学校标准化建设、实行城乡学校教师交流、扶持薄弱学校和弱势群体等措施，公共教育资源在区域间、学校间、不同社会群体间配置不均衡状况得到了较大改观，在一定程度上推进了义务教育均衡发展。但县域内教育资源配置的基本均衡并没有带来教育质量的均衡，区域间和学校间的办学水平仍然参差不齐，高质量、多元化的义务教育供给不足，择校现象仍较普遍。在大力推进义务教育均衡发展的今天，为什么还广泛存在着与均衡发展主旨相背离的行为？是义务教育均衡发展的价值诉求存在偏差，还是我们的教育政策本身就存在问题？或是我们推进义务教育均衡发展的方法、手段的科学性和可行性值得商榷？基于这一现实困境，本研究拟在深入了解和把握义务教育均衡发展现状的基础上，结合义务教育均衡发展的政策目标、基本内容，根据研究假设，从多维视角编制量表，选取四川、重庆、湖北、贵州等省市的部分区县为个案，对我国义务教育均衡发展状况进行调查，准确把握现存问题及其影响因素，深入分析各种因素的不同影响度。然后对世界部分国家义务教育均衡发展实施策略进行比较研究，在结合我国实际和国外经验的基础上，从经济学、社会学、教育学、管理学等多学科视角出发对我国义务教育均衡发展方式转变的政策条件和发展措施进行系统研究和理论深化，进而构建出科学而又行之有效的义务教育均衡发展方式转变行动机制。

二　研究方法

研究方法是指人们在研究过程中发现新现象，提出新观点，揭示事物内在规律所采用的手段和工具，它是人们在从事科学研究过程中不断总结、提炼出来的。任何一项研究都需要采用一定的研究方法，缺乏研究方法，科学研究也就成了无源之水、无本之木，也就不能开展研究活动。门捷列夫用分类法、比较法发现了元素周期表，培根用实验法发现了热的运动本质，达尔文用实验法、观察法和比较法创立了进化论，等等。由此可见，无论是自然学科还是社会学科，其研究成果的取得都是通过各种各样的研究方法来实现的。因此，要想做好研究工作，取得一定研究成果，就必须使用一定的研究方法。

由于认识水平、认识问题的视角、研究对象的复杂性，以及研究方法本身处于一个在不断完善和相互作用的动态发展过程中，因此人们对研究方法的分类不完全一致。就一般而言，研究方法主要包括文献资料法、调查法、观察法、比较研究法、个案研究法、行动研究法等。基于研究目的和研究内容，本研究主要采用以下几种研究方法：

（一）文献资料法

文献资料法也称历史文献法，它是通过查阅、分析、整理与研究相关的各种文献资料，全面了解和准确把握所要研究的问题，从而认识事物本质属性的一种方法。在研究过程中，笔者主要通过中国期刊网（CNKI）、超星数字图书馆、读秀学术搜索、CALIS 外文期刊网等网络，《中国教育报》《人民日报》《教育研究》《教育与经济》《中国教育学刊》《教育发展研究》等报刊，以及《教育均衡发展政策研究》《教育均衡论》《义务教育均衡发展报告》等著作，搜集相关研究的已有研究成果和理论观点，包括我国地方义务教育均衡发展的经验介绍、均衡发展的理论研究、国外义务教育发展改革的经验总结、经济社会发展转型研究、教育公平研究、教育管理体制改革研究等，经过整理与分析，概括出相关研究的主要观点，以全面了解和掌握义务教育均衡发展的基本情况。并对相应观点和经验进行消化与移植，为本研究提供理论基础和信息依据。

（二）调查法

调查法是研究者为了深入了解研究对象的实际情况，弄清事实真相，有目的、有计划、有步骤地收集研究对象现实状况材料的方法。问卷法是调查法中最常用的一种方法，它是指研究者就调查项目提出一些问题，拟好题目和表格，通过调查对象对题目进行反应来收集研究信息的方法。在研究过程中，笔者根据研究的主要任务、研究对象的类群属性及已有研究成果，在分析国际国内均衡发展评估指标的基础上，筛选出关键性、核心性指标，通过研讨论证并结合研究目的，拟定出《我国义务教育均衡发展改革研究》《义务教育均衡发展方式转变研究》的行政卷和学校卷两种问卷，并从县域层面编制了《义务教育均衡发展方式转变研究调查信息采集表》，从而从县域、教育管理人员和学校教职员工三个层面系统收集义务教育均衡发展现状的相关信息，全面认识义务教育均衡发展已取得的成就、存在的问题及其深层次原因，准确把握不同教育实践主体在推进义务教育均衡发展中的态度及主要观点。为确保调查对象的典型性和层级性，调查地域涉及四川省、重庆、湖北、贵州等省市下辖区县，并从每一个区县的城区和乡镇随机抽取 3—5 所样本校，对样本校的部分教师和校长以及地方教育行政部门负责人进行问卷调查。调研共发放问卷 660 份

(其中教育行政人员卷 34 份，校长和教师卷 626 份)，回收 642 份，回收率为 97%；其中有效问卷 624 份，有效率为 97%。

在进行问卷调查的同时，笔者还深入教育管理部门和城乡学校，就现行义务教育均衡发展方式、存在的主要问题及其原因、如何认识和解决这些问题等方面的内容，对教育行政部门负责人、城乡中小学校长及教师进行了结构性访谈，获得了研究所需的大量质性材料。

(三) 比较研究法

所谓比较研究法，就是依据一定的标准，对两个及其以上的相关事物进行比较辨析，寻求彼此异同的一种分析方法。比较研究法广泛运用于科学研究的各个领域，在教育科学研究中，比较研究法是一种较为重要的研究方法。吴文侃、杨汉青认为："比较法是根据一定的标准，对不同国家或地区的教育制度或实践进行比较研究，找出各国教育的特殊规律和普遍规律的方法。"[1] 比较研究法能够帮助人们更好地认识本国、本地的教育状况，把握教育的普遍规律，为教育政策制定提供依据。

义务教育均衡发展改革是世界各国的共同趋向，尽管各国的社会制度、自然条件、经济发展水平、文化传统、教育体制等方面存在一定的差异，发展改革的目标、面临的主要问题及实践措施上也各不相同，但通过比较分析，我们仍能从中探究出义务教育发展改革存在的共性及普遍规律，其他国家或地区的经验教训对我国义务教育均衡发展方式转变具有一定的借鉴意义。本研究通过对美国、英国、韩国、日本、中国香港等国家和地区义务教育发展改革措施的梳理与分析，科学认识义务教育发展改革路向，准确把握其他国家或地区推进义务教育均衡发展的具体措施及经验教训，以期对我国义务教育均衡发展方式转变起到很好的借鉴作用。同时，通过对我国各省市义务教育均衡发展现状的调研，比较不同地区义务教育均衡发展措施的异同及其成效，以及存在的问题及缘由，能够为完善我国义务教育均衡发展方式提供科学的依据。

(四) 经验总结法

经验总结法是指按照一定的程序，借助一定的手段，对教育实践所提供的事实进行分析，概括出教育现象中的本质属性，并使之上升到教育理

---

[1] 吴文侃、杨汉青：《比较教育学》，人民教育出版社 1989 年版，第 6 页。

论高度的一种方法。经验总结法在教育科学研究中具有十分重要的意义和作用,古今中外,许多著名教育家的教育著述都是教育实践的经验总结。世界无产阶级的伟大导师、科学社会主义的创始人马克思(Karl Heinrich Marx)曾经指出:"理论的概念必须要由大规模积累的实际经验来完成。"①

本研究根据研究的目的和内容,把新闻报道和现实调研所涉及的具有较强典型代表性的地区和学校作为个案,通过文献资料查阅、座谈讨论、考察等,广泛收集、掌握具体的经验事实,分门别类加以整理,区别真伪,分析事实本身所蕴含的普遍意义和社会效果,揭示具体事实内在的本质联系,进而将经验上升到科学理论高度,形成总结成果,以期为形成具有较强普遍性、实效性的义务教育均衡发展方式提供帮助。

---

① 马克思:《资本论》(第1卷),人民出版社1975年版,第404页。

第二章 义务教育均衡发展方式转变的内涵

概念是人对客观事物本质属性的反映，是思维的基本单位，人们总是在概念明晰的基础上进行判断和推理，进而对事物作出科学的反应。同理，义务教育均衡发展方式转变的理论研究和实践活动需要在相应概念理解和掌握的前提下加以进行。

第一节 义务教育均衡发展

什么是教育均衡发展？如前所述，在已有的研究文献中，不少学者按照自我观点给出了相应界定，可谓是仁者见仁、智者见智。他们在教育均衡发展本质属性的认识上或强调教育平等，或重视教育供给与教育需求的关系，或注重教育政策法规的保障等。究其缘由，教育均衡发展是一个后生概念，教育均衡是对其他学科均衡概念的移植，而人们在均衡概念的移植过程中往往由于侧重点及视角存在差异，因此在教育均衡发展的界定及属性认识上有所不同。

从词义上看，尽管均衡发展的核心指向是发展，教育均衡只是对发展领域的限定和发展状态的表征，但从教育均衡发展理念的提出背景、目的指向以及当前我国理论研究现状来看，我们当前对教育均衡发展的理解和现实问题解决的重点和难点都需要对发展和均衡有一个科学认识，在此基础上才能够准确把握教育均衡发展的本质属性。

一 发展的内在规定性

发展作为一个通俗词语，在很多领域都有着不同的运用，其内涵是在哲学、社会学、经济学、政治学、教育心理学等学科对它的解释和研究的基础上不断演变的。正如美国学者阿图罗·埃斯科瓦尔（Arturo Escobar）所说："'发展'这个词的修饰语越来越多，人们却从未想到对这个词本身提出疑问，也从未探寻它的本体论基础。"① 从生物学的角度，发展意指生物个体从小到大，从不成熟到成熟的成长过程；从哲学的角度，发展意指事物由低级到高级的运动变化过程，其实质是新事物代替旧事物；从经济学的角度，发展原指经济增长，通常采用国民生产总值增长率和人均GDP的增长率来加以衡量，后来随着不少国家和地区出现了有增长无发展的局面，不少学者认为发展不仅包括经济数量的增加，还应包括经济发展质量的提高，如经济结构改良、公平分配、自然资源与环境得到保护、基本需求得到满足等；从教育心理学的角度，发展意指个体在整个生命过程中的身心变化，包括生理发展与心理发展。

同时，发展是一个历史范畴，是一个随着人类社会的发展实践进程不断深化的概念。在20世纪中期，发展一词主要是由新古典主义经济学提出来的，随后马克思主义和结构主义也介入并建立了自己的发展理论，从而在发展观念上形成了新古典主义、结构主义和新马克思主义的三种范式。70年代以来发展研究对"文化"的关注，对贫困、失业和不平等问题的关注，以至90年代的可持续发展观的确立，使"发展"观念的内涵愈发丰富起来。瑞典著名经济学家、斯德哥尔摩学派的创始人之一、当代新制度学派的代表人物之一甘纳尔·缪尔达尔（Gunnar Myrdal）认为，发展不是GDP的单一增长，而是涵盖经济、社会和文化的整体上升运动。美国发展经济学家托达罗（Michael P. Todro）也认为，发展不是一个纯粹的经济现象，不仅仅包括人们的经济活动和物质生活，而且包括整个经济、社会重组的多维过程。② 因此，从根本上讲，发展所包含的内容不仅仅是某一方面，它要受到政治、经济、文化、环境等多种因素的影响，其内在规定性主要体现在以下几个方面：

（一）发展是主体的发展

一谈到发展，首先就暗含着某一事物、某一有机体的变化，这些事物或者有机体决不是简单的实体，而是自身内在包含着众多相互联系、相互

---

① 刘森林：《发展哲学引论》，广西人民出版社2000年版，第1页。
② 王泉：《发展理论视阈下的科学发展观》，《社会主义研究》，2010年第1期。

作用的各要素的有机统一体。在以往关于发展的属性认识上，人们往往只是一般地、抽象地谈论发展，至于什么在发展，发展的主体的是什么，主体的内在属性怎样等，则是语焉不详，或者轻描淡写，不同程度地存在着发展主体虚位的问题。因此，要谈论发展，首先必须认识到发展的主体问题，明确主体的内在属性以及其特殊的运动方式。

（二）发展是内外因共同作用的结果

唯物辩证法认为，事物的产生、发展和灭亡都是内外因共同作用的结果。内因即内部矛盾，是构成事物各要素之间的对立统一，外因即外部矛盾，是事物间的对立统一，它们在事物发展中处于不同的地位，发挥着不同的作用。内因是事物存在和发展的根本，它规定着事物的内在属性和发展方向；外因是事物存在和发展的外部条件，它规定着事物的外在属性，只能加速或延缓事物的发展。如果发展的决定性因素是外在的，那这种发展可能只是表面的、短暂的发展，而不是真正科学意义上的发展，在某种程度上反而会阻碍或终止有机体的发展进程，甚至会导致有机体的毁灭。因此，主体在发展过程中虽然需要借助外部力量，需要与外在环境相互作用，但发展的根源是主体的内在变化。

（三）发展是一种正向的变化

发展是指由低级到高级、由旧质到新质、由简单到复杂的变化过程，其实质是新事物的兴起和旧事物的消失。所谓新事物，是指合乎历史发展必然趋势，具有较强发展生命力和远大前途的事物。旧事物则是指违背社会发展必然趋势，没有发展前途，缺乏生命力而逐渐走向衰亡的事物。判断新旧事物不能只以它们出现的时间先后为依据，也不能根据拥护它们的人数多少和自身力量的大小来确定，而应以是否合乎历史发展的必然趋势为根本标准。因此，发展虽然是一种变化，但它所指向的变化是一种正向的变化，这种变化代表了事物发展的方向和历史发展的必然趋势。

（四）发展是构成主体各要素的整体、协调发展

任何事物都是由一定要素所构成的，而构成事物的各要素并非彼此孤立，而是相互联系、相互作用的。德国哲学家黑格尔（Georg Wilhelm Friedrich Hegel）认为："自然界自在地是一个活生生的整体。"[①] 德国思

[①] ［德］黑格尔：《自然哲学》，商务印书馆1980年版，第28页。

想家及哲学家恩格斯（Friedrich Von Engels）也说："世界表现为一个统一的体系，即一个有联系的体系。"① 如果把某个要素从构成它的系统中割裂出来，它就不能完全地保持原来在该系统中的性质、作用和特征，也就破坏了该事物的整体性。因此，发展是一项系统工程，它是一个整体关联的问题，需要各要素有序协调地发展，只有这样，才能保持发展的可持续性和稳定性。就社会而言，发展不仅包括经济增长和经济发展，还意味着政治、文化、人力、资源、环境等各领域的全面进步。

（五）发展是一个过程

虽然新事物是不可战胜的，其发展前景是光明的，但新事物的成长并非一帆风顺，总是要经历一个艰难曲折的过程。事物是不断向前发展的，而事物的发展不可能一蹴而就，任何事物都有其产生、发展和趋于灭亡的过程。"世界不是一成不变的事物的集合体，而是过程的集合体。"② 新事物的产生并非一帆风顺，旧事物的灭亡也不会稍纵即逝，新事物只有经过反复曲折的斗争，才能最终战胜旧事物，新事物战胜旧事物是一个曲折的漫长过程。新事物的自身发展总是由小到大、由弱到强、由不完善到完善的，在发展过程中还会遭遇旧事物的阻碍与抵抗。旧事物为了保护自己的优势，免于灭亡，或者既得利益集团为了保护自身利益，总是想方设法阻碍新事物的发展。因此，事物的发展必然要经历一个曲折发展的过程。

二 教育均衡发展的一般意义[3]

什么是教育均衡发展？在已有的研究文献中，不少学者按照自我观点给出了相应界定，可谓是仁者见仁、智者见智。北京师范大学博士生导师顾明远教授认为："实际上教育均衡发展是教育平等的问题，说到底还是一个人权问题，现在世界各国都在强调这个问题。"[4]《中国教育报》副总编翟博博士认为："从一定意义上讲，教育均衡发展是人们相对于目前现

---

[1] 《马克思恩格斯全集》（第20卷），人民出版社1971年版，第662—663页。
[2] 《马克思恩格斯选集》（第4卷），人民出版社1995年版，第239—240页。
[3] 姚永强、冯文全：《义务教育均衡发展科学意蕴之解读》，《现代中小学教育》，2013年第1期。
[4] 顾明远：《教育均衡发展是教育平等的问题，是人权问题》，《人民教育》，2002年第4期。

实存在的教育需求与供给不均衡而提出的教育发展的美好理想。"① 并进而认为"教育均衡实质上是指在教育公平思想和教育平等原则的支配下，教育机构、受教育者在教育活动中平等待遇的教育理想和确保其实际操作的教育政策和法律制度"。② 国家教育行政学院于建福教授认为："教育均衡发展，是指通过法律法规确保给公民或未来公民以同等的受教育的权利和义务，通过政策制定与调整及资源调配而提供相对均等的教育机会和条件，以客观公正的态度和科学有效的方法实现教育效果和成功机会的相对均衡。"③ 等等。

从以上简要介绍的我国学术界较有代表性的几种观点中不难发现，他们在教育均衡发展本质属性的认识上存在一定差异，或强调教育平等，或重视教育供给与教育需求的关系，或注重教育政策法规的保障等。究其缘由，教育均衡发展是一个后生概念，教育均衡是对其他学科均衡概念的移植，而人们在均衡概念的移植过程中往往由于侧重点及视角存在差异，因此在教育均衡发展的界定及属性认识上有所不同。

从词义上看，尽管教育均衡发展的核心指向是发展，教育和均衡只是对发展领域的限定和发展状态的表征，但由于教育和发展已是耳熟能详的概念，无须我们过多赘述。从教育均衡发展理念的提出背景、目的指向以及当前我国理论研究现状来看，我们当前对教育均衡发展的理解和现实问题解决的重点和难点在于对均衡的科学认识。

按照词源学的解释，"均"原指陶工使用的轮转，在汉代曾作为量酒的单位，后被逐渐引申为反映数量特征的"均匀""均等"之意。"衡"原指古代绑在牛角或者牛辕上预防伤人的横木，后来指天文仪器观测用的横管或秤杆，并逐渐引申为事物的机理或者法则之意。在现代，均衡一词内涵进一步扩展和复杂化，并被各个学科所广泛使用。在物理学中，均衡指一物体同时受到几个方向不同的外力作用而所处的静止或匀速运动的状态；在经济学中，均衡指经济活动中各种对立的、变动着的力量在一定条

---

① 翟博：《教育均衡发展：现代教育发展的新境界》，《教育研究》，2002年第2期。
② 翟博：《教育均衡论——中国基础教育均衡发展实证分析》，人民教育出版社2008年版，第114、129页。
③ 于建福：《教育均衡发展：一种有待普遍确立的教育理念》，《教育研究》，2002年第2期。

件下相互作用时所达到的相对静止的状态；在哲学中，均衡被用来描述系统内不同事物之间相互联系与相互制约的一种协调统一、比例适度、稳定有序的关系和状态，等等。尽管不同学科界定不一，但它们均突出了均衡的本质属性——一定事物或系统的稳定状态。

根据哲学和系统科学的观点，任何事物都可看作一个系统，教育也不例外。由于教育系统构成要素的多样性、内部结构的复杂性、外在形式的多元性，因此教育均衡应指一定层次的教育系统内不同要素之间相互作用时的一种稳定状态。它既指普通教育与职业教育间的均衡，初等教育、中等教育与高等教育间的均衡，也指教育需求与教育供给间的均衡；而单从教育供给与教育需求来看，二者又表现为学生受教育需求与学校教育服务供给的均衡，以及学校办学资源需求与国家或社会教育资源供给的均衡。

当然，我们必须明确的是，教育均衡既不是指教育各构成要素间力量平均、教育系统绝对静止的一种状态，也不是指各要素力量对比过于悬殊、彼此矛盾过于激化的一种教育存在状态，而是在尊重各要素之间存在对立与矛盾、力量有强弱大小的前提下，彼此势均力敌、协调一致的一种教育发展状态。同时还必须指出的是，无论是从广义的有目的、有意识培养人的社会活动的教育来看，还是从狭义的学校教育来看，教育都不同于人和社会，因此教育发展与人的发展和社会的发展在内涵与外延上是有着极大区别的。正因为这种区别的存在，那种将教育与社会的协调发展以及个体自身内部素质的全面发展认为是教育均衡发展的内在要求显然是不恰当的，也是不科学的。教育发展虽然要受到政治、经济、文化等社会要素的影响，但教育只是社会系统的一个构成要素，教育与政治、经济、文化的协调发展是社会均衡发展的内在规定性；同理，虽然教育均衡发展目的指向之一是促进个体的自由的、全面的发展，但德智体等只是个体素质的构成要素，而不是教育活动的构成要素，个体德智体全面发展是人的均衡发展的内在规定性。这种将教育均衡发展概念泛化既不利于其本质属性的把握和概念界定，也无助于对教育均衡发展实践的指导，并有可能陷入先前"素质教育是个筐，什么东西都能装"式的陷阱。

基于以上对发展和教育均衡的分析和认识，我们就能够对教育均衡发展给出一个相对科学的定义。所谓教育均衡发展，是指一定教育系统的各构成要素在内在机制和外在制度的作用下彼此协调一致时的一种相对稳定和平衡的发展状态或者发展结果。教育均衡发展既是一个理想目标，也是一个实践过程。

第二节　教育发展方式

教育发展方式作为对经济发展方式概念的移植，是人们在理论研究和实践经验总结的基础上提出来的，它是指实现教育发展目标的方法、手段和模式的概括。依据不同的标准，教育发展方式可以划分出不同的类型。某一时期、某一国家或地区选择何种类型的教育发展方式，取决于多种因素作用的结果。

一　发展方式的内涵

发展方式作为一个专有名词，最初是人们在论述经济社会发展改革的相关研究中所提出的，教育发展方式仅是经济发展方式概念的移植。因此，要准确把握教育发展方式的内涵，首先有必要理解经济发展方式的意义。

经济发展问题是经济学较早研究的问题之一，在20世纪四五十年代以前，经济理论研究一般将经济增长与经济发展等同，尔后经济学逐渐将二者区分开来。经济增长偏重于数量，主要指由投入变化导致的产出数量增加；而经济发展偏重于质量与结构，其内涵比经济增长更为广泛和深刻。[1] 经济发展不仅包括经济增长所强调的生产要素投入的变化及其产出数量的增加，而且也包括经济结构的优化、收入分配的合理、资源环境的改善以及经济社会发展的可持续性等。[2] 在《现代经济辞典》中，经济增长方式被界定为生产要素的分配、投入、组合和使用的方式。根据一般经济理论，经济增长方式是指通过生产要素的变化，涉及数量增加、结构变化、质量改善等，实现经济增长的方法和模式。而经济发展方式是指推动经济发展的各种因素的结合和相互作用的方式，主要包括发展什么、为谁

---

[1] 姜健力：《辽宁经济发展与发展方式的转变》，《沈阳工业大学学报》（社会科学版），2008年第1期。

[2] 黄泰岩：《转变经济发展方式的内涵与实现机制》，《求是》，2007年第18期。

发展、怎样发展等问题，其实质是资源配置的方式。经济发展方式是一个历史的范畴，与一定的生产力发展水平和历史条件相适应，受到诸多因素的制约，在不同的发展阶段呈现出不同的发展特征。[①]

对于经济发展类型，不同学者按照不同的标准划分出相应的发展类型。高峰、李伟等从生产要素的投入及其作用方式，将经济发展类型划分为粗放型和集约型两种。粗放型发展方式主要是依靠增加生产要素的投入来扩大生产规模以推进经济发展的方式，其特征主要表现为高投入、高排放、高消耗、难循环、低效率。集约型发展方式主要是通过提高生产要素质量，如科技进步、体制机制创新、劳动者素质提高等，以实现经济发展的方式，其特征主要表现为低投入、低排放、低消耗、可循环、高效率。[②③] 也有学者从要素角度将经济发展方式划分为资本密集型、劳动密集型和技术密集型三种。资本密集型又称为资金密集型，主要依靠较多资本投入来促进生产发展的一种方式，其特点是物质装备多、投资量大、劳动力较少、资金周转较慢。劳动密集型是指社会生产主要依靠大量劳动力的投入，其特点是占用资金较少、设备的技术程度低、容纳劳动力较多。技术密集型又称为知识密集型，是指主要通过技术创新和智力投入来促进经济发展，其特点是设备先进、资源消耗低、科技人员比重大、劳动生产率较高、产品技术性能复杂。[④] 有学者依据经济发展的动力要素，将经济发展方式划分为行政推动型、利益导向型和效率导向型三种类型。行政推动型强调自上而下的计划导向，发展的第一推动力主要来自国家和各级政府，其主要特征是目标单一、时间明确、行政推动等。利益导向型强调经济发展中多元利益主体作用的发挥，发展的第一推动力来自经济利益，其主要特征是经济主体意识强、利益约束明显、市场力量不断增强。效率导向型强调政府发展理念的转变和经济发展目标的科学确立，发展的第一推

---

① 简新华：《中国经济结构调整和发展方式转变》，山东人民出版社2009年版，第37—41页。

② 高峰：《国外转变经济发展方式体制机制经验借鉴》，《世界经济与政治论坛》，2008年第3期。

③ 李伟：《助推经济发展方式转变的价格政策选择》，《价格月刊》，2008年第1期。

④ 刘瑞：《中国经济增长（发展）方式转变的客观性与艰难性》，《北京行政学院学报》，2008年第3期。

动力来自效率的提升,其主要特征是政府行为约束和职能转换、市场机制完善以及资源利用率高。① 有学者从经济发展的源泉与动力方面,将经济发展模式归纳为外源型发展(外生式)和内源型发展(外生式)两种。外源型发展是指通过利用国外的资金、技术等生产要素,发展外向型经济,推动本区域工业化和现代化进程;内源型发展是指主要依靠本地的资金、技术、人才等生产要素发展经济,推动本区域工业化和现代化进程。② 还有学者从对外经济技术联系方面划分为内向型、外向型、内外向结合型三种经济发展方式,内向型是指基本上不实行对外开放或不发展对外经济技术联系的发展方式;外向型是指实行对外开放或发展对外经济技术联系的发展方式;内外向结合型是指实行对外开放或发展对外经济技术联系的同时、主要依靠内需推动和本国生产的发展方式。从能否实现经济可持续发展方面划分为不可持续型与可持续型两种经济发展方式,不可持续型是指不能实现社会经济可持续发展的经济发展方式;可持续型是指能够实现社会经济可持续发展的经济发展方式。从经济发展的成效方面划分为高效型与低效型两种经济发展方式,高效型也称为质量效益型,是指经济效益好的经济发展方式;低效型也称为数量速度型,是指经济效益差的经济发展方式。③

二 教育发展方式的含义

新中国成立以来,特别是改革开放以来,我国教育事业蓬勃发展,取得了举世瞩目的成就,教育规模快速扩展,义务教育逐步普及,国民素质不断提高,科技文化不断取得进步,逐渐从人口大国向人力资源强国转变。但同时,教育发展与经济社会发展的不适应性日趋明显,教育质量和办学效益不高成为我国教育发展与改革中面临的一个十分突出的问题。

1995年9月,党的十四届五中全会在北京召开,提出实现"九五"

---

① 蒋伏心:《经济增长方式转变:内涵的讨论与路径的选择——以长三角和珠三角为例的研究》,《经济学家》,2008年第3期。

② 范从来、赵永清:《内源发展与外源发展:苏州模式和温州模式的比较》,《阅江学刊》,2010年第6期。

③ 简新华:《中国经济结构调整和发展方式转变》,山东人民出版社2009年版,第37—41页。

计划和2010年奋斗目标,关键是实行两个具有全局意义的根本性转变,其一是经济体制从传统的计划经济体制向社会主义市场经济体制转变;其二是经济增长方式从粗放型向集约型转变,这为我国经济社会发展指明了方向。尽管教育不同于经济,但对我国经济社会发展方式转变的理解与认识无疑为我国教育改革发展提供了一个较好的思路和方向。

在此背景下,不少教育理论研究者和实践工作者对当时教育中存在的问题进行了科学分析,认为教育发展存在注重学校数量增加、低水平重复建设和人才培养供求失衡等问题,这种偏重数量和速度增长的倾向造成有限教育资源的浪费,严重阻碍了我国教育质量和办学水平的提高,不能为社会发展提供强有力的人才支持和智力服务。继而认为,要实现科教兴国,提高教育质量和办学水平,就必须转变以往教育发展中偏重外延发展、忽视质量和效益的方式。于是,教育发展方式作为一个正式概念被一些学者加以运用。如陈培瑞认为,教育质量和办学效益不高是当时教育发展与改革面临的一个突出问题,造成这一问题的原因与多年的教育增长方式不合理有着直接关系。[①]周贝隆则认为,投入短缺、发展急剧与波动反复、追求增长与速度等是当时教育存在的主要问题,这是一种片面追求数量扩张的教育发展方式,因此必须转变到质量第一、注重实效的发展方式上来,这是一个具有全局意义的根本性转变。[②]

由此可见,教育发展方式作为一个专有概念,是在20世纪80年代以后才出现的,它是随着我国经济体制改革的推进和对经济增长和发展方式研究的深入而逐渐得到人们的关注和重视,它是对经济发展方式这一概念的移植。所谓方式,是指说话做事所采取的方法和形式;教育发展方式就是指实现教育发展目标的方法、手段和模式。

在使用教育发展方式这一概念之前,人们在论述教育相关问题时更多使用的是教育增长方式这一与之相近的概念。从概念称谓来看,教育增长方式和教育发展方式的差异就在于"增长"与"发展"的区别。如前所述,发展就是指事物由低级到高级,由不完善到完善,由旧质到新质的运动变化过程,其实质是向前的、上升的、进步的运动变化过程。而所谓增长,

---

[①] 陈培瑞:《我国教育发展方式亟待转变》,《求是》,1996年第7期。
[②] 周贝隆:《关于转变我国教育发展方式的思考》,《上海高教研究》,1996年第3期。

意指增加，主要偏重事物量的属性。由此可见，教育增长更多指向教育活动中单纯的数量增加和速度加快；而教育发展不仅包含教育增长所涉及的量的增多，还包括教育结构、活动质量、社会效益以及可持续发展等各个方面，它是数量增加、速度加快、结构优化和质量提升的有机结合。二者的区别具体表现在三个方面：一是教育发展方式包含了教育增长方式的内容，但不等同于教育增长方式这一概念。发展是积极向前的，强调教育结构和各种要素的变化能够吻合自身发展规律，能够较好地促进受教育者的身心发展，实现教育公平，并对经济和社会产生正向作用和影响。而教育增长方式更多强调的是数量，它对教育乃至社会既可能产生正向作用，又有可能产生负向作用。二是教育发展方式更注重教育质量，而教育增长方式更强调数量的扩展。教育质量既指系统规模、结构和效益等之间的协调一致，也指教育水平高低和效果优劣的程度。虽然数量是衡量教育发展程度的一个指标，但质量更是教育发展的生命线，教育的根本目的在于通过质量提高，促进人的全面发展，适应社会发展的需要。三是教育发展方式更加注重教育内部各要素之间以及教育与经济社会之间的协调发展，体现了科学发展观的思想和理念。而教育增长方式偏重于量的增长，对教育系统内部各要素之间以及教育与经济社会之间的协调问题则关注较少。

三　教育发展方式的类型

类型指由各特殊的事物或现象抽取出来的共通点，或具有共同特征的事物所形成的种类。每一事物在保持自身个性特征的同时，也会体现出一些共同属性。我们在对事物进行关系分析时，就能够依据一定的标准将事物归类，从而形成不同的事物类型。根据每一时期发展教育所采取措施和手段的侧重点，以及教育发展体现出的阶段性特征，我们可以将教育发展方式划分出不同的类型。在现有的研究文献中，学者们一般根据投入到教育领域的人、财、物等各种资源的配置模式和使用方向，将教育发展方式划分为内涵发展和外延发展两种类型。内涵式发展主要指将教育资源投入到已有固定数目的教育组织，通过挖掘各教育组织的内部潜力，提高其资源利用率，促进教育质量改进等途径来实现教育的发展。而外延式发展即是将教育资源投入到不断新增的教育组织，改善办学条件，以此来实现教育规模的扩张。

作为教育发展的两种方式,无论是总量增长还是质量提升,内涵式发展和外延式发展都是基于一定的现实环境,借助于一定的资源投入,指向教育发展。因此,就某一时期、某一层面而言,内涵式发展和外延式发展孰优孰劣难以定论,在教育发展过程中也并非绝对地运用单一的发展方式,只能说以哪一种为主。例如,20世纪末期,我国高等教育就以扩建校园校舍、扩招学生数量的途径和方式来促进我国高等教育的发展,体现出显著的外延式发展特征。但通过分析我们不难发现,国家在重视高等教育规模不断扩张的同时,也非常强调教育资源存量的充分利用和办学水平的提高,只是相对于内涵式发展,外延式发展特征更为明显罢了。同时,若单纯以内涵式发展为主,当教育组织达到规模效益最优点后继续实行内涵式发展方式,将会导致教育组织内部规模的"不经济",从而影响教育效益的提高和总量的增长。

当然,从科学发展观出发,将发展的重点放在资源的投入和规模的扩张方面并非最优,或者说无实质发展的规模扩张是无效的发展,因为科学发展观强调教育发展的全面、协调和可持续性。特别是在我国免费义务教育已全面普及,高等教育已步入大众化阶段的今天,教育发展方式应不再是以数量增长为目标,强调发展的速度,而应该更多地注重教育结构优化、学校内部挖潜、教育质量不断改进和办学效益的提高。过去,一些西方国家曾一度将教育发展的重心放在量的增长上,不断扩大教育机会,许多欠发达国家也是追随西方国家的步伐,在教育领域创造了"第三世界奇迹"。但由于他们在注重量的增长的同时而对教育质量重视不够,教育荒废现象频频发生,并在20世纪末期爆发了全球大范围的"教育危机"。

四 教育发展方式的选择

教育发展方式是处于教育发展目标和教育实践结果之间的中间环节,一定的教育发展方式既适应于特定的教育发展目标,又会产生相应的教育发展结果。不同时期和不同教育环境下,人们会选择不同的教育发展方式,教育发展方式的选择受到诸多因素的影响。

(一)选择何种方式要受到经济因素的影响

经济是人类社会生存和发展的基础,是引起一切人类社会活动发展变化的重要因素,也是影响教育发展变革的决定性因素。一定的经济发展水平为教育发展提供物质条件，同时也对教育的发展规模与速度，以及人才培养规格等方面起着制约作用。在生产力水平较低、物质财富贫乏的社会发展时期，社会为教育提供的资源有限，因此教育的发展速度较慢，规模也较小，发展模式较为单一，采用的教育手段和教育方法也较为简单。随着生产力水平的不断提高和物质财富的丰富，社会为教育提供的资源充足，教育发展所依赖的物质基础得到极大丰富，因此教育的发展速度较快，规模也急剧扩大，发展的方法、手段也变得更为丰富，许多现代化教学手段被运用于教育活动之中，原有的学生培养模式也随之发生改变。

同时，生产力发展水平也影响着教育的发展结构和人才培养规格，从而影响着教育的发展方式。社会的生产力发展水平总是要求教育培养符合其特定规格要求的劳动力，在不同阶段的生产力发展水平时期，由于生产力的科技含量和社会分工以及经济结构的不同，必然会对人才的培养规格提出不同的要求，进而影响和制约教育的发展方式。在生产力水平较低、产业结构较为落后的社会发展时期，劳动者只需要简单的知识技能就能从事生产劳动，因此教育规模，尤其是职业教育和高等教育规模较小，学生只需掌握基础知识即可。当生产力水平发展到一定阶段，特别是科学技术广泛应用于社会生产，复杂劳动代替简单劳动，产业结构进一步升级与优化时，社会对学校人才培养的数量和质量提出更高的要求，劳动者不仅需要掌握基础知识，而且需要具有一定的科学知识和技能，需要具有一定的创新能力和较强的应变能力及适应能力，这都需要教育在发展方式上做出相应的反应。

（二）选择何种方式要受到教育发展阶段性的影响

唯物辩证法认为，任何事物发展都是过程性和阶段性的统一，事物在不同发展阶段所存在的矛盾和面临的主要问题及发展目标都有所不同，因此工作重心和实践方式都会存在差异。教育发展亦是如此。尽管目前存在着二阶段论、四阶段论、五阶段论等不同的学说，但有一点却十分明确和统一，那就是教育作为社会大系统下的子系统，其发展也存在着阶段性，不同发展阶段面临着不同的发展矛盾，体现出不同的发展特征，在教育发展的方式上也有所不同。

在古代教育体系中，教育的核心培养目标是统治者和官吏，内容以宗教、哲学、政治、史学和文学为主，以个别教学方式为主，教师也不需要经过专门训练而主要依靠个人经验进行教学，因此教育发展水平较低，教育发展规模较小，学校体系既不系统又不严密，教育管理的方式方法较为落后。并且那时的教育以自我发展为主，教育思想、教育内容、教育方法和培养目标等都是基于自身探索而总结出来的。进入现代教育之后，教育发展方式发生了根本性改变，教学组织形式以班级授课制为主，教育内容以现代科学技术为主，教师逐渐专业化，教育管理逐渐科学化，各级各类学校蓬勃发展，形成了较为完善的学校体系。同时，现代教育注重积极借鉴别国现代教育发展的先进经验，我国先是通过日本学习德国的教育模式，而后又借鉴了美国、苏联等国家的教育体系，等等。

（三）选择何种方式要受到教育管理体制的影响

教育在保持自身相对独立性的同时，还要受到政治经济体制的影响，教育管理体制则是政治经济体制在教育领域中的反映。不同国家或地区的教育管理体制不同，其采用的教育发展方式也有所不同。

在相对集权制国家，教育发展与改革基本上是在政府的推动下进行的，是一种自上而下的发展方式。这种方式强调教育的发展与改革首先并主要是由国家和政府提出并推动的，政治和行政力量发挥着主导作用，而地方及学校则根据国家或政府所指定的教育法规从事教育实践，其作用是从属性的。而在分权制国家，教育发展与改革基本上是由地方或学校所推动，是一种自下而上的发展方式。这种方式强调教育发展与改革首先并主要由地方和学校发动并推进，学术和民主力量发挥着主导作用，而国家和政府只对教育改革发展方向进行规制和宏观层面的调控，在教育改革发展中处于从属地位。例如，不少欧美国家，包括美国、英国、德国等，教育改革与发展基本上采用的是自下而上的发展方式，教育是在自身逻辑的规范下加以发展；而不少第三世界的国家，包括中国、印度、巴西等，教育改革与发展基本上采用的是自上而下的发展方式，教育是在政治逻辑的规范下加以发展。

（四）选择何种方式要受到其他国家或地区教育发展经验的影响

世界各国教育发展的历史表明，一定时期的教育发展方式，总是不同程度地对别国教育发展方式的模仿与移植，在教育结构、课程设置、教学方法等方面有着明显的共同性。"例如，某一个国家就常因某种外国的影响造成一种历史的偶然。印度由于殖民主义的原因，大学就反映了一种英国的模式。日本的大学在德国大学很有影响的时候移植了外国的模式，因此，在某方面就采用了德国的模式。"① 有学者基于 GDP 的视角，对 1978—2003 年间中美高等教育发展进行了比较研究，发现无论是我国还是美国，当人均 GDP 处于一定阶段时，万人中普通高等教育招生人数与人均 GDP 具有线性关系。② 国际经验表明，当人均 GDP 达到 1000 美元之后，食品消费份额将明显下降，而教育等服务类消费份额快速上升，教育成为新的消费热点，高等教育也逐渐步入大众化发展阶段。正因为此，在改革开放后经济得到大力发展、人均 GDP 得到快速提高的背景下，在借鉴世界发达国家高等教育发展经验的基础上，我国于 20 世纪末期实施了外延性的高等教育发展方式，高等教育学校数量不断增加，在校学生数量急剧扩大，实现了我国高等教育发展的飞跃。当然，当高等教育发展到大众化阶段的中后期，教育的发展方式就不再以外延性发展为主，而应调整和优化高等教育结构，注重提高教育质量，提升社会效益，满足多元化的教育需求。

第三节　义务教育均衡发展方式转变

转变，同义于转换、转化或变更，意指从一种情况变化到另一种情况。任何事物都是一个发展变化的过程，事物的发展变化总是需要通过一定的方法，借助于一定的手段和途径。在事物发展的不同阶段，由于发展目标、事物属性以及外部环境的变化，事物发展所采取的方法和手段将有所不同。因此，当事物从一个阶段发展到另一个阶段时，发展的方法和手段将有所不同，就必然要求从一种发展方式转换到另一种发展方式，这就是发展方式的转变。人类社会发展的历史表明，在不同时期，一个国家的经济社会发展方式总是从一种方式转变到另一种发展方式，我国亦是如此。为提高经济增长的质量和效益，早在 1987 年，党中央就提出了要转变经济经营方式，从粗放经营逐步向集约经营转变。1995 年，党中央提出要从传统的计划经济体制向社会主义市场经济体制转变，国民经济从粗

---

① ［美］菲利普·G. 阿特巴赫：《比较高等教育》，文化教育出版社 1985 年版，第 29 页。
② 李亚勍：《我国普通高等教育招生规模研究》，《教育发展研究》，2006 年第 1 期。

放型增长方式到集约型增长方式转变。然而，多年来，我国国民经济发展的高投入、低产出，高增长、低效益的状况并未得到根本改变，产业结构不协调，城乡发展和区域发展不协调，自主创新能力偏低，使我国经济社会发展的矛盾性结构加剧。2007年，胡锦涛同志在讲话中第一次提出经济发展方式转变，认为经济发展是建立在资源利用效率进一步提高、结构进一步优化、生态环境进一步改善基础上的经济增长，包括数量增长、结构优化和质量改善。在之后的党的十七大报告中，党中央正式明确提出了经济发展方式转变这一提法。转变经济发展方式，就是按照据科学发展观的要求，优化配置经济发展要素，提高资源利用效率，其实质就是从一种发展方式转变为另一种发展方式。有学者认为，转变经济发展方式不仅指从数量增长向质量提高转变，而是包括以人为本、经济结构升级、质量效益并举等在内的多元化、全方位转变，向建设环境友好型、资源节约型社会转变。[1] 经济发展方式转变的重点就是要处理好人与自然的相互依存关系，协调好人与人之间的利益关系，实现人与自然的协调，实现整个社会的和谐。[2] 在思路上应以节能减排为重心，以结构升级与资源优化为依托，以体制改革与创新为保障，确保经济发展方式转变各项工作顺利推进。[3] 其转变的具体内容主要包括发展模式、发展动力、发展目标、发展指标等各个方面，基本路径为实施产业结构调整、实现资源充分利用、增强自主创新能力、发展循环经济、建设节约型政府等，实现经济社会的全面协调发展与可持续发展。[4][5] 由于经济发展方式转变的实质是从一种发展方式进入到另一种发展方式，因此有学者从世界经济发展史的角度，将发达国家经济发展方式转变划分为三个重要阶段，或者三种不同的经济发展方式：第一阶段是从18世纪末期到19世纪末期，由于这一时期的经济发展主要依靠机器制造业以及其他重工业，经济发展动力主要依靠要素投

---

[1] 黄泰岩：《转变经济发展方式的内涵与实现机制》，《求是》，2007年第18期。
[2] 齐建国：《用科学发展观统领经济发展方式转变》，《财贸经济》，2010年第4期。
[3] 唐龙：《从"转变经济增长方式"到"转变经济发展方式"的理论思考》，《当代财经》，2002年第12期。
[4] 王彬霞：《转变经济发展方式研究综述》，《云南财经大学学报》（社会科学版），2010年第6期。
[5] 厉无畏、王振：《转变经济增长方式研究》，学林出版社2006年版，第3—4页。

入驱动,因此是资源投入驱动阶段;第二阶段是从19世纪末期到20世纪中期,由于这一时期经济增长主要依靠技术进步和生产效率提高,因此是技术创新驱动阶段;第三阶段是从20世纪50年代到目前为止,由于这一时期经济增长更多依靠信息技术和高端技术应用,因此是信息技术驱动阶段。[1]

  义务教育均衡发展方式转变,就是指在义务教育均衡发展的不同时期,发展的方法、手段和模式的更替,其实质就是从一种发展方式转变到另一种发展方式。在义务教育均衡发展初期,为尽快缩小地区间和学校间资源投入和办学条件存在的较大差距,实现不同受教育者平等享有公共教育资源,我们主要借助政府的力量,通过制定法规政策、加大教育投入、实施学校标准化建设和强制城乡教师流动等措施来促进均衡发展目标的实现。但随着县域内资源配置的逐步均衡,以及我国经济发展方式的转变和广大人民群众对高质量、多元化教育需求的日益强烈,义务教育均衡发展面临的主要矛盾也随之发生转移,其重点不再是政策法规的制定、教育资源的投入和办学条件的改善,而是在于如何更好地促进区域间和学校间教育质量和办学水平的均衡。因此,提高教育质量、促进学校多元发展成为义务教育均衡发展又一新的阶段性目标。发展目标的变化必然要求发展方式的转变,原有的以资源配置为中心、依赖政府力量驱动、强调同质发展的均衡发展方式必须转向以质量提升为中心、依赖学校自我发展驱动、注重多元发展的均衡发展方式。转变义务教育均衡发展方式需要在发展理念上正确处理好质与量、好与快的关系,不仅要保持义务教育活动中各要素的持续投入,促进教育规模的扩大和发展速度的加快,而且更要注重教育公平水平的提高和各要素的不断优化,努力提高义务教育发展的质量和效益,使义务教育与经济社会和谐发展。

---

[1] 韩占兵:《我国经济发展方式研究理论综述及其展望》,《沈阳工业大学学报》(社会科学版),2012年第1期。

第三章 我国现行义务教育均衡发展方式的形成及主要特征

义务教育均衡发展方式是为实现义务教育均衡发展目标而采取的方法、手段和途径。在不同时期，由于义务教育均衡发展的阶段目标不同，面临的主要矛盾和所处的内外部环境存在差异，因此所采取的发展方式也不一样，义务教育均衡发展方式体现出明显的阶段性特征。

第一节 我国现行义务教育均衡发展方式的形成

任何事物的发展都是连续性和阶段性的统一，义务教育均衡发展方式也是人们在推进义务教育均衡发展的过程中而逐步形成和完善的，呈现出明显的阶段性特征。从义务教育均衡发展方式的发展历程看，大致可以划分为探索、形成、拓展三个阶段。

一 探索阶段

改革开放后，我国教育事业进入恢复和重建阶段。1977年，邓小平提出："办教育要两条腿走路，既注意普及，又注意提高，要办重点小学、重点中学、重点大学。要经过严格考试，把最优秀的人才集中在重点中学和大学。"[①] 此后，教育管理部门相继发布了《关于办好一批重点中小学试行方案》（1978年）、《关于分期分批办好重点中学的决定》（1980年）等一系列政策文件，确立了我国义务教育重点学校制度。与此同时，我国实行了"地方负责，分级管理"的义务教育管理体制，县级以下政

[①] 《邓小平文选》，人民出版社1983年版，第37页。

府负担绝大部分义务教育经费,由此导致教育经费区域间和城乡间的较大差距,贫困地区、革命老区和农村地区的教育经费得不到有效保障。之后实行的分税制改革,虽然打破了传统的"财政包干"模式,使中央与地方的财政分配关系走向规范,但由于财政收入重心上移,义务教育经费短缺和不平衡问题进一步加剧。为了解决义务教育经费负担结构不合理问题,推进区域之间和城乡之间义务教育均衡发展,2001年,国家决定实行"在国务院领导下,由地方政府负责,分级管理,以县为主"的义务教育管理体制和财政体制。而这一改革并未使义务教育经费短缺和不平衡问题得到解决,义务教育财政仍面临总量不足、财政资源分布不均衡等问题。在重点学校制度、分级管理体制的叠加作用下,我国义务教育非均衡发展问题愈发突出,地区间、城乡间、学校间的教育发展差距愈发明显,不同地域、不同阶层的受教育者享受的教育机会与教育条件极不平等。

为解决义务教育发展不均衡问题,20世纪90年代以来,各级政府和社会各界都进行了积极探索,试图找出改变义务教育非均衡发展现状的方法、手段和途径。从国家层面看,主要从三个方面来促进义务教育均衡发展。一是增加财政投入,加大转移支付力度。1995年—2000年,教育部、财政部联合组织实施了第一期"国家贫困地区义务教育工程",中央财政拨款39亿元,加上地方各级政府配套资金,工程投资总量超过100亿元。[1] "十五"期间,国家实施了第二期"国家贫困地区义务教育工程",中央再次投入专款50亿元(其中90%用于西部地区),加上地方配套资金26.3亿元,共计投入资金76.3亿元。二是深化农村教育改革,实施对口扶持。2000年,中共中央办公厅、国务院办公厅发出《关于推动东西部地区学校对口支援工作的通知》,指出在中央对西部地区教育事业继续加大扶持力度的同时,启动实施"东部地区学校对口支援西部贫困地区学校工程"和"西部大中城市学校对口支援本省(自治区、直辖市)贫困地区学校工程"(以下简称"两个工程"),动员各方面力量,大力支援西部贫困地区的教育事业。之后的2003年,国务院出台了《关于进一步加强农村教育工作的决定》,决定在"两个工程"的基础上,推行"农村

---

[1] 王善迈、袁连生、刘泽云:《我国公共教育财政体制改革的进展、问题及对策》,《北京师范大学学报》(社会科学版),2003年第6期。

中小学危房改造工程",落实中央关于新增教育经费主要用于农村的要求,将农村义务教育经费全额纳入预算,建立和完善农村中小学教职工工资保障机制和资助家庭经济困难学生就学制度等。三是改造薄弱学校。1986年,国家教委发布的《关于在普及初中的地方改革初中招生办法的通知》指出,地方教育行政部门要采取切实措施加强初中,尤其是薄弱初中的建设,努力改善和提高这些学校的校舍、教学仪器设备、经费投入、师资水平等办学条件。1995年,国家教委颁布的《关于进一步推动和完善初中入学办法改革的通知》强调,各地应制定改变薄弱初中校面貌的目标、规划,提出具体措施,分期分批改善薄弱学校的办学条件,提高教育质量和办学水平,缩小初中学校间的差距,调动所有初中的办学积极性,大面积提高初中教育质量。1998年,教育部发布了《关于加强大中城市薄弱学校建设,办好义务教育阶段每一所学校的若干意见》,认为加强大中城市薄弱学校建设,缩小校际办学水平差距,是贯彻教育法律法规,维护义务教育的普及性,促进受教育个体接受良好教育的有效举措;是推进义务教育阶段学生免试就近入学,治理"择校"问题和"乱收费"的治本之策,是全面提高教育质量的重要措施,要求教育行政部门加大薄弱学校经费投入,改善薄弱学校办学条件;加强领导班子和师资队伍建设,提高学校教育管理水平和教育教学水平;创新办学体制和招生制度,改善薄弱学校的生源状况,办好义务教育阶段每一所学校。

2002年,教育部下发了《关于加强基础教育办学管理若干问题的通知》,首次以官方文件的形式提出积极推进义务教育阶段学校均衡发展,要求各地要结合城区改造和学校布局调整,有计划地举办九年一贯制学校,以扶持、联合、兼并等多种形式加快薄弱学校改造,建立校长、教师定期流动机制,扩大义务教育阶段优质学校的规模和将公办优质高中的招生指标按一定比例分配到每所初中的试验,促进学校均衡发展,满足人民群众对高质量教育的需求。

在国家各项政策的指引下,地方各级政府也积极探索推进义务教育均衡发展的各项措施。1988年,厦门市委、市政府出台了《关于扶持一般学校办好所有初中的若干措施的决定》,明确提出了改善一般学校办学条件,提高办学水平,缩小学校差距,把全市所有初中办成让家长放心学校的教育设想,并在实践中形成了"电脑派位—生源相对均衡—大力提高普通校水平—学校差距进一步缩小—群众更加满意"的义务教育均衡发展"路线图"。① 20世纪末期，河南省新郑市就开始采取各项措施推进义务教育均衡发展：一是学校布局调整。针对全市农村中小学数量多、教学点多、规模小，有限教育经费不能得到充分合理运用，学校间的差距越拉越大，不同学校的学生不能享受到相当的教育资源的现状，政府按照"统筹规划，分步实施，合理配置，规范管理"的原则，初中经过1980年、1989年、1995年三次大的调整，从当初的288所调减到了后来的28所，小学经过1980年、1989年、1995年、1999年四次大的调整，由撤并初期的304所完小，调整到后来的146所完小，49个教学点。二是实施薄弱学校改造工程。1997年，市委、市政府提出了"办好每一所学校，不能把薄弱学校带进二十一世纪"的口号，全面启动薄弱学校建设工作，制订出了薄弱学校认定标准及《新郑市加强薄弱学校建设实施方案》，规划用3—4年的时间，分两轮建设，到2000年前全部达到省"普九"巩固提高标准的目标。并不断巩固提高办学水平，杜绝新的薄弱学校产生。三是加强政策导向。从1997年起，经市政府批准，市教育局对全市普通高中招生办法进行了重大改革，实行"给初中分配名额，为高中均分生源"的招生办法，从而引发了中招制度的变革，从政策导向上促进了义务教育的均衡发展。四是强化管理。在管理工作中，坚持从小做起，讲求实效，狠抓落实，不搞形式，不搞突击，严格监测考评和奖惩。② 浙江省宁波市江北区则将教育统筹作为推进义务教育均衡化发展的"一号工程"。2002年，江北区政府实施了"以区为主"教育管理体制的重大调整，将全区所有农村中小学上划区本级管理，并对教育的投融资机制与中小学财务管理进行了改革，成立了教育发展有限公司和会计代理中心，将全区所有公立中小学财务及预算外资金实行统筹管理，在体制上保证城乡教育的统筹；③ 等等。

---

① 余冠仕、谭南周：《办好让家长放心的初中校——厦门市政府主导十年电脑派位破解择校难题的启示》，《中国教育报》，2007年10月29日。
② 新郑市教育局：《让更多学生公平地享受优质教育资源——河南省新郑市推进义务教育均衡发展情况回顾》，全国义务教育均衡发展研讨会，安徽铜陵，2006年3月。
③ 陈文辉：《区域推进教育均衡化发展的实践和思考》，2011年8月，宁波江北（http://www.nbjiangbei.gov.cn/art/2007/12/21/art_ 6111_ 173104.html）。

与此同时，学者们也针对义务教育发展中的不均衡现象提出了自己的一些设想。苌景州认为以分散为特征的义务教育资金保障体系导致在资金的筹措与分配上过于分散，缺乏对地方政府行为的有效制约，不利于切实保障落后地区义务教育的超前发展，导致严重的城乡差异和地区间的不平衡，使义务教育陷入非均衡的发展状态中。因此，要消除这种非均衡发展样态，就必须改革和完善义务教育资金保障体系，采取相对集中的资金保障体系模式。① 吴恒山结合国内外的教育发展历史背景，就大连市教委提出的义务教育均衡化政策作了全面的考察与研究，详细论述了政策所包含的内容、实行的现实意义，认为只有坚持教育对象的整体性、教育内容的全面性、教育途径的多样性和教育评价的科学性，强化政府行为，建立校长、教师定期轮流制度，才能有序推进义务教育发展均衡化。② 国家教育发展研究中心通过对我国基础教育非均衡发展的表现与成因分析，认为实施中小学标准化建设，合理配置资源，加强教师队伍建设，推进薄弱学校改造工程和小学升初中、初中升高中的招生方式改革，扩大优质高中资源的供给能力等是推进义务教育均衡发展的重要措施。③ 韩清林认为，实行义务教育均衡发展，就必须以提高普及率、实现普及教育为目标，以提高教育质量和办学水平为中心，必须使每一学校最基本的办学条件、生源质量、管理水平以及教育教学质量等方面达到均衡。④ 王斌泰认为，针对造成义务教育非均衡发展状况的原因，我们必须强化政府责任，加快教育体制改革，优化教育资源配置，加强教育教学改革和调整发展政策，以推进义务教育均衡发展⑤，等等。

由此可见，在这一时期，无论是各级政府还是专家学者，由于大家对义务教育均衡发展本质属性认识不深入，对造成义务教育非均衡发展的内

---

① 苌景州：《建立有利于义务教育均衡发展的资金保障体系》，《贵州社会科学》，1994年第1期。

② 吴恒山：《教育均衡化政策的提出及其实践意义》，《大连教育学院学报》，1998年第1期。

③ 国家教育发展研究中心专题组：《实现基础教育均衡发展的现状分析及对策选择》，《人民教育》，2002年第5期。

④ 韩清林：《基础教育均衡发展方略的政策分析》，《国家教育行政学院学报》，2002年第4期。

⑤ 王斌泰：《着力推进基础教育均衡发展》，《求是》，2003年第19期。

在根源把握不足，因此在义务教育均衡发展方式方面各抒己见，在实践中进行探索和试验，尚未形成一个相对统一的实践模式。

二 形成阶段

在各级政府的不断探索和经验总结、在社会各界的深入思考和理论研究的基础上，2005年5月15日，教育部颁布了《关于进一步推进义务教育均衡发展的若干意见》，这是中央第一次以专项文件的形式正式将义务教育均衡发展提上了重要议事日程。文件不仅统一了关于义务教育均衡发展的思想与认识，而且也统一了推进义务教育均衡发展的思路和方式。

（一）义务教育均衡发展政策提出的背景

义务教育均衡发展政策的出台有着深刻的社会时代背景，它既是"两基"目标实现后社会对优质教育和教育公平的呼唤，也是构建社会主义和谐社会的需要。

1. "两基"目标实现后义务教育发展主要任务转移

在中国共产党第十四次全国代表大会上，党和国家确定将"到本世纪末，基本普及九年义务教育，基本扫除青壮年文盲"作为20世纪90年代我国教育事业发展的宏伟目标。1993年，中共中央、国务院印发了《中国教育改革和发展纲要》，正式将"两基"作为我国20世纪90年代的奋斗目标[①]。中国共产党第十五次全国代表大会把实施"两基"作为落实"科教兴国"和"可持续发展"战略的重要组成部分，要求大力普及九年义务教育，扫除青壮年文盲。为了实现"两基"这一宏伟目标，国家及地方各级政府从政策引导、制度保障、经费支持等各方面入手，动员各方面力量，大力发展基础教育，特别是大力促进贫困地区基础教育的发展。经过长期的不懈努力，2000年，我国如期实现了"两基"目标，九年义务教育普及人口覆盖地区达到85%以上。"两基"目标实现后，我国义务教育发展何去何从，今后的发展方向和主要任务是什么，这是不少理论研究者和教育实践者不断思考和探索的问题。

20世纪90年代，我国东部一些发达地区，如江苏、上海、浙江等省市提出了实现教育现代化的远期目标，之后其他不少省市也将现代化作为

---

① 参见中共中央、国务院《中国教育改革和发展纲要》，1993年2月31日。

今后一段时期义务教育发展的主要任务。教育现代化是一个传统教育向现代教育的转化过程，而衡量转化进展的一个重要指标就是受教育者的广泛性和平等性。就义务教育而言，两基目标实现后我国义务教育的发展现状还存在诸多问题，办学水平整体不高，优质教育资源稀缺，地区间与学校间的资源配置与教育质量存在较大差距，教育发展现状无法满足广大人民群众对优质、多元义务教育的需求，与教育现代化的要求相去甚远。在此背景下，一些有识之士认为，要解决义务教育发展中的现实问题，实现义务教育发展现代化，最佳的路径选择就是推进义务教育均衡发展。这一思想在国家出台的教育发展规划和相关政策文本中都已明确化和具体化。

2. 社会对优质教育和教育公平的呼唤

随着经济社会的发展和人们生活水平的提高，广大人民群众对教育的需求不再仅限于接受最基本的九年义务教育，他们希望接受更为公平、更为优质、更为多元的教育。然而，在各级各类教育快速发展的同时，由于我国各地经济文化发展不平衡，城乡二元结构依旧明显，重点学校制度的惯性势能较强，地区间、城乡间和学校间的办学条件及发展水平存在较大差距。

从地区差距看，由于全国3000多个区县的经济发展水平和地理环境差异很大，因此义务教育发展仍不均衡，特别是生均公用经费与教职工人均年收入、生均教学仪器设备值、高水平（高学历、高职称）教师队伍配置等发展性指标县际差距依然较大。根据教育部、国家统计局、财政部关于2004年全国教育经费执行情况统计公告，2004年小学生均公共财政预算教育事业费最高的上海市为6680.22元，最低的河南省为654.41元，上海为河南的10.2倍；初中生均公共财政预算教育事业费最高的上海市为6831.40元，最低的河南省为763.92元，上海为河南的8.9倍。2004年小学生均公共财政预算公用经费最高的上海市为1664.65元，最低的广西壮族自治区为34.03元，上海为广西的48.9倍；初中生均公共财政预算公用经费最高的上海市为1939.96元，最低的安徽省为53.00元，上海为安徽的36.6倍[①]。

---

① 教育部、国家统计局、财政部：《关于2004年全国教育经费执行情况统计公告》，2005年12月，中国教育部（http://www.moe.edu.cn/publicfiles/business/htmlfiles/moe/s3040/201001/78264.html）。

从城乡差距看，由于城乡二元结构依然十分明显，农村受到学校布局分散、规模小、交通不便、城市取向政策等因素影响，其办学条件和发展水平依然落后于城市学校，特别是生均公用经费、教职工人均年收入、生均教学仪器设备值、高学历及高职称教师比例等发展性指标配置水平的城乡差距依然较大。根据王纬虹、余国源、张波等人对重庆市城乡教育差距的比较分析，从城乡生均教育经费来看，2001 农村小学为 651.75 元，城镇小学达 999.9 元，农村小学生均教育经费仅为城镇小学生均教育经费的 65.18%；农村初中为 810.56 元，城镇初中达 1382.03 元，农村初中生均教育经费只相当于城镇初中生均教育经费的 58.65%。从城乡生均公用经费来看，农村小学为 100.67 元，城镇小学达 202 元，农村小学生均公用经费仅为城镇小学生均公用经费的 49.84%；农村初中为 158.49 元，城镇初中达 340.64 元，农村初中生均公用经费只占城镇初中生均公用经费的 46.53%。就城乡教育办学条件而言，2003 年，生均占有校舍和教学辅助用房面积，农村小学比城市小学分别少 $1.03m^2$ 和 $0.42m^2$，农村中学比城市中学分别少 $0.57m^2$ 和 $0.27m^2$；每百名学生拥有计算机、电子图书，农村小学比城市小学分别少 3 台、10 片，农村中学比城市中学分别少 2 台、5 片；生均占有固定资产和仪器设备价值，农村小学比城市小学分别少 4200 元和 300 元，农村中学比城市中学分别少 2500 元和 200 元。[①]

以上情况表明，虽然我国义务教育在数量和规模上取得了较大成就，但普及的质量不高，难以满足人民群众接受优质教育的需求，存在着不同区域和群体的受教育者所享用的教育资源、接受的教育质量不平等的现象。因此，要巩固、提高义务教育发展，扩大优质教育资源覆盖面，提高义务教育公平水平，就必须推进义务教育均衡发展。

3. 素质教育取得突破的需要

20 世纪 80 年代中后期，随着教育改革的深化与发展，纠正片面追求升学率、全面提高学生素质的呼声日益高涨，教育界开展了关于教育思想的讨论，提出了实施素质教育的理念。1993 年，中共中央、国务院颁布了《中国教育改革和发展纲要》，第一次对素质教育做出明确表述，要求

---

① 王纬虹、余国源、张波：《重庆市城乡教育差距的比较分析及对策》，《教育发展研究》，2006 年第 5A 期。

中小学要由"应试教育"向全面提高国民素质转轨，面向全体学生，促进学生全面而又生动活泼地发展。之后，中央及地方各级政府、教育管理部门相继出台了一系列关于实施素质教育的政策文本，为全面推进素质教育提供了政策支持和制度保障。

素质教育作为我国一场深刻的教育思想革命，实施20多年来，在纠正传统教育模式、克服应试教育弊端方面取得了一定成效。但就总体而言，素质教育效果不甚理想，素质教育目标仍未实现。究其缘由，其根本在于义务教育发展的不均衡，教育资源供给与教育资源需求存在较大矛盾。要全面实施素质教育，就需要从教育思想、教育制度、教育体系、教育结构、课程设置、教学方法、队伍建设乃至社会环境等方面进行变革；需要教育工作者改变传统的教育观念，树立学生发展权利平等观；需要采取有效措施激发学生学习成长的主动性和积极性，充分挖掘学生的潜能等。这些都是义务教育均衡发展的应有之义。通过推进义务教育均衡发展，能够更好地落实就近入学原则，均衡办学条件，形成公平的竞争环境，实现城乡和学校资源共享，就能够全方位、多角度推进素质教育，使素质教育在实践上取得突破。[①]

4. 构建社会主义和谐社会的需要

社会和谐是人类孜孜以求的一种美好愿景，中外历史上都产生过不少有关社会和谐的思想。2004年，中国共产党十六届四中全会正式提出了"构建社会主义和谐社会"的概念，并将其作为21世纪我国社会发展的战略目标。在党的十七大和十八大报告中，中央再次强调了构建社会主义和谐社会的重要性，并对改善民生为重点的社会建设作了全面部署。和谐社会是以人为本的社会，是人人平等、全面自由发展的社会。在和谐社会里，社会组织机制健全，社会管理完善，社会秩序良好，人民群众安居乐业，社会保持安定团结，全体人民各尽所能、各得其所而又和谐共处。教育是一个国家赖以存在和发展的基础和动力，一个国家能否发展，发展的程度如何，很大程度上取决于这个国家的教育发展水平。《中共中央关于构建社会主义和谐社会若干重大问题的决定》在阐述构建社会主义和谐社会奋斗目标时，特别指出，要坚持教育优先，促进教育公平，保障人民

[①] 张茂聪：《教育均衡发展：素质教育实施的保障》，《中国教育报》，2010年4月6日。

享有接受良好教育的机会；坚持公共教育资源向贫困地区、边疆地区、民族地区、农村地区倾斜，逐步缩小区域间和城乡间教育发展差距，促进教育协调发展。义务教育是国民教育的基础，在整个教育发展中处于基础地位，它对人的发展、社会的发展具有重要作用，因而其发展状况影响着和谐社会的构建。

推进义务教育均衡发展，就是把义务教育作为一种基本公共服务均等地提供给社会成员，让广大人民群众平等享有接受优质教育的机会，从而改变弱势群体的生存状态，减少社会不公，整体提高公民综合素质，把我国巨大的人口压力转化为人力资源优势，这对于缩小区域、城乡、阶层差距，维护社会公平，促进社会和谐具有重要意义。社会和谐是社会全面的和谐，教育均衡发展是社会和谐的重要内容和根本标志，义务教育均衡发展决定了社会的和谐程度，教育发展不均衡，社会发展也就不可能和谐。

5. 对世界义务教育均衡发展改革的回应

义务教育历来是世界各国教育改革的重点，推进教育公平、提高办学质量和效益又是各国义务教育改革发展的重中之重。为推进教育公平，提高教育质量和办学效益，世界各国特别是发达国家政府站在国家和民族未来发展的角度，不断致力于相应法规及政策体系建设，积极采取各项改革措施以实现这一目标。如20世纪60年代以来，美国发起了一系列教育改革运动，包括补偿教育运动、标准化改革运动、特许学校运动、家庭学校运动等，坚持教育公平与教育效率兼顾的原则，尊重家长及子女的教育选择权利，扩大那些因处于不利地位而丧失接受良好教育权利的人和学校中的失败者的教育机会，促进公立学校教育教学质量的改善，实现义务教育均衡发展。英国为推动义务教育均衡发展也从20世纪末开始实施了一系列改革运动。1997年出版的《第三条道路：新世纪的新政治》提出了一系列旨在消除教育差异、实现教育公平的教育主张，如增加教育投入，坚持教育机会均等，关注处境不利学生，缩小校际差距，倡导教育包容等；《追求卓越的学校教育》将教育改革的重点指向教育机会均等和学生学业成绩提高，并将学生学业表现不良的教育薄弱地区和薄弱学校作为改革的突破口，通过"教育行动区"和"教育优先区"计划吸引教育以外的社会力量参与教育薄弱地区学校的管理和运作，从而为薄弱学校带来新的管理思路、经验和资金，迅速提高薄弱学校的办学质量；1999年3月出台的"追求卓越的城市教育"计划则注重变革学校的运作方式,建立学生发展支撑体系,以整合教育资源,提高城市教育质量,等等。①

从世界教育改革与发展趋势看,均衡发展已成为世界各国的发展共识和一致行动。在教育现代化、全球化的背景下,中国教育要成为日趋紧密的全球教育体系中的重要组成部分,要提高中国教育在世界教育中的地位和吸引力,就必须顺应世界义务教育改革发展趋势,均衡配置公共资源,整体提高教育质量,促进义务教育均衡发展。

(二)义务教育均衡发展政策的价值诉求

深入推进义务教育均衡发展,不断提升义务教育质量和办学水平,不仅已成为当前我国教育改革的重中之重,而且也是各级政府亟待破解的教育发展难题之一。而义务教育均衡发展具有多重价值诉求,它既是为了优化教育功能,提高办学效率,也是为了提升教育质量,促进教育公平。

1. 实现教育公平

义务教育是一种公共产品,具有显著的普及性、强制性、免费性等特点,政府有着义不容辞的责任为广大受教育者提供平等的受教育机会和条件,受教育者在教育机会、教育资源分配上理应平等享有。教育公平是教育发展的一种基本理念与价值导向,是社会公平的延伸和体现,也是人类一直追求的美好理想。

当前,区域之间、城乡之间、学校之间的办学条件存在较大差异,义务教育发展不均衡,农村的孩子不能享受与城区孩子同样的教育,薄弱学校的学生不能接受优势学校的优质教育,引发不少家长对优质教育资源趋之若鹜,表现为形形色色的择校行为和教育移民现象。择校行为又进一步提高了优质学校声誉,夯实了学校资源,巩固了自身的优势地位,抑制了薄弱学校的建设和发展,造成"不均衡—择校—更严重的不均衡—更强烈的择校"的恶性循环,义务教育的公平正义属性得不到充分体现。因此,要实现教育公平,就必须对义务教育发展现状给予正确认识与全面分析,对义务教育发展进行改革。

义务教育均衡发展,是指依法保障公民平等接受义务教育的权利和义务,通过资源配置调整和发展的方式方法转变而提供相对均等的教育机会

---

① 孟引变:《当代世界基础教育发展研究》,山西人民出版社2010年版,第203页。

和条件，以真正实现教育公平。义务教育均衡发展本身不是目的，更不是各地区、各学校的平均发展、均等发展，而是全面、协调、可持续发展，其本质是追求一种公平的义务教育发展样态。提出并进而全面推进义务教育均衡发展，正是对现实中义务教育发展不公平现状的回应，它要求各级政府要切实落实教育经费"三个增长"和新增教育经费主要用于农村、贫困地区及少数民族地区，优先保障推进义务教育均衡发展所需资金；要坚持免试就近入学原则，规范办学行为，杜绝公办学校举办或变相举办"重点"学校的现象，以有效遏制义务教育阶段择校之风；要集中力量加快对薄弱学校的改造，适当调整和撤销一批办学条件差、教育质量低、生源不足的薄弱学校，通过整合、重组、教育资源共享等方式，加强与优质学校的合作，以推进学校建设标准化；要统筹区域内城乡师资，加强薄弱学校和农村学校教师培训工作，切实解决农村教师不足及整体水平不高的问题等。这些措施的实施能有效促进区域内学校间教育资源配置的均衡，保障学生受教育权利，实现所有受教育者入学机会平等、教育过程平等。

2. 提高办学效率

一提到义务教育均衡发展，人们首先想到的就是实现教育公平。这本是无可厚非的，因为义务教育均衡发展的首要目标在于公平，但这并不意味着义务教育均衡发展就不讲效率。事实上，公平与效率是一个问题的两个方面，它们是一种相互联系、相互制约的辩证统一关系，没有本质上的相互对立性，一谈到公平，人们也必然要提及效率，一提及效率，人们也必然要谈到公平，提高办学效率也是推进义务教育均衡发展的应有之义。"我们不能为了效率而放弃对多数人公平受教育权益的尊重，当然我们也不能够为了公平目标的实现而不顾教育效率的提高，放弃部分人合理享有更高质量义务教育的权益。"[1]

义务教育均衡发展不仅涉及受教育者的权利保障，也包括教育资源配置的优化。过去，由于我们过于强调义务教育的公共产品属性，无限扩大政府在发展义务教育中的责任，因此政府在实现"两基"目标过程中投入大量资金改善办学条件，每一村乡，乃至社组都举办了中小学，导致学

---

[1] 王贤：《博弈论视角下城乡义务教育均衡发展中的效率与公平关系》，《现代教育管理》，2009年第2期。

校生源缺乏，教师工作量不足，学校教学工作难以正常开展。同时，重点学校制度和示范学校制度，以及优先发展城市教育的观念又促使政府投入的有限教育资源更多地流入重点学校、示范学校和城市学校，导致重点学校和示范学校的教育资源利用不足，浪费现象严重，而一些农村地区和偏远地区却面临教学设施设备匮乏，部分专业教师缺乏，不能开齐开足课程，造成教学设施设备运行和使用效率较低。为此，国家在出台的义务教育均衡发展政策文本中一再提出[①]，要合理配置好公共教育资源，适当调整和撤销一批生源不足、办学条件差、教育质量低的学校，建立健全城乡教师流动机制和区域内骨干教师巡回授课制度，加大区域内教育资源开发和整合的力度，充分发挥具有优质教育资源的公办学校的辐射、带动作用，促进义务教育优质资源的共享；等等，这些措施都指向了提高义务教育资源的利用效率。"所以，义务教育的公平性不能脱离效率增进而存在，在有限的范围内，通过有限的规模、有限的形式对优质性义务教育引进市场机制并适度收费，将有助于遏制优质性义务教育的过度社会需求，也有利于引导政府和社会力量把经费投向标准化的义务教育办学层面，进而有助于克服义务教育不均衡，提升义务教育的整体效率。"[②]

3. 提升教育质量

义务教育的发展目标不仅是保障每一个受教育者有学上，也应该是让每一个学生上好学。2000年4月，联合国教科文组织在塞内加尔首都达喀尔召开的"世界教育论坛"上通过了著名的《达喀尔行动纲领》，提出各国不仅要"为所有人提供教育"，还要"为所有人提供优质教育"。2001年，我国"两基"战略目标实现，人们继而将关注的焦点转向教育质量，希望接受更为优质的多元教育。如何在保证教育公平的同时，办出人民满意的教育，满足广大人民群众对优质教育日益增长的需求，这一问题开始成为我国义务教育发展面临的新挑战。从现实来看，尽管我国义务教育经费逐年增加，学校办学条件逐年改善，师资队伍不断充实，办学理

---

① 参见教育部《关于进一步推进义务教育均衡发展的若干意见》（2005年5月25日）；教育部《关于贯彻落实科学发展观进一步推进义务教育均衡发展的意见》（2010年1月4日）；国务院《关于深入推进义务教育均衡发展的意见》（2012年9月5日）等。

② 黄家骅：《义务教育均衡发展的公平、效率和质量——兼析择校行为的引导与规范》，《教育发展研究》，2010年第18期。

念不断更新,但教育投入仍然不足,教育设施设备的现代化水平较低,教师素质有待进一步提高,有相当部分的薄弱学校存在等,这些都造成优质教育资源总量依然不足,供需矛盾突出,尤其是农村地区、偏远地区、民族地区优质教育资源相对不足。要改变这一发展现状,解决优质教育的供求矛盾,最优选择就是推进义务教育均衡发展。在此背景下,国家推出了一系列义务教育均衡发展的相关政策及措施,一再强调均衡发展是义务教育发展改革的重点,要依据相关法律法规要求,树立科学的教育质量观,建立健全教育质量保障体系,把资源配置和教育工作重心都置于强化教学环节、提高教育质量方面,以实现适龄儿童少年接受更加公平更高质量的义务教育为目标。

实际上,现实中义务教育发展不均衡、择校行为广泛存在的关键在于不能为广大人民群众提供高质量的义务教育。推进义务教育均衡发展,既要让每一所学校符合国家办学标准,教育资源满足学校教育教学需要,开齐开好国家规定课程和地方课程,保障各项教育经费;同时又要求各级政府和学校建立教育教学质量和学生学业质量评价体系,进行教学方式改革,确保每所学校全面实施素质教育,促进学生德智体美全面发展,这些都是保障义务教育质量水平整体、稳步提高的必要条件。义务教育均衡发展就是科学发展观在国民素质教育中的贯彻落实,不仅优质学校能够继续保持高位发展,而且薄弱学校办学水平也能实现快速提升,从而不断做大优质教育资源总量,让更多的孩子能享受到优质教育资源,办好人民满意的教育。

(三) 推进义务教育均衡发展的主要路径

路径是指通向某个目标的道路。根据教育部《关于进一步推进义务教育均衡发展的若干意见》的精神,结合各级政府出台的相关措施,这一阶段推进义务教育均衡发展的路径主要包括:

1. 优先保障推进义务教育均衡发展所需资金

按照《关于进一步推进义务教育均衡发展的若干意见》的要求,各级教育行政部门要在当地政府的统一领导下,与有关部门协调合作,切实落实教育经费"三个增长"。特别是针对我国地域辽阔、各地经济社会文化发展水平层次不齐、县级财政收入差距较大的现状,省级教育行政部门要与有关部门一道,加强义务教育经费的统筹力度,加大对贫困地区教育的专项转移支付力度，重点支持贫困地区、少数民族地区和农村地区义务教育发展，督促辖区内预算内生均公用经费拨款标准和生均公用经费基本标准的有效落实。

2. 改善学校办学条件

在经费保障的前提下，省级教育行政部门要按照国家相关规定，结合当地实际情况，制定和不断完善学校办学标准，切实改善每一学校的办学条件。特别是各县（市、区）要对那些办学条件低于基本要求的薄弱学校，要在一定期限内加以改造。在改造薄弱学校过程中，要充分发挥拥有优质教育资源的公办学校的辐射、带动效应，通过资源共享、整合或重组等方式，提升薄弱学校办学水平。并适当调整和撤销一批办学条件差、教育质量低和生源不足的薄弱学校。

3. 统筹教师资源

县级教育行政部门要严格按照相关规定，加强对区域内中小学教师的资格认定、招聘录用、职务评聘、培养培训等方面工作，保质保量为所有中小学配齐合格教师。特别是要加强薄弱学校和农村学校教师队伍建设，核定教师编制要向农村学校倾斜，新增教师要优先满足农村学校和薄弱学校的需求；要增加教师培训经费，要组织师范院校及其他师培机构加大对薄弱学校和农村学校教师的培训力度，要建立城乡教师交流制度和区域内骨干教师巡回授课制度，积极引导超编学校的多余教师向缺编学校流动，切实解决一些学校教师不足和师资队伍水平整体不高的问题。

4. 切实保障贫困家庭学生、进城务工子女和残疾儿童少年的受教育权利

对于贫困家庭学生，各级政府应按照国家相关资助政策，做好农村义务教育阶段免费教科书政府采购工作，对农村贫困家庭学生免除杂费，为寄宿学生提供必要生活补助。对于进城务工农民子女，各地要切实落实收费"一视同仁"的政策，为农民工子女进入公办学校就读提供更多机会，并加强对以接收农民工子女为主的民办学校的扶持和管理，及时解决农村"留守儿童"在学习、生活、心理等方面存在的困难和问题。对于残疾儿童少年，要努力改善特殊教育学校办学条件，优先保证农村残疾儿童少年享受"两免一补"政策。

5. 强化督导评估

建立科学化、规范化、制度化的义务教育教学指导体系和质量监测评估体系，组织骨干教师、优秀教师和教研人员对一些教学质量较低的学校和教师进行业务指导，组织有关专家定期对学校的教学质量进行督导检查。各地区、各学校要按照国家出台的义务教育课程标准开齐开好课程，要认真贯彻落实国家课程计划，不得挪用音乐、美术、体育和社会实践等课程的课时，并大力发展现代远程教育，加大教育资源开发和整合的力度，促进义务教育优质资源的共享。

6. 采取切实措施有效解决择校问题

特别是规范义务教育阶段学校办学行为，公办中小学不得举办或变相举办"重点"学校，也不得将拥有优质教育资源的公办学校改为民办或以改制为名收取高额费用。各级教育行政部门和督导部门要科学引导优质学校在加强师资队伍建设、积极推行教学改革、全面实施素质教育、努力提高教育质量等方面发挥榜样示范作用。

在这一阶段，尽管地方各级政府和社会各界对如何促进义务教育均衡发展还在不断进行着摸索和探讨，但就整体而言，国家对推进义务教育均衡发展的手段、方法给出了一般性规定，从而形成了相对稳定的义务教育均衡发展方式。

附录

教育部关于进一步推进义务教育均衡发展的若干意见

教基〔2005〕9号

各省、自治区、直辖市教育厅（教委），新疆生产建设兵团教育局：

20世纪末，我国实现了基本普及九年义务教育的宏伟目标，从根本上保障了广大儿童少年接受义务教育的权益。近年来，党中央、国务院把农村教育作为教育工作的重中之重，明确提出新增教育经费主要用于农村的要求，组织实施国家西部地区"两基"攻坚计划、"农村中小学现代远程教育工程"和实行资助贫困家庭学生就学的"两免一补"政策，有力地促进着我国区域之间、城乡之间义务教育的均衡发展。各地也积极采取措施，努力缩小义务教育发展中的差距。

由于我国仍处于社会主义初级阶段，各地经济社会发展不平衡，城乡二元结构矛盾突出，尽管近年来各地义务教育都有了新的发展，但城乡之间、地区之间、学校之间的差距依然存在，在一些地方和有些方面还有扩大的趋势，成为义务教育发展中需要高度关注的问题。为了进一步推进义务教育均衡发展，现就有关工作提出如下意见。

一、统一思想认识，把推进义务教育均衡发展摆上重要位置

1. 各级教育行政部门要从实践"三个代表"重要思想和落实科学发展观的高度，充分认识推进义务教育均衡发展在构建社会主义和谐社会中的重要作用，把这项工作作为实现"两基"之后义务教育发展的一项重要任务，研究提出本地区推进义务教育均衡发展的目标任务、实施步骤和政策措施，并纳入当地教育改革与发展的总体规划。当前，要切实贯彻落实"巩固、深化、提高、发展"的工作方针，把义务教育工作重心进一步落实到办好每一所学校和关注每一个孩子健康成长上来，有效遏制城乡之间、地区之间和学校之间教育差距扩大的势头，积极改善农村学校和城镇薄弱学校的办学条件，逐步实现义务教育的均衡发展。

2. 各级教育行政部门要在积极争取政府及有关部门的大力支持，建立和完善保障义务教育均衡发展的公共财政体制的同时，立足于本职工作，通过制定和完善各项教育政策措施，努力推进义务教育均衡发展；要在认真组织实施国家各项重大义务教育工程和项目的同时，把工作的着力点放在推进县（市、区）域内义务教育均衡发展上来，并力争在更大范围内逐步推进；要在促进义务教育整体发展的同时，把提高农村学校教育质量和改造城镇薄弱学校放在更加重要的位置；要在落实义务教育均衡发展总体要求的同时，坚持实事求是，因地制宜，创造出符合当地实际的有效做法和经验，有条件的地区也要同时推进学前教育和高中阶段教育的均衡发展。

二、采取积极措施，逐步缩小学校办学条件的差距

3. 省级教育行政部门要根据国家有关规定和当地实际情况，制定或

完善本地区义务教育阶段学校办学条件基本要求。各县（市、区）对本地办学条件低于基本要求的薄弱学校，要制订限期改造计划，集中力量加快薄弱学校改造进程，尽快使辖区内薄弱学校逐年减少。要充分发挥具有优质教育资源的公办学校的辐射、带动作用，采取与薄弱学校整合、重组、教育资源共享等方式，促进薄弱学校的改造。要适应各地加快推进城镇化建设、调整乡村建制和人口变动等新的形势，合理配置好公共教育资源，在新建、扩建和改建学校时，适当调整和撤销一批生源不足、办学条件差、教育质量低的薄弱学校，并解决好人口集中的乡镇、县城及周边学校的大班额问题。

4. 各级教育行政部门要在当地政府统一领导下，会同各有关部门，优先保障推进义务教育均衡发展所需资金。要切实落实教育经费"三个增长"和新增教育经费主要用于农村的要求，在经费投入上对薄弱学校的改造采取倾斜政策，城市教育费附加要优先用于薄弱校改造。

5. 省级教育行政部门要会同有关部门，进一步调整教育经费支出结构，重点支持农村地区、贫困地区、少数民族地区的义务教育发展，加大对经济困难地区的教育专项转移支付，督促辖区内中小学生均公用经费基本标准和预算内生均公用经费拨款标准的落实。同时，县级要加强对各项教育经费的统筹，千方百计加大对农村学校和城镇薄弱学校的投入，切实改善农村学校和城镇薄弱学校的办学条件。

6. 坚持义务教育阶段公办学校免试就近入学，并采取切实措施加快推进义务教育均衡发展，加强依法治教力度，进一步规范办学行为，有效遏制义务教育阶段择校之风蔓延的势头。义务教育阶段公办学校不得举办或变相举办重点学校。具有优质教育资源的公办学校不得改为民办或以改制为名实行高收费。各级教育行政部门要正确引导各类优质学校在全面实施素质教育、加强师资队伍建设、努力提高教育质量等方面发挥表率作用，严禁在硬件建设上相互攀比。

三、统筹教师资源，加强农村学校和城镇薄弱学校师资队伍建设

7. 县级教育行政部门要依法履行对农村中小学教师的资格认定、招聘录用、职务评聘、培养培训、调配交流和考核等管理职能，加强辖区内教师资源的统筹管理和合理配置。要严格按照有关规定，保质保量地为所有中小学配齐合格教师。核定教师编制时要向农村学校倾斜，新增教师要

优先满足农村学校、城镇薄弱学校的需求。要采取各种有效措施，建立区域内骨干教师巡回授课、紧缺专业教师流动教学、城镇教师到农村学校任教服务期等项制度，积极引导超编学校的富余教师向农村缺编学校流动，切实解决农村学校教师不足及整体水平不高的问题。要采取有力措施，实现同一区域同类教师工资待遇基本相同，并逐步提高农村中小学教师在高级专业职务聘任和表彰奖励中的比例，努力改善在农村地区工作的教师待遇。

8. 各地要努力增加教师培训经费，加强农村学校、城镇薄弱学校骨干教师培训工作。要组织师范院校、普通高等学校和教师培训机构，加大对农村学校、城镇薄弱学校教师的培训力度。要探索新的培训方式和手段，积极推进农村中小学现代远程教育工程和教师网联计划，充分发挥现代信息技术和计算机网络在教师培训中的作用，增强培训的针对性、实效性和广泛性。帮助农村学校、城镇薄弱学校建立校本研修制度。采取积极有效措施，稳定农村学校、城镇薄弱学校骨干教师队伍。

四、建立有效机制，努力提高每一所学校的教育教学质量

9. 各地要把全面推进素质教育、全面提高教育质量作为推进义务教育均衡发展的根本任务，在制定政策、配置资源、安排资金时，要优先保障提高教育教学质量的需要。要积极创造条件，保证所有学校按照义务教育课程方案要求开齐课程，并达到教学基本要求。所有学校都要认真执行国家课程计划，不得挤占音乐、体育、美术和社会实践等课时。要面向全体学生，采取各种措施对学习困难学生给予更多的帮助，努力使所有学生共同进步。

10. 各级教育行政部门要逐步建立规范化、科学化、制度化的义务教育教学质量监测评估体系和教学指导体系。要组织督学和有关专家定期对学校的教育教学质量进行督导检查。要组织教研人员和优秀教师对一些教育教学质量较低的学校进行业务指导，必要时可选派有经验的教育行政干部、校长到这些学校工作，尽快改变其落后面貌。

11. 各地要把大力发展现代远程教育作为推进义务教育均衡发展的重要措施来抓，加大教育资源开发和整合的力度，促进义务教育优质资源的共享。要大力推动现代教育技术在教学中的应用，中西部地区要先行普及

以教学光盘应用为主的多媒体辅助教学,全面提高农村学校的教师素质和教育教学质量。

五、落实各项政策,切实保障弱势群体学生接受义务教育

12. 各地要切实落实国家资助贫困家庭学生的各项政策。要认真做好农村义务教育阶段免费教科书政府采购工作,努力降低成本,确保按时发放,同一区域内应使用相同质量版本的教材。建立有效机制,切实落实对农村义务教育阶段贫困家庭学生免除杂费和提供必要寄宿生生活补助的经费。

13. 要以公办学校为主,认真做好进城务工农民子女义务教育工作,切实落实收费"一视同仁"的政策。要加强对以接受进城务工农民子女为主的民办学校的扶持和管理。地方各级教育行政部门和学校要有针对性地采取措施,及时解决进城务工农民托留在农村的"留守儿童"在思想、学习、生活等方面存在的问题和困难。

14. 要切实将残疾儿童少年义务教育纳入"两基"攻坚和巩固提高工作之中,不断提高残疾儿童少年义务教育普及程度。要优先保证农村残疾儿童少年享受"两免一补"政策,努力改善特殊教育学校办学条件。

六、建立监测评估体系,切实推进义务教育均衡发展

15. 县级教育行政部门要建立和完善义务教育均衡发展的监测制度,定期对辖区内义务教育学校间的差距进行监测和分析,并以适当方式予以公布,接受社会监督。

16. 国家教育督导团将建立义务教育均衡发展督导评估制度,研究制定督导评估指标体系,对各地义务教育均衡发展状况进行评估,对地方各级人民政府推动义务教育均衡发展的工作开展督导检查,将评估检查结果作为评价地方教育工作的重要指标。各省、自治区、直辖市人民政府督导部门要把义务教育均衡发展作为督导评估县级人民政府教育工作的重要内容,其督导评估结果要作为考核主要领导干部政绩的重要内容和进行表彰奖励的依据。

教育部

二○○五年五月二十五日

三 拓展阶段

随着义务教育均衡发展的深入推进以及广大人民群众接受更加公平和更高质量教育需求的日益迫切,原有的义务教育均衡发展思路和发展模式逐渐显现出一些弊端,已不能完全适应新的形势。2010年颁布的《规划纲要》指出,当前我国教育观念还比较落后,教育体制机制不完善,教育投入和学校办学活力不足,教学内容及方法比较过时,中小学生课业负担过重,素质教育难以推进,教育优先发展的战略地位尚未得到完全落实;教育结构和学校布局不尽合理,贫困地区、民族地区教育发展滞后,区域间和城乡间教育发展水平存在差距,教育发展还不完全适应国家经济社会发展和人民群众接受良好教育的要求。因此,必须坚持"优先发展、育人为本、改革创新、促进公平、提高质量"的工作方针,建立健全义务教育均衡发展保障机制,推进学校标准化建设,均衡配置师资、图书及硬件设施,努力提高薄弱学校和农村学校师资水平,以进一步推进义务教育均衡发展,到2020年基本实现区域内均衡发展。

为贯彻落实《规划纲要》精神,深入推进义务教育均衡发展,同年年底,教育部出台了《关于贯彻落实科学发展观进一步推进义务教育均衡发展的意见》,提出了更具时代性的均衡发展指导思想,实践的方式方法也更为明确并进一步拓展。具体而言,主要有以下几个方面的变化:

1. 对不同地区提出了不同的目标和任务

东部地区和中西部有条件地区要以教育现代化为目标,不断深化改革,提升义务教育均衡发展水平,而广大中西部农村地区要努力夯实义务教育发展基础,在巩固提高义务教育普及水平的基础上,大力推进义务教育均衡发展。

2. 明确了省、市(地)、县(区)三级教育行政部门在义务教育均衡发展推进中的职责

省级教育行政部门要加大指导和统筹力度,制定和完善本地区义务教育学校基本办学标准,出台并完善支持薄弱地区义务教育均衡发展的政策措施,加强对义务教育均衡发展状况的督导和监测,督促本行政区域内教

育行政部门切实履行推进义务教育均衡发展职责。市（地）级教育行政部门要切实加强领导，研究制定本地区义务教育均衡发展规划，着重缩小区域内县与县之间义务教育发展差距。县级教育行政部门要在同级人民政府的领导下，切实履行以县为主的管理职责，并把推进义务教育均衡发展作为履行职责的重要内容，着力缩小学校间的发展差距，全面提高教育质量。

3. 强调地方各级教育行政部门要以提高教育质量、促进内涵发展为重点

通过机制创新和制度建设，全面提高教育教学水平，推进义务教育均衡发展。主要涉及深化课程改革、转变教学方式和学习方式、健全教师培养机制和城乡教师交流机制、充分运用信息化的手段和方式促进优质教育资源共享，建立健全学校教育质量目标管理制度、教育质量监测评价制度和提高教育质量保障机制等。

4. 对学校布局调整给予了更为科学性的规定，凸显了教育的公平

要求地方各级教育行政部门在调整中小学布局时，要坚持实事求是，科学规划，进一步规范学校布局调整的程序。要统筹考虑未来人口变动状况、城乡经济社会发展实际情况以及人民群众的现实需要，充分听取并尊重当地人民群众的意见，既要方便低龄学生入学，又要保证教育质量，避免盲目调整和简单化操作所导致的不良后果。对尚不够条件的偏远地区、农村地区，要暂缓实施布局调整，暂不撤并自然环境不利地区的小学低年级阶段学校。

5. 强调学校自主发展，凸显学校发展的重要性

要求各地加强学校管理体制改革，健全现代学校管理制度，建立学校依法依章自我管理、自我约束、自主发展的机制；要积极推进依法治校，完善校长负责制和教师代表大会制度，探索学生家长和社会有关人士参与学校管理的途径；要大力加强学校文化建设，推动学校特色发展。

与此同时，针对义务教育均衡发展中存在的问题以及外在社会环境的变化，不少学者也逐渐认识到原有义务教育均衡发展方式的缺陷和不足，从多视角进行了分析和思考，提出了"优质均衡""高位均衡""内涵均

衡"等理念，积极探索推进义务教育均衡发展的新思路和新模式，认为提高质量，关注内涵发展是义务教育均衡发展的应有之义，而内涵性均衡发展的关键在于通过师资队伍的优化、教学效率的提高与学生素质的增强来提高义务教育阶段薄弱学校的教育质量。① 有学者认为，由于我国教育发展的非均衡状况突出地表现为"发展内差异"，因此我们可以通过三种均衡路径来解决区域间、学校间和人群间差异：以针对性措施提升差序之底线的"成长性均衡"；形成强势弱势之间良性互动与共建的"分享式均衡"；视差异为资源、以变革促均衡的"有效益的均衡"。② 有学者认为，除采用政策性资金投入、提高学科标准和学习成绩测试标准、建立有效的责任和绩效机制、实施面向农村教育的基础设施建设专项计划或重大工程等传统做法外，我们应创新义务教育均衡发展的思路与方法，积极运用现代教育技术和信息化教学创新理论，以有效促进区域内义务教育的均衡发展，实现义务教育优质化。③ 还有学者认为，要创建义务教育优质均衡改革发展示范区，就必须在发展思路上实现"四个转向"：一是由注重硬件建设转向注重软件建设；二是由注重外延扩展转向注重内涵提升；三是由重点倾斜转向城乡一体；四是由"学有所教"转向"学有优教"。④

总之，义务教育均衡发展是一个艰巨的、长期的过程，在这一过程中，义务教育均衡发展面临的主要矛盾和内外部环境都在随时发生变化。随着不同阶段目标的更替，各种因素影响强弱程度的改变，以及人们对义务教育均衡发展本质属性认识的深入，义务教育均衡发展方式将会趋向更为完善和科学。

---

① 熊川武、江玲：《论义务教育内涵性均衡发展的三大战略》，《教育研究》，2010年第8期。
② 杨小微：《义务教育内涵式均衡发展路径分析》，《教育发展研究》，2009年第5期。
③ 何克抗：《推进义务教育优质均衡发展的新思路》，《基础教育参考》，2010年第4期。
④ 朱建康：《关于区域义务教育优质均衡发展的实践与思考》，《教书育人》，2011年第7期。

附录

教育部关于贯彻落实科学发展观进一步推进义务教育均衡发展的意见

教基一〔2010〕1号

各省、自治区、直辖市教育厅（教委），新疆生产建设兵团教育局：

我国义务教育已经全面普及，进入了巩固普及成果、着力提高质量、促进内涵发展的新阶段。面对全面建设小康社会和加快推进社会主义现代化的新任务，面对将人力资源大国建设成人力资源强国的新形势，面对人民群众要求接受更加公平和更高质量教育的新期待，需要全面贯彻落实科学发展观，进一步推进义务教育均衡发展。现就此提出如下意见：

一、按照《义务教育法》要求，将推进均衡发展作为义务教育改革与发展的重要任务

1. 地方各级教育行政部门要在同级政府的领导下，从贯彻落实科学发展观，建设社会主义和谐社会、促进教育公平的高度，把义务教育作为教育改革与发展的重中之重，把均衡发展作为义务教育的重中之重，按照促进义务教育均衡发展的法律要求，以适龄儿童少年接受更加公平更高质量的义务教育为目标，合理配置教育资源，不断提高保障水平，大力推进素质教育。东部地区和中西部有条件地区要在推进教育现代化过程中，不断深化改革，提升义务教育均衡发展水平。广大中西部农村地区要不断夯实义务教育发展基础，在巩固提高义务教育普及水平的基础上，大力推进义务教育均衡发展。

2. 地方各级教育行政部门要以提高教育质量为核心，通过制度建设和机制创新，整体提高教育教学水平，促进义务教育的内涵发展和均衡发展。要以大力提高农村地区、经济欠发达地区、少数民族地区、边疆地区和薄弱学校义务教育水平为重心，进一步加大财力、人力、物力等方面的支持力度。要进一步完善农村义务教育经费保障机制，提高保障水平。要

以县级行政区域内率先实现均衡为工作重点，大力推进区域内学校与学校之间义务教育均衡发展，积极鼓励有条件的地方努力推进区域与区域之间义务教育均衡发展。

3. 省级教育行政部门要加大指导和统筹力度，制定和完善本地区义务教育学校基本办学标准，完善出台支持薄弱地区义务教育均衡发展的政策措施，加强对义务教育均衡发展状况的督导和监测，督促本行政区域内教育行政部门切实履行推进义务教育均衡发展职责。市（地）级教育行政部门要切实加强领导，研究制定本地区义务教育均衡发展规划，着重缩小区域内县与县之间义务教育发展差距。县级教育行政部门要在同级人民政府的领导下，切实履行以县为主的管理职责，并把推进义务教育均衡发展作为履行职责的重要内容，着力缩小学校间的发展差距，全面提高教育质量。

4. 经过努力，力争在2012年实现区域内义务教育初步均衡，到2020年实现区域内义务教育基本均衡。农村地区义务教育的办学条件和教育质量进一步改善，义务教育保障水平稳步提高，义务教育均衡发展的保障机制更加健全，素质教育取得积极成果，努力满足人民群众对较高质量义务教育的需求。

二、以提高教育质量、促进内涵发展为重点，推进义务教育均衡发展

5. 各地要围绕全面实施素质教育，促进学生德智体美全面发展，进一步完善政策措施，在配置资源和安排资金时要优先保障推进课程教学改革和质量提高的需要，整体提升学校教育教学水平。要制定面向全体学生、关注所有学生健康成长的工作制度和机制，把德育工作融入教育教学各个环节，大力开发社会教育资源，建立学生参加社会实践和社区服务制度。深化课程改革，全面落实国家课程方案和各学科课程标准。转变教学方式和学习方式，切实减轻学生课业负担，着力提高课堂效率。要制定具体措施和办法尽快提高农村和薄弱学校教学质量。要探索建立学校教育质量监测评价制度、教育质量目标管理制度和提高教育质量的保障机制。

6. 各地要对义务教育学校合理定编，科学设岗，满足义务教育均衡发展对师资的需要。要健全教师培养机制，加大对教师尤其是农村教师的培训力度，促进教师专业发展。健全城乡教师交流机制，推动校长和教师在城乡之间、校际之间的合理流动，鼓励优秀校长和骨干教师到农村学校

和薄弱学校任职、任教，发挥示范、辐射和带动作用。建立完善城镇教师到农村学校任教服务期制度。继续实施农村义务教育学校教师特设岗位计划，创新教师补充机制。积极改善农村教师的工作生活条件，提高农村教师待遇，全面实施并不断完善义务教育阶段教师绩效工资制度。

7. 地方各级教育行政部门要加大合理配置教育资源的力度，通过促进校长教师合理流动、完善招生政策、共享优质教育资源、加快改造薄弱学校、减少大班额现象、规范办学行为、整体提高学校教育教学水平等多种举措，促进义务教育学校办学水平基本均等，保障学生免试就近入学，有效缓解城市择校问题，保障进城务工人员随迁子女与当地学生平等接受义务教育。积极协助政府建立健全政府主导、社会共同参与的农村留守儿童关爱和服务体系。高度重视和大力扶持特殊教育，不断提升残疾儿童少年义务教育普及水平。

8. 地方各级教育行政部门在调整中小学布局时，要统筹考虑城乡经济社会发展状况、未来人口变动状况和人民群众的现实需要，坚持实事求是，科学规划，既要保证教育质量，又要方便低龄学生入学，避免盲目调整和简单化操作。对条件尚不成熟的农村地区，要暂缓实施布局调整，自然环境不利的地区小学低年级原则上暂不撤并。对必须保留的小学和教学点，要加强师资配备，并充分利用现代远程教育手段传送优质教育资源，保证教育教学质量。对已经完成布局调整的学校，要改善办学条件特别是寄宿条件，保障学生的学习生活。要进一步规范学校布局调整的程序，撤并学校必须充分听取人民群众意见，避免因布局调整引发新的矛盾。

9. 各地要把全面推进中小学教育信息化作为促进义务教育均衡发展的重要战略举措，以教育信息化带动教育现代化。进一步推进农村中小学现代远程教育，不断提高教育信息化的普及水平和应用水平。大力开发和整合优质教育资源，不断促进优质教育资源共享，充分运用信息化的手段和方式，把优质教育资源引进课堂教学，有效促进教育质量的提高。

三、加强制度建设，依法建立和完善推进义务教育均衡发展的有效工作机制

10. 建立和完善对县级行政区域内义务教育均衡发展督导评估和表彰奖励机制。各级教育督导部门要建立和完善对政府推进义务教育均衡发展的督导评估制度。国家和省级教育督导部门要研究制定义务教育均衡发展

评估指标和标准，定期对县域内的义务教育均衡发展状况进行监测和督导评估，督促纠正区域内教育资源配置不当或学校差距过大的现象。要建立表彰制度，形成推进义务教育均衡发展的有效机制。

11. 地方各级教育行政部门要坚持依法行政，依法治教，以科学发展观为指导，进一步加强对推进义务教育均衡发展工作的领导，落实法律规定，完善政策制度，创新工作机制，明确推进义务教育均衡发展的政府职责。要积极争取各级政府的领导和支持，将义务教育均衡发展纳入经济社会发展规划，不断提高公共财政对义务教育的保障水平。进一步加大省级统筹力度，继续向农村义务教育倾斜，积极支持财政困难地区推进义务教育均衡发展。

12. 建立和完善现代学校管理机制。要进一步发挥学校党组织的政治核心作用，积极推进依法治校，完善校长负责制和教师代表会议制度，探索学生家长和社会有关人士参与学校管理的途径，健全学校管理制度，建立学校依法、依章程自我管理、自我约束、自主发展的机制。大力加强学校文化建设，推动学校特色发展。

教育部
二〇一〇年一月四日

第二节 现行义务教育均衡发展方式的理论基础

义务教育均衡发展方式是实现义务教育均衡发展目标的手段、方法和模式的概括，一定时期义务教育均衡发展方式的选择，不仅受制于义务教育的发展现状及外在社会环境，同时也依据于一定的科学理论基础。就当前义务教育均衡发展方式的表现及主要特征来看，公共产品理论、公平理论和规模经济理论是现行义务教育均衡发展方式的主要理论依据。

一 公共产品理论

（一）公共产品理论的发展

公共产品理论是新政治经济学的基本理论，也是西方财政学的主流理论之一。公共产品理论的源头可追溯至古典学派的英国哲学家、经济学家、历史学家大卫·休谟（David Hume）的"搭便车"理论和英国哲学家、经济学家亚当·斯密（Adam Smith）的"守夜人"思想。大卫·休谟是最早发现并提出"搭便车"的理论家，在1739年出版的《人性论》中，他以著名的"公共草地排水"为例，探讨了如何处理超越个人利益的公共性问题，认为公共利益维护和政府参与是必要的。① 继大卫·休谟之后，亚当·斯密在1776年出版了其代表著作——《国富论》，对政府的职能问题作了更为深入的分析，主要阐述了公共产品的概念、类型、提供方式、资金来源、公平性等重要方面，认为自由市场这只"看不见的手"能够实现资源的最佳配置，政府只需充当一个"守夜人"的角色。② 而最早正式提出"公共产品"一词的则是瑞典经济学家林达尔（Lindale），他在自己的博士论文《公平税收》中分析了两个平等消费者共同纳税分担一件公共产品成本从而最终达到供给均衡的问题，认为每个人在总税额中缴纳份额应与他从该公共产品消费中所享有的效用价值相等，其形成的供求均衡就是著名的"林达尔均衡"。③ 1934年，意大利财政经济学代表人物马尔科（Antonio De Vitide Marco）出版了其代表作——《财政学原理》，他在书中也使用了"公共产品"这一概念。马尔科认为，财政的本质应由国家形态所决定，公共财政必须从属于特定的国家类型，从而将英美财政学理论转移到"公共经济"层面，对20世纪中后期公共选择论和宪政经济学的形成产生了极其深远的影响，其理论被后人称为国家类型论。④ 而一般认为，真正将公共产品与私人物品两个概念明确区分的是美国经济学家萨缪尔森（Paul A. Samuelson）。1954年和1955年，萨缪尔森发表了其两篇最为有名的代表作——《公共支出的纯理论》和《公共支出理论图解》。他认为，"公共产品是指每个人对这种产品的消费都不会导致其他人对该产品消费的减少"，而"如果一种物品能够加以分

---

① Hume D. A Treatise of Human Nature. In L. A. Selby – Bigge（Ed.）. Oxford, UK：Clarendon Press：p. 538.

② ［英］亚当·斯密：《国民财富的性质和原因的研究》（下卷），商务印书馆1988年版，第27页。

③ Keithl Dougherty. Public Goods Theory From Eighteenth Century Political Philosophy to Twentieth Century Economics. Public Choice 117, 2003.

④ Marco, A. D. V. D. First Principles of Public Finance. Translated by E. P. Marget. New York：Harcount Brace & Co. Inc. 1936, pp. 51 – 52.

割，因而每一部分能够分别按照竞争价格卖给不同的人，而且对其他人没有产生外部效果"的产品，则被称为私人产品。继而认为大多数的公共产品都不是纯公共产品，诸如公共防卫、教育、法律等，都存在某些"收益上的可变因素，使得某个市民以其他成员的损失为代价而收益"。[1] 美国公共经济学家布坎南（James M. Buchanan）则在萨缪尔森等人研究的基础上，将政治决策的分析与经济理论相结合，创造性地提出了"俱乐部产品"，与美国另外两位经济学家戈登·图洛克（Gordon Tullock）和肯尼思·阿罗（Kenneth J. Arrow）创立了公共选择理论，为公共产品理论走向成熟作出了突出贡献。他们认为，萨缪尔森所说的公共产品仅是指"纯公共产品"，但就现实而言，社会中还存在着大量介于公共产品和私人产品之间的"混合产品"或"准公共产品"。他们从产品的"共同拥有"角度对产品的集体供给方式进行了研究，认为每种公共选择规则都存在交易成本，我们应遵循交易成本最低原则来决定采取哪种公共选择方式。他们这一理论拉近了"公共产品"与现实的距离，增强了"公共产品"的现实性，具有较强的可操作性，使公共产品理论迅猛发展并走向成熟。[2] 20 世纪 50 年代末期，美国著名经济学家马斯格雷夫（Richard Abel Musgrave）在《财政学原理：公共经济研究》一书中第一次使用了"公共经济学"这一概念。其后，他直接将"公共经济学"作为书名，在 l964 年和 1965 年分别出版了《公共经济学基础：国家经济理论概述》和《公共经济学》。在这之后，很多知名财政学家的论著，都逐渐把财政学改名为"公共部门经济学"或"公共经济学"。这时，公共经济学才作为一个独立的经济学分支学科建立起来，使公共产品理论得以进一步发展和完善。[3]

（二）公共产品的定义及主要特征

公共产品理论作为西方经济学研究的一个重要范畴，历来受到经济学家的重视，这不仅仅因为公共产品是市场机制失灵的一个重要领域，公共

---

[1] Samuelson, Paul. The Pure Theory of Public Expenditure. Review of Economics and Statistics, 36 (Nov), 1954.

[2] James M. Buchanan. The Demand and Supply of Public Goods. First Published in 1968 by Rand McNally & Company.

[3] 王爱学、赵定涛：《西方公共产品理论回顾与前瞻》，《江淮论坛》，2007 年第 4 期。

经济学中的资源配置只能也主要体现在公共产品的供给上，而且市场经济体制下的政府公共支出主要以公共产品提供的范围为依据。因此，公共产品是公共经济学理论研究的一个核心内容，其理论观点对政府在义务教育均衡发展方式的选择上具有重要影响。

尽管公共产品概念在经济学领域得到了广泛的运用，但何谓公共产品？公共产品的主要特征是什么？这在经济学界还存在一定的争论。其原因在于：一是学者们视角和观点不同，理解存在差异；二是公共产品涉及的范围较为广泛，不同公共产品的内在属性，特别是在供给与需求的表征方面具有很大差异。当前，人们所广泛接受的定义是被后来的经济学家发展的萨缪尔森式的定义。按照萨缪尔森的观点，所谓公共产品，就是指所有成员集体享用的集体消费品，社会全体成员可以同时享用该产品；而每个人对这一产品的消费都不会导致其他成员对该产品消费的减少。[①] 基于这一定义，人们常常概括出公共产品的两大特征：一是消费的非排他性；二是消费的非竞争性。在此基础上，人们又归纳出了公共产品的其他特性，如生产的不可分性、不可拒绝性、自然垄断性、消费的社会文化性等。但总体而言，鉴别公共产品的标准或者说公共产品的特征有三个，即消费的非竞争性、消费的非排他性和效用的不可分割性。[②]

1. 消费的非竞争性

公共产品消费的非竞争性是指在既定的生产技术条件下，增加一个人的消费不会影响其他消费者对该产品的消费，其新增消费者使用该产品的边际成本为零。或者说，消费者可以同时等量消费，他们之间不存在利益冲突。一旦公共产品被提供，一个人对这种产品的消费并不会减少其他任何人对同一产品的消费机会和消费数量。例如国防，其一经提供，在保护你自身生命财产安全的同时，不会减少他人获得的保护程度，多保护一个人既不会减少其他任何人的受益，也不需要追加额外的资源投入。即使你不存在，其他人获得的保护程度也不会受到影响。

[①] [美] 保罗·A. 萨缪尔森、威廉·诺德豪斯：《经济学》（第十四版），胡代光等译，北京经济学院出版社1996年版，第24—33页。

[②] 姚永强：《关于基础教育资源优化配置的理论思考》，《西华师范大学学报》（哲学社会科学版），2005年第2期。

2. 消费的非排他性

公共产品消费的非排他性是指任何人都不能因为自己消费而排除他人对该产品的消费，即使有些人想独占对它的消费，但在技术上是行不通的。即使技术可行，但由此导致的代价也较大，会远远超出排他后所带来的好处。同时，公共产品消费的非排他性导致了其不可拒绝性，即任何人都不得不消费它，即使有些人可能不情愿，但却无法对它加以拒绝，并都恰好消费相同的数量。以环境污染治理为例，环境污染治理工程是一项能为社会公民带来好处的公共服务，它能使所有居住在该环境中的每一个人都能够生活在良好、健康的环境中，要想让某些人不享受环境治理所带来的好处是不可能的。

3. 效用的不可分割性

效用的不可分割性是指对公共产品消费所产生的利益不能为某个消费者所专有，某个人或某一群体在享用公共产品的同时，在技术上没有办法将另一些人或群体排除在公共产品的收益范围之外，一个人不管是否付费，都会得益于这种产品。私人产品则是谁付款谁受益，它只能是支付了购买价格取得该产品的所有权的购买者才可消费。以城市路灯为例，它为每一位路过此地的人都带来光明，一个人对路灯的使用并不能排除其他人对该路灯的使用。即使某天路灯坏了，你自费去换了一个灯泡，但也不能排除路灯对其他人带来的好处。

（三）公共产品的供给

公共产品由谁提供，通过何种方式提供，这在经济学界也是一个难解的问题。这不仅因为不同学者对公共产品有着不同的理解，而且因为公共产品所涵盖的范围甚广，还在于对公共产品的划分不是绝对的，要取决于市场和技术条件。

由于人的利己性和公共产品的非排他性，人们完全有可能在不付出任何代价的情况下，享受通过其他人的捐赠或集资而提供的公共产品的效益，因而就难以避免产生搭便车现象。所谓搭便车，是指某些人虽然参与了公共产品的消费，享受到了公共产品所带来的好处，但却不愿意支付公共产品的生产成本。一般而言，当群体规模很小时，驱使彼此合作的动能就非常足，因而产生搭便车行为的概率就非常低；而当群体规模较大时，人们搭便车的欲望就越强烈，导致公共产品无法有效供给的可能性就越大。因为在人口众多的群体中，某一成员或者某几个成员免费搭便车，对公共产品供给的影响就不会那么显著。我们可以假设，如果一个社会中的所有成员都寻求不付任何代价而又得到效益的搭便车机会，那么公共产品将没有任何资金来源，从而也就谈不上公共产品的生产与提供了。即使我们可以通过自愿捐赠和成本分摊的合作性融资方式，也不能保证公共产品的有效供给。由于搭便车问题的存在，这就产生了一个典型的市场失灵的情形，即市场无法使公共产品分配的帕累托最优。既然公共产品不可或缺，既然无法通过市场机制调节使公共产品的供给达到帕累托最优，那么只有依靠政府的强制性融资方式来解决公共产品的供给问题，即由政府集中计划生产并根据社会福利原则来分配公共产品。现实生活中，政府正是一方面通过强制性征税的方式取得资金，另一方面又将征税取得的资金用于公共产品的供给。

（四）义务教育是一种公共产品

义务教育属于公共产品还是私人产品，这在学界存在一定的争论，不仅因为人们对公共产品的认识及其属性理解不一，还在于义务教育本身是一个发展着的概念，其外在表现形式和提供方式也存在着不同。事实上，义务教育的产品属性界定，不仅涉及义务教育的本质属性问题，而且直接关系到义务教育的供给方式和资金来源。要界定义务教育是否属于公共产品，就必须从义务教育的本质属性分析入手。

所谓义务教育，是指根据法律规定，适龄儿童和青少年都必须接受，国家、社会、家庭都必须予以保障的国民教育，其实质是国家按照法律法规为适龄儿童和青少年提供一定年限的强制性教育的制度。义务教育具有强制性、公益性、基础性等特点。（1）强制性又称义务性，它是义务教育最显著的特点，每一名适龄儿童必须接受九年义务教育，每一位家长必须将适龄儿童送到学校就读，政府必须提供相应的经费、师资和设施设备，保证义务教育的实施以及教育质量。（2）公益性是指以谋求社会效应为目的，义务教育的公益性主要体现在其免费性上。我国2006年新修订的《义务教育法》中明确指出："义务教育是国家统一实施的所有适龄儿童、少年必须接受的教育，是国家必须予以保障的公益性事业。"义务教育不收学费、杂费，国家为实施义务教育提供经费保障。（3）基础性是指在整个国民教育体系中，义务教育处于基础地位，是学生接受其他层次教育的基础和前提，是造就高层次人才和提高国民素质的奠基工程。

从世界各国来看，尽管不同国家和地区在义务教育的年限上有着一定的差异，但它们都为义务教育提供了强有力的资金支持和制度保障，各国政府都将义务教育视为一项社会公益事业，都将发展义务教育作为自己的责任。政府之所以愿意将义务教育视为一项社会公益事业，其根本原因是义务教育有着巨大的社会经济效益，对政治、经济和社会稳定有着重要的、基础性的影响。就经济效益而言，义务教育是形成人力资源的基础，对经济增长有着重要的推动作用；就社会效益而言，普及义务教育可以大大提高国民的文化水平和道德水准，形成良好的社会秩序和社会环境，保证社会健康、稳定、有序发展；就个人发展权利而言，义务教育属于公民基本生存权利，一个人要融入现代主流社会生活，具备从事社会实践活动的机会与能力，就必须接受一定年限的义务教育，国家为此必须为每个青少年提供机会和质量均等的义务教育；就义务教育自身属性而言，义务教育本身无法直接创造物质财富，是潜在的、间接的生产力，投资效益具有明显的迟效性，这也需要政府强制性免费推行义务教育才能保障义务教育的有效供给。①

因此，尽管人们在义务教育产品属性的认识上还存在一定的分歧，但大多数学者还是坚持义务教育是一种公共产品。如我国著名教育经济学家、北京师范大学王善迈教授认为，教育具有巨大的外部效益，不管一个人接受了何种层次的教育，不仅受教育者可以获得物质和非物质的收益，而且社会也可获得巨大的经济与非经济效益。因此，他认为，就整体而言，教育属于具有正外部效应的准公共产品，但不同类别与级别教育的产品属性特征存在差异，有的更接近于公共产品，有的则更接近于私人产品。如义务教育和非义务教育，学历教育和非学历教育，民办教育和公立教育等，它们彼此所具有的公共产品属性强弱是不一样的。② 义务教育是一种强制的免费教育，它用法律规定了受教育者、家长及政府的权利和义

---

① 姚永强：《关于基础教育资源优化配置的理论思考》，《西华师范大学学报》（哲学社会科学版），2005年第2期。

② 王善迈：《关于教育产业化的讨论》，《北京师范大学学报》（人文社科版），2000年第1期。

务，在一定意义上是一种公共产品，理应由政府提供。[1] 我国著名经济学家厉以宁教授根据产品提供的方式，将其划分为公共产品、准公共产品和私人产品三类，认为公共产品指政府向居民提供的各种服务的总称，准公共产品是指由某一社会团体提供的服务，私人产品是指居民或企业通过市场而提供的产品与服务。并在此基础上提出我国存在的五种类型教育：具有纯公共产品性质的教育、基本具有公共产品性质的教育、具有准公共产品性质的教育、基本具有私人产品性质的教育、具有纯私人产品性质的教育，进而认为政府提供的义务教育应该属于公共产品。[2]

总之，由于义务教育是一种强制性制度安排，是一个国家向全社会免费提供的，不存在因个人不愿付费而将其排除在外，某人接受义务教育也不会妨碍他人接受义务教育，它能提高社会劳动生产率，提升整个社会的文化水平、民族素质和民主意识，增强综合国力，具有极强的公共产品特征，因此应由政府承担完全的财政责任和供给责任，由政府免费统一提供。

二 公平理论

（一）公平理论的发展

在西方，关于公平理论的研究由来已久。早在古希腊时期，正义论者的代表柏拉图、亚里士多德等就阐述了正义与公平的问题。正义是古希腊政治观念中的一个核心观念，古希腊的早期哲学家提出了自然正义观。苏格拉底（Socrates）则把研究对象从自然转向了人类的内心世界，重点探讨了人类的心灵智慧与活动能力。他认为人一旦掌握了知识，认识了自己，就会真正成为一个道德高尚的人，成为改变不合理的社会秩序的力量。作为苏格拉底的学生，古希腊政治哲学体系化的重要代表——柏拉图（Plato）则详尽而系统地探讨了正义问题。随着社会危机的日益加深，柏拉图逐渐认识到，单纯的个人德行和道德修养对于社会成员的生存状态和国家的社会秩序的改善是软弱无力的，而要根本改善社会成员的生存状态

---

[1] 王善迈、袁连生、刘泽云：《我国公共教育财政体制改革的进展、问题及对策》，《北京师范大学学报》（社会科学版），2003年第6期。

[2] 厉以宁：《关于教育产品的性质和对教育的经营》，《教育发展研究》，1999年第10期。

和社会秩序，就必须按照正义的理念重构不同等级成员之间的关系。在柏拉图看来，正义不仅是个人的德行，而且也是国家的德行；不仅是对个人的要求，而且也是对国家的要求，是国家与构成国家的各个部分之间关系的一种理想状态。古希腊的另一伟大哲学家、思想家亚里士多德（Aristotle）则认为，人不是离群索居的动物，而是要与其他人合作共处，社会合作是公正的基础，没有合作就不会有公正；公正则是社会合作的保证，没有公正就不会有合作。"公正是给予和维护幸福，或者是政治共同体福利的组成部分"①，"公正是为政的准绳，因为实施公正可以确定是非曲直，而这就是一个政治共同体秩序的基础。"② 在欧洲启蒙运动时期，一些思想家以自然法理论为基础，展开了对公平问题的研究，形成了具有时代精神的社会契约论。由于契约是某种自觉自愿的行为过程，具有一定的历史承诺性，主体双方有着实现承诺的义务，因此契约本身蕴含着公平精神，没有公平精神的契约不能成为真正的契约。现代契约"并不是上级与下级之间的一种约定，而是共同体和它的各个成员之间的一种约定。它是合法的约定，因为它是以社会契约为基础的；它是公平的约定，因为它对一切人都是共同的；它是有益的约定，因为它除了公共的幸福之外不再有任何别的目的；它是稳固的约定，因为它有着公共的力量和最高权力作为保障"。③ 美国哲学家罗尔斯（John Bordley Rawls）在吸收前人契约理论积极成果的基础上，在一个更加抽象的理性设计中来理解契约，提出了新的社会契约理论。"我的目的是要提出一种正义观，这种正义观进一步概括人们所熟悉的社会契约论（比方说，在洛克、卢梭、康德那里发现的契约论）使之上升到一个更高的抽象水平。"④ 到了18世纪，一些思想家开始从新的角度对公平问题展开讨论。自由主义认为对生存、自由、财产等个人权利的保护是公平的，平等主义则较多地把公平理解为条件平等或结果平等，认为公平就是一种状态或结果，无论个人之间有何差异，人

---

① ［古希腊］亚里士多德：《尼各马科伦理学》，苗力田译，中国人民大学出版社2003年版，第90页。
② ［古希腊］亚里士多德：《政治学》，颜一等译，中国人民大学出版社2003年版，第7页。
③ ［法］卢梭：《社会契约论》，商务印书馆1997年版，第44页。
④ ［美］约翰·罗尔斯：《正义论》，中国社会科学院出版社1998年版，第9页。

人都应受到平等对待。近现代的功利主义学派则认为，公平的要求在于为社会谋福利，"最大多数人的最大幸福是正确与错误的衡量标准"。[1] 对于一个社会而言，一个行动、措施或者政策的正确与否要看它是否有助于增进社会的幸福，而幸福在于从自由竞争中获取利益，从而体现社会公平。由于功利主义公平理论的自身缺陷，人们在批判功利主义的基础上形成了权利主义公平理论，其代表人物主要有罗尔斯、诺奇克等，他们对公正、自由、平等、人权等方面进行了系统深入的分析。罗尔斯认为，"所有的社会基本善——自由和机会、收入和财富及自尊的基础——都应被平等地分配，除非对一些或所有社会基本善的一种不平等分配有利于最不利者"。"一个社会体系的正义，本质上依赖于如何分配基本的权利义务，依赖于在社会的不同阶层中存在着的经济机会和社会条件。"[2]

在中国，人们很早对公平理论就进行着一定程度的研究，形成了较为丰富的公平正义思想，而最具影响的当属儒家公平正义思想。儒家公平正义思想产生于封建专制的重压之下，客观上为当时政治体制的完善、社会矛盾的化解起到了重要作用。儒家公平正义思想主要体现于经济的富民思想、政治上的弱者救济与社会保障制度设计、教育上的"有教无类"主张。在经济上，孔子强调藏富于民，提倡分配正义，反对贫富差距过于悬殊。《论语·季氏》第十六篇谈道："丘也闻有国有家者，不患寡而患不均，不患贫而患不安。盖均无贫，和无寡，安无倾。夫如是，故远人不服，则修文德以来之。"在政治上，《孟子》一书中多次指出，要保证黎民不饥不寒，五十岁以上的人有棉袄穿，七十岁以上的人有肉吃；《礼记·王制》也提出了"五十养于乡，六十养于国，七十养于学"的分级养老制度。他们重"礼"尚"礼"，以此保障社会公共生活的规范与秩序，使社会财富和权力的分配和再分配有等级、有节度、有秩序，实现社会整体和谐。在教育上，孔子提出了"有教无类"思想，每个人不分高低贵贱，不论种类智愚，只要诚心求教，都应当给予教育。"人乃有贵贱，宜同资教，不可以其种类庶鄙而不教之也；教

---

[1] [英] 边沁：《政府片论》，商务印书馆1997年版，第150页。
[2] [美] 约翰·罗尔斯：《正义论》，中国社会科学院出版社1998年版，第303页。

之则善，本无类业。"① 毛泽东在马克思、列宁公平思想的基础上，结合中国国情，对社会公平问题进行了广泛而深入的探讨，主要涉及人民基本权利的保障、重视大众教育、反对教学特权、主张代际公平、收入分配合理等，对中国社会产生了深远的影响。如针对农民所拥有的土地和劳动力存在着较大差别，他指出"要发动妇女参加劳动，必须实行男女同工同酬的原则"；② 如针对旧社会的两极分化，提出共同富裕是实现社会公平的最终目标，认为"现在我们实行这么一种制度，这么一种计划，是可以一年一年走向更富更强的，一年一年可以看到更富更强些。而这个富，是共同的富，这个强，是共同的强，大家都有份，也包括地主阶级"。③ 邓小平则在马克思公平思想的指导下，形成了具有中国特色的社会公平思想。他把按劳分配作为分配公平的基础，把共同富裕作为社会主义的根本目的，认为平均主义不是社会主义公平原则，按劳分配才是社会主义原则，社会主义公平是先富与共富的统一。④ 在当前，尽管由于不同经济关系的存在和人们经济地位的差异，人们对公平理解存在多元化，但主流的公平观认为，共同富裕是社会主义公平的基本要求，以按劳分配为主、其他方式为辅的分配制度是社会主义公平的基础，公平与效率的辩证统一是社会主义公平的基本特征。⑤

（二）公平的本质内涵及基本特征

1. 公平的内涵

何谓公平？公平的本质内涵是什么？这是一个极其复杂而又具有较大争议的范畴。英语中，"公平"一词为 Fairness，它与公正、正义、平等意思相近。在《辞海》中，"公平"被解释为依据一定的社会标准，对政治、法律、道德等领域中的是非、善恶作出的肯定判断。正因为公平与公正、平等意思相近，因此在社会公平问题的研究中，许多学者对它们的含义都未做严格的区分，在现实中常常互换使用。

---

① 何晏、皇侃：《论语集解义疏》，上海古籍出版社1987年版，第248页。
② 《毛泽东选集》（第5卷），人民出版社1977年版，第253页。
③ 《毛泽东选集》（第6卷），人民出版社1977年版，第495页。
④ 《邓小平文选》（第3卷），人民出版社1993年版，第110—111页。
⑤ 黄秀华：《发展与公平——中国社会发展的历史抉择》，中国社会科学出版社2010年版，第64页。

事实上，在不同的学科领域，人们对公平的解释是不一样的。在哲学层面，公平被理解为在人与人交往关系的比较中获得的一种评价，其本质是对主体间相互交往关系的反映，体现的是人与人之间的价值判断。在经济学层面，公平被理解为一个相对效率的概念，是指劳动和就业机会的平等，以及根据个体劳动贡献获得劳动报酬的分配平等。在伦理学层面，公平被理解为人人都具有平等的人格，以及平等的生存、发展的权利和机会。在政治学层面，公平被理解为每个公民拥有平等的政治权利和参与公共事务管理的机会，表现为人们的合理需要和利益的社会制度安排与设计。在社会学层面，公平被理解为社会成员之间的经济收入、社会地位以及消费水平的社会价值的合理分配的原则。在法学层面，公平被理解为法律与义务的对等，即人们获得的权利以及报酬应该与其所承担的责任及所作的贡献相一致。

从学界对公平的理解与认识来看，人们从不同侧面、不同程度反映了公平的本质和内涵。但就其共性而言，公平体现为社会成员之间各种权利及利益的合理分配，它是基于人人平等基本权利为准则对社会成员之间利益关系的一种评价。"公平的最本质的内容在于它是调节人们之间的社会关系和财富分配关系的一种规范，它有客观的内容。"① 正是基于"人是平等的"信念，因此人们在社会活动中要求遵循公平原则，并最终实现公平。"平等作为人类追求的一个最基本价值，是衡量公平与否的标准。"② 因此，从一般意义上看，公平即是公正的平等。平等是公平的核心内容，它是指人人在社会中的地位相等，在政治、经济、文化等方面享有同等权利。一论及平等，人们常常将它视为均等的状态或结果。"平等表达了相同性的概念……两个或更多的人或个体，只要在某些或所有方面处于同样的、相同的或相似的状态，那么可以说他们是平等的。"③ 从马克思主义的立场，公平既包含了平等的"相同性"，也包含了平等的"不同性"；在人类社会发展的不同阶段，公平有着不同的内涵和内容。

2. 公平的主要特征

从公平理论的历史发展和现实表现来看，公平具有以下主要特征：

---

① 李风圣：《论公平》，《哲学研究》，1995年第11期。
② 陈燕：《公平与效率》，中国社会科学出版社2007年版，第27页。
③ [美] 乔·萨托利：《民主新论》，冯克利等译，东方出版社1993年版，第340页。

（1）公平是一个历史范畴

在不同时期人们持有不同的公平观。从原始社会的公平理想到现代社会的公平诉求，公平经历了漫长而曲折的发展过程。在这一发展过程中，随着人们关于公平认识的逐渐深入，公平的内容逐渐丰富，科学性程度也越来越高。恩格斯在批判杜林的"永恒的平等观念"时指出："平等的观念，无论是以资产阶级的形式出现，还是以无产阶级的形式出现，本身都是历史的产物，这一观念的形成，需要一定的历史关系，而这种历史关系本身又以长期的以往的历史为前提。所以这样的平等观念什么都是，就不是永恒的真理。"[①]

（2）公平是一个关系范畴

公平要对社会成员间的利益进行合理划分，并调节着人与人、人与社会之间的利益关系。单个人无所谓公平或不公平，只有当一个人成为现实社会中的一员，只有当一个人与他人发生利益关系，这时才有公平或无公平可言。因此，公平发生在人与人、人与社会的关系之中，孤立的个人无所谓公平。

（3）公平是一个宽泛的范畴

公平不仅指向社会公平、经济公平、政治公平、文化公平等宏观层面，同时还涉及社会生活的各个具体领域，如分配公平、司法公平、执法公平等。可以说，大到国家的政策制度，小到人们日常生活的规则措施，无不涉及公平问题。

（4）公平是一个相对范畴

从古至今，公平的内容及衡量标准随着历史的演变都在不断地进行着充实和改变，从来就不存在一个绝对意义上的公平。不同时代、不同地位、不同立场或价值观的人，对公平有着不同的理解，也对公平有着不同的需求。恩格斯指出："希腊人和罗马人的公平观认为奴隶社会是公平的；1789年资产阶级的公平观则要求废除被宣布为不公平的封建制度……所以关于永恒公平的观念不仅是因时因地而变，甚至也因人而异。"[②]

（三）教育公平

教育公平作为社会公平价值在教育领域的延伸和体现，一直是人类社

---

① 《马克思恩格斯选集》（第3卷），人民出版社1995年版，第147页。
② 《马克思恩格斯全集》（第18卷），人民出版社1965年版，第212页。

会发展的目标和重要内容。早在两千多年前，我国的古代大教育家孔子就提出了"有教无类"的朴素教育民主思想。在西方，古希腊的柏拉图提出了实施初等义务教育的理念，而亚里士多德则首先提出通过法律保证自由公民的教育权利。18世纪末，教育公平思想在一些西方国家已转化为立法措施，在法律上确定了人人都有受教育的平等机会。时至今日，教育公平思想已深入人心，教育公平理念已体现于国家的法律法规，教育公平问题已被社会广泛关注。1948年，联合国《世界人权宣言》指出："人人都有受教育的权利，教育应当免费，至少在初级和基本阶段应如此。"《中华人民共和国教育法》明确规定："公民不分民族、种族、性别、职业、财产状况、宗教信仰等，依法享有平等的受教育机会。"在教育改革发展中，教育公平理念不仅融入一个国家和地区的各项政策措施，同时也是评价其教育改革发展成效与水平的一个基本标准。"如果一个国家和社会的教育发展不能不断地提高和促进这个国家与社会教育公平的水平，那么，无论这个国家和社会的教育取得了什么样的成绩，都不能说是一个高水平的教育。"[①] 因此，教育公平不仅是教育现代化的基本目标和基本价值，而且也是社会公平的重要基石和现代社会普世的基本价值。正因为如此，它成为诸多学者关注和研究的重要问题之一。

一般认为，教育公平目标的实现在于全面认识和准确把握教育不平等的来源，继而给予消除教育不平等的制度变革和政策安排。而对于教育不平等的来源，《国际教育百科全书》将其概括为11类：遗传、家庭教育、社会地位、政治权力、教育资源投入、教师能力、各阶段教育资源配置、地区差异、校际差异、不同教育阶段的选拔、代际间的教育资源分配等。[②] 由此可见，教育不平等是多方面因素造成的。

同时，人们在阐述教育公平时常常涉及教育权利公平、教育机会公平、教育过程公平和教育结果公平。教育权利公平是社会公平在教育领域的延伸，主要指每个社会成员都有平等接受教育的权利，教育机会公平强调了教育资源配置的均等，教育过程公平强调了教学过程中的参与平等，

---

① 谢维和：《中国的教育公平与教育发展（1990—2005）》，教育科学出版社2008年版，第1页。
② 胡森：《国际教育百科全书》（第四卷），贵州教育出版社1991年版，第436页。

教育结果公平强调了受教育者学业成就的平等。由于教育权利公平常常通过一定法律法规加以体现和保障，能够较好地理解和实现，因而现实中我们所探讨的教育公平主要是指教育机会公平、教育过程公平和教育结果公平，这三者由低到高呈现出不同的公平程度和公平水平。在人类社会实践活动中，人们只有首先实现了低水平的教育公平，才有可能进一步争取和实现高水平的教育公平，低水平的教育公平在一定程度上是实现高水平教育公平的前提。正如美国著名伦理学家弗兰克纳（W. K. Frankena）所说："如果那些竞争购物、地位平等的个人，没有平等的机会取得他们有能力得到的一切美德，那么，美德就不能成为在人们中间分配这些东西的合理基础。如果是那样的话，那么，至少在人类社会控制范围内能做到的情形下，必须首先平等地分配获得美德的条件，然后，才能合理地把美德作为分配的基础。"[①] 当前，我们努力缩小区域之间、学校之间的办学条件差距，均衡配置公共教育资源，其根本目的在于实现教育条件的平等。

三 规模经济理论

（一）规模经济理论的发展

规模经济理论是经济学的基本理论之一，也是现代经济学研究的重要范畴。自经济学成为一个专门学科起，对经济生活中规模经济现象的研究就开始了。作为规模经济理论的创始人，亚当·斯密在其《国富论》中指出，分工作为国民财富增长的条件之一，可以提高劳动生产力，从而在既定的资源基础上增加社会财富。他以制针工厂为例，认为工场手工业中实行分工协作可以大大提高劳动生产率。[②] 由于批量生产是劳动分工的基础，因此，斯密的这一思想可以说是规模经济理论的最早雏形。而第一个较为系统研究规模经济问题的是英国著名经济学家、新古典学派的创始人马歇尔（Alfred Marshall），他在《经济学原理》一书中指出，大规模生产能够使专门机构的使用与改革、专门技术和经营管理、采购与销售工作的进一步划分，从而形成规模经济。继而将规模经济划分为内部规模经济和

---

① [美] 威廉·K. 弗兰克纳：《混合的义务理论》，《哲学译丛》，1987年第4期。
② [英] 亚当·斯密：《国民财富的性质和原因的研究》（上卷），商务印书馆1972年版，第5—12页。

外部规模经济两类:内部规模经济是指个别企业通过资源的充分利用和有效的经营管理而实现效率提高所形成的规模经济;外部规模经济是指通过多个企业间的有效联合与科学分工、地理优势以及人力资源聚集等而形成的规模经济。[1] 马克思也在《资本论》中通过对分散生产、简单协作与工场手工业等不同分工形式的比较,认为大规模生产是提高劳动生产率的有效途径,社会生产力的发展必须建立在大规模生产与协作的基础上。只有通过大规模生产,才能进行分工与合作,才能使生产资料由于大规模积聚而得到节约,才能产生那些按其物质属性来说适于共同使用的劳动资料。[2] 此后,萨缪尔森在其代表作《经济学》中也对企业生产中规模经济问题进行了分析,认为"导致在企业里组织生产的最强有力的因素来自于大规模生产的经济性"。[3] 美国的另一位诺贝尔经济学奖获得者约瑟夫·斯蒂格利茨(Joseph E. Stieglitz),利用模拟经济行为的数学和计算机模型修正了传统的规模经济理论,将内在规模经济引进一般均衡模型,推出了市场考虑最适度边际利润而社会考虑消费者剩余的结论。[4] 新制度经济学的鼻祖、英国诺贝尔经济学奖获得者科斯(Ronald H. Coase)提出了著名的交易费用理论,而交易费用理论的产生恰恰是基于产业一体化的规模问题而引发的。他认为,当生产相同产品和零部件、处于相同工艺流程阶段的人将各生产要素集中生产时,就可以减少交易数目、交易次数和交易摩擦等成本。[5]

(二) 规模经济的界定

规模,一般泛指事物在一定时空下的聚集。在经济活动中,规模则指生产的批量,具体表现为两种情形:一种是生产设备条件不变,即生产能力不变情况下的生产批量变化;另一种是生产设备条件即生产能力变化情况下的生产批量变化。什么又是规模经济呢?有学者将其理解为劳动力、劳动手段和劳动对象等生产要素在经济活动中的聚集,而有的学者则将规

---

[1] [英] 马歇尔:《经济学原理》(上卷),商务印书馆1981年版,第290—303页。
[2] [德] 马克思:《资本论》(第1卷),人民出版社2004年版,第684页。
[3] [美] 保罗·A. 萨缪尔森:《经济学》,华夏出版社1999年版,第41—44页。
[4] [美] 斯蒂格利茨:《经济学》(第二版),梁小民等译,中国人民大学出版社2000年版,第325—327页。
[5] Coase R. H. The Nature of the Firm. Economi-ca, April, 1937.

模经济的概念简单理解为生产扩大化。很显然，这些界定都是不准确的，因为"规模经济中的'经济'一词，指的不是企业规模或产品规模的大小，也不是指社会生产或生产方式，而是节约或效益的意思，指的是经济实体的经济性"。① 因此，所谓规模经济，是指"考虑在既定的（不变的）技术条件下，生产1单位单一或复合产品的成本，如果在某一区间生产的平均成本递减（或递增），那么，就可以说这里有规模经济（或规模不经济）"。② 英国《简明不列颠百科全书》则界定为："规模经济也叫大规模生产的节约，是指工厂或企业规模与产品最低成本之间的关系，当工厂增大规模时，产品成本将降低，这种降低叫做规模经济。"③ 由此可见，规模经济不是指组织或单位规模的单一扩大，而是包括效益在内的经济活动，是指组织或单位规模多大时，其经济效益是最高的。

诚然，一般而言，规模与效益之间存在一定的正相关，即在一定条件下，单位或组织的规模越大，其经济效益也会越高。但这并不是指在任何条件下，组织或单位的规模越大越好，越大经济效益也就越高，因为单位或组织的生产能力要受到客观条件的约束，不能随意扩大。如果忽视客观条件，一味追求超大规模，必然会引起平均成本上升和经济效益下降。正如列宁所说："就是在工业中，关于大生产具有优越性的规律，也并不像人们有时所想象的那样绝对，那样简单；在工业中，也只有当'其他条件'相同时（这在现实生活中绝不是常有的），才能保证这个规律完全适用。"④ 因此，只有生产规模适度，并与其他经济活动条件相适应，生产规模扩大才能带来生产成本的降低和经济效益的提高。"在技术水平不变的情况下，当连续把数量相等的某种生产要素增加到一种或几种数量不变的生产要素上时，最初产量会增加，但该生产要素的增加超过一定限度后则增加的产量将要递减，甚至成为负数。"⑤

（三）教育规模经济

随着规模经济理论在社会经济领域中的广泛运用，人们在讨论教育投

---

① 邓启惠：《关于规模经济理论的几个问题》，《求索》，1996年第3期。
② ［英］J. 伊特韦尔、［美］M. 米尔盖特、［美］P. 纽曼：《新帕尔格雷夫经济学大辞典》（第2卷），经济科学出版社1996年版，第84页。
③ 《简明不列颠百科全书》（第3卷），中国大百科全书出版社1985年版，第572页。
④ 《列宁全集》（第4卷），人民出版社1984年版，第101页。
⑤ 梁小民：《西方经济学导论》，北京大学出版社1986年版，第95页。

资效益或教育资源利用效率时,将其引入教育领域,从而探讨教育规模经济的问题。按照规模经济理论,教育规模经济(Economics of Educational Scale)是指单位生均成本因学生人数增加而下降的情况;反之,教育规模不经济(Diseconomics of Scale in Education)则指单位生均成本因学生人数增加而上升的情况,如图3.1所示。①

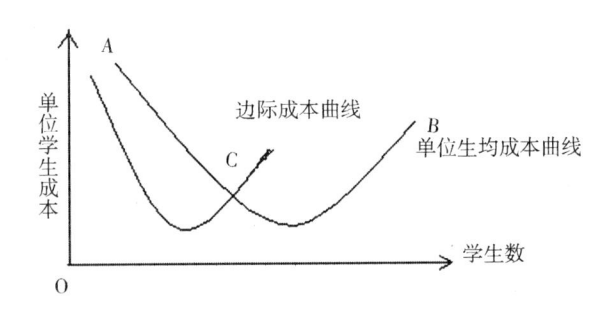

图3.1 教育规模经济示意图

图中 AC 线段为教育规模经济效果,CB 线段为教育规模不经济效果。

教育规模经济是在保证一定教育质量的前提下,教育或者学校规模扩大后不会衍生不经济缺陷,教育资源能够获得充分而适当的使用。因此,教育规模经济的形成显然必须具备三个条件:教育资源利用的充分性、教育资源使用的适当性和教育规模扩大的有限性。②

1. 教育资源利用的充分性

学校是开展教育活动的基本场域,而对于任何一所学校而言,无论其规模大小,都需要修建一定的校舍场馆,需要购置一定的教学仪器设备,需要投入一定的人力资源。只有这些资源有机结合并同时投入与运用,学校教育教学工作才能正常运转和顺利进行,学校的育人功能也才能得以实现。因此,教育资源表现出整体性特征。正因为教育资源的整体性特征,学校在教育教学工作中不可能因学生人数少而不采用其中的某一类资源,这就必然导致因学生人数少而生均学生成本偏高的结果。如果学生人数增加,整体教育资源负担分散,每一单位学生资源成本就会降低。同时,每

---

① 姚永强:《基于规模经济视域下的农村中小学布局调整》,《现代教育科学》,2009年第6期。

② 靳希斌:《教育经济学》,人民教育出版社1997年版,第359—365页。

一类教育资源具有单位数量特征，教育资源的运用每次至少需要使用一个单位，不可能因需求不足而将其分割。如学校修建教室、图书馆、运动场所以及聘用教职员工，不可能因学校学生人数偏少而只修建半间教室和半个体育运动场，聘用半个教师。因此，教育资源又表现出不可分割性特征。因为教育资源的不可分割性，如果学校学生人数太少，单位学生成本就会很高，就会出现教育规模不经济现象；如果学校学生人数较多，各教育资源能够得到充分利用，单位学生成本就会降低，从而形成教育规模经济的效果。

2. 教育资源使用的适当性

教育资源使用的适当性是指针对每一教育资源都自身特定的属性特征和价值范畴，将其运用于相应需求场所。如前所言，教育教学活动所涉及的教育资源是多种多样的，而每一类教育资源的本质属性和功能指向都是不一样的。学校规模扩大，设施设备种类增多，一些非必备的专用设施设备可能会出现，从而提高了教育资源的配置水平，并有利于提高教育质量。同时，学校规模扩大，教职员工的数量和学科种类必然增加，这样就有利于学校人员的分工、专业技术水平的提高和各类人员的专业发展。例如，如果一所学校规模偏小，那么教师编制名额就会有限，为开足国家规定的课程，一些教师往往必须担任非其所长课程的教学任务。美国学者里依（John Review）选取美国威斯康星州的108所高级中学作为研究对象，结果发现，学校规模越大，教师任课科目越少，教师越能依其专长任教；学校规模越小，教师平均任课科目就越多，就越可能不会任其专长学科。美国许多学者的研究也表明，造成小规模学校学生学业成绩普遍不如大规模学校学生成绩的主要原因就在于，前者无法提供各科专长教师、图书馆员、心理辅导教师、校医等以满足教育上的需要。[1]

3. 教育规模扩大的有限性

基于以上分析，我们知道教育规模扩大有利于教育资源的充分利用和适当使用。但要产生规模经济效应，教育规模并非可以无限制扩大，当教育规模扩大到一定程度时，便有可能产生教育规模不经济现象，衍生各种

---

[1] 杨海燕：《超大规模学校的现实困境与规模选择》，《国家教育行政学院学报》，2007年第8期。

不良后果,损害教育的育人功能和社会功能。美国学者莫纳汉(W. W. Monahan)的研究发现,超过 2100 人的学校与少于 2100 人的学校相比,教师不熟悉、不认识学生的现象较为明显,学校教师主要根据花名册来认识学生,他们熟悉的一般为表现最好或者最坏或者有专长的学生,而表现平平的大多数学生常常受到忽视。[1] 另一美国学者拉森(Larson)的研究表明,大多数小规模学校的学生更能够参与课外活动,更容易结交朋友;而大规模学校尽管其所提供的活动种类较多,但学生的参与率不高,学生之间不易结交为朋友。同时,学校规模过大还可能产生行政僵化,管理效率低下,教育成本增加,应变能力减弱等。[2]

总之,公共产品理论、公平理论和规模经济理论构成了现行义务教育均衡发展方式的理论基础,在这些理论的指导下,我国义务教育发展的均衡程度得到提高。但由于任何一种理论都有其局限和不足,而人们在将理论运用于实践的过程中又常常会因自己价值取向对各种理论有倾向性地理解和选择运用,导致理论与实践的脱节。因此,我们在充分理解和把握各理论精髓的基础上,一定要充分结合义务教育均衡发展的总体目标和阶段性目标、主要矛盾以及内外部环境,提高理论指导实践的有效性。

第三节 现行义务教育均衡发展方式的主要特征

在义务教育均衡发展的不同阶段和不同背景下,人们所采用的方法、手段和模式将有所不同。但在一定时期,义务教育均衡发展方式也会形成相对稳定的特征。就目前而言,我国义务教育均衡发展方式具有以下几方面特征:

一 充分发挥政府主导作用,不断完善教育政策法规

政府作为社会公共利益的代表和社会公平的维护者,主要职能是管理社会公共事务,提供公共产品。而政府要实现其基本职能,就必须通过一定的途径,借助于一定的工具和方法,通常较为有效的手段就是制定政策

---

[1] 郑小明:《"超大规模高中"现象研究》,南京师范大学,硕士学位论文,2008 年。
[2] 路宏:《关于学校规模经济研究的综述》,《中国农业教育》,2006 年第 3 期。

法规。政策法规是现代公共管理的工具和手段，政府通常通过号召、宣传、解释、鼓动等方式来贯彻执行政策法规，统一和规范人们的实践行为，指引社会改革发展方向。

教育的改革与发展同样离不开教育政策法规的指引与规范，国家每一次重大教育改革都是在政策法规的指引下进行的，并不断对教育政策法规进行修订与完善，从而形成完备的政策法规体系。如为了推进素质教育，1993年颁发的《中国教育改革和发展纲要》就指出中小学要转变"应试教育"倾向，这是中央政策文本最早对素质教育理念的反映和肯定。在1994年发布的《中共中央关于进一步加强和改进学校德育工作的若干意见》中，中央强调要适应时代发展、社会进步以及社会主义市场经济体制的要求，实施素质教育，这是我国教育政策文件中第一次明确提出"素质教育"这一概念。1997年，原国家教委印发了《关于当前积极推进中小学实施素质教育的若干意见》，阐述了实施素质教育的必要性和紧迫性，提出了一系列推进实施素质教育的措施，这是我国第一个就实施素质教育的专门性文件；1998年，教育部制订了《面向21世纪教育振兴行动计划》，明确指出要实施"跨世纪素质教育工程"，整体推进素质教育，全面提高国民素质和民族创新能力；1999年，中共中央、国务院在北京召开了第三次全国教育工作会议，通过了《关于深化教育改革全面推进素质教育的决定》，再次强调了全面推进素质教育的指导思想和基本策略。正是在这一系列教育政策法规的指引与保障下，素质教育才得以在全国范围内顺利推进，也才能有效地扭转应试教育的倾向。

自20世纪末期以来，为应对东部发达地区和中西部落后地区之间、城市与农村之间的办学条件和教育发展水平差距不断拉大的现实，回应社会日益高涨的实现教育公平的呼声，中央相继实施了国家贫困地区义务教育工程、东部地区学校对口支援西部贫困地区学校工程、大中城市学校对口支援本省（自治区、直辖市）贫困地区学校工程以及农村中小学危房改造工程。与此同时，社会各界也开始重视并积极探索缩小差距的思路与方法，从多侧面提出了诸多的政策建议。但就整体而言，无论是政府出台的各专项工程还是广大学者提出的政策建议，由于缺乏针对性、系统性、前瞻性和彼此间的协调性，因此在当时并未引起全社会的高度重视，实践中存在广泛的执行不力的现象，未能较好地解决义务教育发展的不均衡问题。特别是随着"择校"现象的日趋严重,促进义务教育均衡发展、真正实现教育公平变得越来越紧迫和必要,人们日益认识到必须从国家的高度和全社会层面来认识、分析和解决非均衡发展问题,必须有相应的政策法规加以指引和保障。在此背景下,自1999年的第三次全国教育工作会议至2012年底,中共中央、国务院、教育部等相继出台了近40个与义务教育均衡发展相关的法律法规及政策文件,几乎每一年就有3个与之相关法律法规或政策文件出台。

在国家政策法规的指导与规范下,地方各级政府(包括省市县)也纷纷出台了关于义务教育均衡发展的政策措施。[①] 这一系列教育政策法规的出台,为义务教育均衡发展的深入、有效推进提供了强有力的政策支持和法规保障。

同时,从调研的区县来看,地方各级党委及政府都高度重视义务教育均衡发展工作,均成立了由教育局局长任组长、各科室主要负责人为组员的义务教育均衡发展工作领导小组,负责本区域内义务教育均衡发展各项工作,以充分发挥政府在推进义务教育均衡发展中的主体地位,保障义务教育均衡发展的顺利推进。

二 千方百计增加教育投入,积极构建义务教育经费保障机制

教育活动的顺利开展需要一定的人力、物力和财力,教育的非物质生产性决定了它自身无法直接创造物质财富,只能借助外界社会资源的投入。一般而言,一国或一地区的经济发展水平和经济实力决定了教育资源投入的财力水平,即所谓"衣食足,然后教育兴"。长期以来,我国经济基础总体薄弱,发展水平一直不高,国家财政收入有限,与发达国家相比还有着相当大的距离。在穷国办大教育的背景下,教育部门还存在对国家

---

① 参见中共四川省委办公厅、四川省人民政府办公厅《关于切实推进城乡义务教育均衡发展的意见》(2007年9月4日);四川省人民政府《关于深入推进义务教育均衡发展的实施意见》(2013年9月6日);四川省教育厅《四川省县域义务教育均衡发展督导评估实施办法(试行)》(2012年10月9日);蓬安县人民政府《关于进一步推进义务教育均衡发展的实施意见》(2007年9月30日);蓬安县人民政府办公室《蓬安县义务教育均衡发展规划(2010—2020年)》(2010年8月23日);蓬安县教育局《关于进一步加强中小学薄弱学校建设的意见》(2007年10月28日);蓬安县教育局《关于进一步加强交流锻炼工作的通知》(2009年9月1日)等。

有限财政支出的竞争和再分配。这些都导致我国义务教育投入一直处于不足的境况。由于国家对义务教育投入不足，而义务教育又采用的是"分级办学、分级管理、以县为主"的管理体制，因此，地方的经济发展水平极大地影响着当地的教育投入。在我国幅员辽阔、地区间经济发展水平存在较大差距的背景下，不同地区的义务教育经费保障能力有着较大差异，东部沿海地区、中心城区由于经济发展水平较高，因而能够有效保障义务教育的投入；而中西部地区、少数民族地区、贫困地区、农村地区由于社会经济发展水平落后，地方财政收入有限，因此常常不能给予义务教育有力的经费保障。基于穷国办大教育、地区经济发展水平和教育投入存在较大差距、有限教育资源更多投向城区学校和"重点"学校的现实，人们在推进义务教育均衡发展的进程中，常常将增加投入、完善经费保障机制置于首位，认为增加义务教育投入是当前乃至今后义务教育均衡发展的首要任务，对增加教育经费投入有着一种强烈的内在冲动和愿望。据统计，自 2006 年国家将农村义务教育纳入公共财政保障范围以来，中央财政 6 年累计安排义务教育相关经费近 5500 亿元。[①] 根据教育部、国家统计局、财政部发布的全国教育经费执行情况统计公告，2011 年全国普通小学生均公共财政预算教育事业费为 4966.04 元，是 2005 年 1327.24 元的 3.74 倍，普通初中生均公共财政预算教育事业费为 6541.86 元，是 2005 年 1498.25 元的 4.37 倍；全国普通小学生均公共财政预算公用经费为 1366.41 元，是 2005 年 166.52 元的 8.21 倍，普通初中生均公共财政预算公用经费为 2044.93 元，是 2005 年 232.88 元的 8.78 倍。[②]

地方各级政府也将增加本级政府的经费投入作为推进义务教育均衡发展的主要措施之一。江西省为加大教育投入，提高义务教育经费保障水平，从 2007 年起就已经开始实施义务教育经费保障机制改革，全省在 4 年的时间里共安排预算资金 117 亿元，率先在全国实现免除学杂费与免费

[①] 李丽辉：《我国 6 年累计投入义务教育相关经费近 5500 亿元》，《人民日报》，2012 年 12 月 26 日。

[②] 教育部、国家统计局、财政部：《关于 2011 年全国教育经费执行情况统计公告》，2012 年 12 月，中华人民共和国教育部（http://www.moe.gov.cn/publicfiles/business/htmlfiles/moe/s3040/201212/146315.html）。

提供教科书同步实施,城市与农村、城市居民子女与进城务工农民子女、公办与民办同步享受"两免"政策。从 2010 年开始,将年补助标准由小学生均 300 元、初中生均 500 元分别提高到 500 元、750 元,将家庭经济困难寄宿生生活费补助标准提高到小学生 750 元、初中生 1000 元。① 河南省财政厅副厅长梁太祥认为:"义务教育是公共财政保障的重点,实现适龄少年儿童'上好学'是公共财政义不容辞的责任。各级财政部门要充分认识推进义务教育均衡发展的重大意义,进一步增强责任感、使命感和紧迫感,继续加大财政支持力度,为推进义务教育均衡发展提供财力保障。" 2009 年河南省预算内义务教育经费总额达到 309.2 亿元,较 2005 年的 136.4 亿增长了 172.8 亿元,增长了 1.2 倍。农村义务教育阶段学生国拨生均公用经费小学生均 300 元、初中生均 500 元的基准定额提前一年落实,从 2010 年秋季又将标准提高到小学生均 400 元、初中生均 600 元。2011 年,河南省公共财政教育支出 854 亿元,占公共财政支出的比例达到 20.2%,其中义务教育支出 447 亿元,相当于 2006 年的 3.5 倍。② 黑龙江省绥芬河市为加大政府对教育的投入力度,落实教育经费保障机制,依法保证财政性教育经费的"三增长",教育经费由 2008 年的 7996 万元增长到 2010 年的 1.32 亿元,年均增长 32.5%,占财政支出的比例逐年提高;中小学生均预算内公用经费逐年增长,小学、初中预算内公用经费分别由 2008 年的 1069 元和 1291 元分别提高到 2010 年的 1688 元和 2801 元,年均增长 28.5%。③ 调研结果也表明,各地区将增加义务教育经费投入作为教育发展的首要任务,预算内教育拨款、生均教育事业费、生均公用经费都逐年增长。如作为国家级贫困县的四川省蓬安县,2008—2010 年的三年间,义务教育财政拨款分别增长 15%、28% 和 44%,高于同期财政经常性收入增长。同时,生均预算内教育事业费支出小学从 2008 年的 1790 元/人增长到 2010 年的 3716 元/人,增幅为 108%,初中从 2008 年

---

① 《我省创新五大机制推动义务教育均衡发展》,2012 年 5 月,江西教育网 (http://www.jxedu.gov.cn/zwgk/jcjyxb/xbgzdt1/2012/05/20120531031136230.html)。

② 付永刚:《河南省财政厅持续加大资金投入,保障义务教育均衡发展财力》,2012 年 10 月,新民网 (http://henan.people.com.cn/news/2012/10/16/647510.html)。

③ 《绥芬河市:加大政府投入 促进义务教育均衡发展》,2011 年 7 月,中华人民共和国教育部 (http://www.moe.gov.cn/publicfiles/business/htmlfiles/moe/s5203/201107/122755.html)。

的 2902 元/人增长到 2010 年的 5033 元/人，增幅为 142%；生均预算内公用经费支出小学从 2008 年的 733 元/人增长到 2010 年的 969 元/人，增幅为 32%，初中从 2008 年的 1298 元/人增长到 2010 年的 1667 元/人，增幅为 28%。

三 大力改善农村学校和薄弱学校办学条件，着力缩小城乡和校际差距

学校作为教育活动的基本场域，在义务教育均衡发展中处于核心地位，义务教育均衡发展的诉求之一在于促进学校间资源配置的均衡和办学水平的均衡。良好的办学条件是顺利开展教育教学活动、提高教育质量的前提，过去，学校间的办学条件存在较大差距，一些农村学校、薄弱学校由于办学条件较差，不仅社会形象不好，而且严重影响了教学活动的正常开展和教学质量的提高。正因为此，我国各级政府一直将办学条件改善置于学校发展的重要位置，特别是在推进义务教育均衡发展进程中非常重视对贫困地区、农村学校、薄弱学校办学条件的改善。早在 20 世纪 90 年代，针对区域间和学校间办学条件存在较大差距的现实，我国各级政府就出台了一系列改善学校办学条件的政策。如作为我国有史以来中央专项资金投入最多、规模最大的全国性教育工程——"国家贫困地区义务教育工程"，1995 年—2000 年，原国家教委、财政部联合组织实施了第一期"工程"，"工程"的主要目的在于消除贫困地区的农村小学、初中学校的危房，按照国家规定标准配备教学仪器设备和图书资料及课桌凳。到 2000 年"工程"完成时，项目县小学和初中原有危房全部消除，布局基本合理，项目学校的校舍、教学仪器设备和图书资料均达到国家规定标准。之后，中央政府设立专项资金以继续实施"国家贫困地区义务教育工程"二期计划（2001—2005 年）和三期计划（2006—2010 年），进一步加大对贫困地区义务教育学校的校舍改造以及添置、更新教学及管理设备。仅"国家贫困地区义务教育工程"项目一期、二期共落实到位资金 205.48 亿元。其中，中央财政拨款 78.92 亿元；23 个省、自治区、直辖市（兵团）地方财政配套 97.37 亿元；其他资金（含城乡教育费附加和非财政性配套资金）29.19 亿元；"工程"共新建小学 5380 所，改扩建小学 27197 所；新建初中 2466 所，改扩建初中 8035 所；新建小学校舍

431.82万平方米、改扩建1336.44万平方米；新建初中校舍527.89万平方米、改扩建929.29万平方米；"工程"共购置小学和初中课桌凳857.5万单人套、图书13252.81万册、教学仪器及信息技术教学设备价值88957.16万元。① "工程"极大地改善了项目县中小学办学条件，有力地促进了中小学布局调整，缩小了地区间办学条件的差距。为加快中小学危房改造步伐，2001年，教育部、国家计委、财政部出台了《关于实施中小学危房改造工程的意见》，决定自2001年起在全国实施"中小学危房改造工程"，力争用两年左右的时间基本消除现存的中小学危房。该工程后来共实施两期，2001—2002年为第一期，中央和省（自治区、直辖市）共安排专项资金52亿元，其中，中央安排专项资金30亿元；② 2003—2005年为第二期，中央财政安排专项资金60亿元。中央投入"工程"专款重点补助中西部贫困地区，为中西部贫困地区的中小学危房改造提供适当资助。全国纳入农村中小学危房改造规划的项目学校共60833所，累计改造危房7800万平方米，3400多万师生从危险校舍中搬进新校舍。③

薄弱学校、农村学校是影响和制约义务教育均衡发展的重要因素，加强对薄弱学校改造和农村学校办学条件改善是推进义务教育均衡发展的一项重要任务。早在1986年，原国家教委就在《关于在普及初中的地方改革初中招生办法的通知》中指出："切实加强初中，特别是要加强薄弱初中建设，这是顺利进行初中招生办法改革的重要条件。"1998年，教育部下发了《关于加强大中城市薄弱学校建设办好义务教育阶段每一所学校的若干意见》，要求"各级教育行政部门、学校必须充分认识加强薄弱学校建设、办好义务教育阶段每一所学校的重要性和必要性，增强加快薄弱学校建设步伐的紧迫感和责任感。要在各级政府的领导下，以对人民高度负责的态度，把加强薄弱学校的建设，办好义务教育阶段每一所学校，作为大中城市当前义务教育巩固提高工作中的一项紧迫任务"。2003年，为认真贯彻落实党的十六大精神，加快农村教育发展，深化农村教育改革，

---

① 宋梓铭：《我所经历的"国家贫困地区义务教育工程"》，《中国财政》，2008年第16期。
② 《全国中小学危房改造工程》，2010年6月，百科百度（http://baike.baidu.com/link?url=sqReNPVtUaxig5HhTi4_qyuHdmN2t2m3J0743aXD9We8tPmIfuK3hoi3xXnhg_kO）。
③ 《全国中小学危房改造工程》，2008年8月，中国网（http://www.mof.gov.cn/preview/mof/zhuantihuigu/2006ysbgjd/mcjs/200805/t20080519_23239.html）。

国务院出台了《关于进一步加强农村教育工作的决定》，强调了农村教育在全面建设小康社会中的重要地位，要求各级人民政府要制定工作规划，设立专项经费，加强中小学校舍建设，尤其是农村初中和边远山区、少数民族地区寄宿制学校建设，努力改善学校卫生设施和学生食宿条件，提高实验仪器设备和图书的装备水平。2004年，中央和省级人民政府共同组织实施了"农村寄宿制学校建设工程"，对2002年年底西部地区尚未实现"两基"的372个县和新疆生产建设兵团的38个团场，以及纳入国家西部大开发范围的部分中部省份的少数民族自治州和中部地区尚未实现"两基"的县，兼顾中西部已经实现"两基"、但基础仍然薄弱的部分地区新建、改扩建一批以农村初中为主的寄宿制学校。根据教育部公布的数字，2004—2007年间，中央财政为此投入100亿元，建设学校7651所，惠及学生约200万人。[①] 之后国家相继出台的一系列政策文件[②]，对农村学校和薄弱学校建设问题都给予了极大的关注与重视。新修订的《义务教育法》第六条规定："国务院和县级以上地方人民政府应当合理配置教育资源，促进义务教育均衡发展，改善薄弱学校的办学条件，并采取措施，保障农村地区、民族地区实施义务教育，保障家庭经济困难的和残疾的适龄儿童、少年接受义务教育。"这是我国首次以法律的形式要求加强农村学校和薄弱学校建设。为全面贯彻落实《规划纲要》精神，全面提升农村教育质量，更好更快推进义务教育均衡发展，2011年，财政部、教育部下发了《关于实施农村义务教育薄弱学校改造计划的通知》，总体目标为"按照推进义务教育学校标准化建设的战略要求，为农村义务教育阶段学校按照国家基本标准配齐图书、教学实验仪器设备、音体美器材；按照农村义务教育学生营养改善计划要求，逐步改善农村学校就餐条件；根据教育规划和现有财力可能，改扩建劳务输出大省和特殊困难地区农村学校寄宿设施，改善寄宿条件，逐步使县镇学校达到国家规定的班额

[①]《寄宿制学校应加强投入因地制宜》，2009年4月，新华网（http://www.sxgov.cn/comment/comment_content/2009-04/14/content_68456.htm）。

[②] 参见教育部《关于进一步推进义务教育均衡发展的若干意见》（2005年5月25日）；教育部《关于贯彻落实科学发展观进一步推进义务教育均衡发展的意见》（2010年1月4日）；国务院《关于深入推进义务教育均衡发展的意见》（2012年9月5日）；《国家中长期教育改革和发展规划纲要（2010—2020年）》（2010年7月29日）等。

标准"。近两年来，中央财政投入350多亿元，实施中西部农村初中校舍改造工程、农村义务教育薄弱学校改造计划，农村学校办学条件显著改善。①

根据国家改善办学条件的文件精神和专项工程要求，各地方政府也积极采取措施改善本区域的中小学办学条件。如江西省在2010年出台的《关于推进义务教育均衡发展的意见》中指出，通过加大薄弱学校改造力度、加强城镇中小学校建设、完善农村中小学校舍维修改造长效机制等措施来改善义务教育办学条件。在2011年发布的《江西省实现县域义务教育均衡发展规划（2011—2020年）》中再次强调，今后10年，江西省将通过加强学校标准化建设、加快薄弱学校改造力度等途径，实现80%以上的完全小学、初级中学和特殊教育学校的校园、校舍、体育运动场馆、安全设施、卫生设施、寄宿设施、教学仪器设备、信息技术设备和班额等达到省定标准，学校之间无明显差异，所有学校和教学点无D级危房，校舍基本达到国家抗震设防标准。为此，江西省教育厅在2011年还专门下发了《江西省普通小学、初级中学、高级中学基本办学条件标准（试行）》，以此作为规划、设置、改造和管理学校，积极推进学校标准化建设，实现区域内义务教育均衡发展的重要依据和基本标准。据了解，从2009年6月到2011年5月，江西省仅中小学校舍安全工程就已累计完成总投资35.2亿元，开工学校3845所，开工项目7997个，开工面积678万平方米，占规划改造校舍总面积的61%；已竣工学校2132所，竣工项目4337个，竣工面积374万平方米，占规划改造校舍总面积的34%。②与此同时，四川、重庆、贵州、河南、山东等省市也相继出台了关于义务教育学校办学条件基本标准的专项性文件，希望通过实施义务教育学校办学条件标准化建设工程，实现校园功能完善，教学仪器设备、图书以及教育信息化设施等基本达标，生活服务设施能满足师生需求，学校管理水平和教育教学质量明显提高，区域、城乡、学校之间办学条件基本均衡，为实现区域内义务教育均衡发展奠定坚实基础。如重庆、成都、贵阳三市由

---

① 《中央财政两年投350亿元改善农村办学条件》，2012年11月，央视网（http://news.cntv.cn/18da/20121113/107139.shtml）。

② 蔡福津：《江西实施中小学校舍安全工程改善办学条件》，2011年5月，中广网（http://news.cnr.cn/gnxw/201105/t20110516_508000055.shtml）。

于近年来加大了办学条件的改善力度,生均教学仪器设备值、百名学生计算机数、生均图书册数、生均体育运动场馆面积、生均教学及辅助用房面积等各项指标都得到了大幅的提高。在被调查的教育行政部门负责人及学校老师中,有75%以上的调查对象认为地方各级政府在改善办学条件方面均采取了积极措施(见表3.1)。

表3.1　　重庆、成都、贵阳三市办学条件改善情况统计表

年份	地区	生均教学仪器设备值(元)		百名学生计算机数(台)		生均图书册数(册)		生均体育运动场馆面积(m²)		生均教学及辅助用房面积(m²)	
		小学	初中	小学	初中	小学	初中	小学	初中	小学	初中
2008	重庆	346	341	5.2	4.7	11.8	8.2	—	—	4.74	2.80
	成都	850	1233	7.2	9.2	—	—	—	—	—	—
	贵阳	332	564	3.7	6.3	10.4	15.7	3.27	3.44	—	2.74
2011	重庆	487	550	6.3	6.6	12.2	10.5			5.26	3.86
	成都	1206	1408	8.9	9.4	16.6	18.9	5.22	6.36	4.29	4.82
	贵阳	417	793	5.4	7.7	13.3	18.2	0.04	0.05	2.80	2.96

注:资料来源:1. 重庆、贵阳为《教育事业统计报表》,成都为《义务教育学校均衡监测年度报告》;2. 2008年成都统计为生均教育技术装备值;3. 2009年,重庆生均体育运动场馆达标比例小学为59.24%,中学为62.97%;2011年小学为49.68%,中学为58.13%;4. 2011年重庆为生均教学用房面积。

四　高度重视教师队伍建设,竭力培养和造就大批优秀中小学教师

教育是一种在一定社会背景下发生的促使个体社会化和社会个性化相统一的社会实践活动,在这一活动过程中,教师具有十分重要的作用。在国家的专门委托下,教师以社会要求体现者的身份参与教育过程,通过其有目的的活动来调整、控制教育对象、教育内容、教育方式乃至整个教育过程。各国在教育改革与发展中都强调教师队伍建设的重要性。20世纪80年代以后,美国为了实现卓越教育目标,加强中小学教师队伍建设,发布了著名的霍姆斯报告——《明日之教师》以及美国卡内基未来教学委员会的《国家为21世纪准备教师》报告等,从教师培养对象的选择到

大学教师教育学院教育质量的提高，从教师资格制度的构建到在职教师的指导都进行了严格的规定和指导，从而构建起了一流的教师队伍，进而创造出了一流的中小学教育。① 英国早在 1984 年就建立了师范教育认可委员会（CATE），主要目的在于加强中央对教师教育的标准管理。英国将师资培养分为职前教师培养、在职教师培训和高级学位研修三个阶段，并把在职教育作为重点。1989 年颁布了新的教师教育课程标准，1997 年 9 月开始实施培养初等教师的全国统一课程，2007 年 2 月英国学校培训与发展司颁布了新修订的《合格教师资格标准与教师职前培训要求》等政策文件，实行教师岗级管理，从而形成了比较完备的师范教育体系和办学特色。②

我国历来重视教师队伍的建设。特别是改革开放以来，随着经济社会的快速发展和国家对教育的高度重视，我国颁布了一系列法律法规来加强中小学教师队伍建设。改革开放之初，针对受教育者数量激增，中小教师数量严重不足的状况，教育部颁布了《中等师范学校规程（实行草案）》，以进一步加强师资队伍建设。并在此后出台了一系列中小学教师在职教育的相关政策③，希望借此迅速提高中小学教师队伍的教学能力。为保障合格教师数量，提升师资水平，有效推进素质教育，1993 年 2 月，国务院出台了《中国教育改革和发展纲要》，要求进一步扩大师范院校定向招生的比例，建立师范毕业生服务期制度，保证毕业生到中小学任教；要积极引导教师参加教育改革，教书育人，为人师表，不断提高自身政治思想素质和业务水平，努力提高教学质量；要有计划地对中小学校长和教师进行培训，争取 20 世纪末期 95% 以上的小学教师和 80% 以上的初中教师达到国家规定的合格学历标准，并逐步提高中小学教师的学历层次。1993 年 10 月，《中华人民共和国教师法》颁布实施，从法律层面提出建设具有良好思想品德修养和业务素质的教师队伍的必要性和重要性，认为不断提高思想政治觉悟和教育教学业务水平是教师应尽的义务，参加进修或者其他

---

① 王毓珣：《美国中小学教师队伍建设新动向》，《上海教育科研》，2004 年第 9 期。
② 黄正平：《英国中小学教师的培养及其启示》，《外国中小学教育》，2008 年第 9 期。
③ 参见教育部《关于进一步加强中小学在职教师培训工作的意见》（1980 年 8 月 22 日）；教育部《关于加强小学在职教师进修工作的意见》（1983 年 1 月 16 日）；国家教育委员会《关于加强在职中小学教师培训工作的意见》（1986 年 2 月 21 日）等。

方式的培训是教师应有的权利。1998年12月,教育部颁布了《面向21世纪教育振兴行动计划》,决定实施"跨世纪园丁工程",加强和改革师范教育,加强中小学骨干教师队伍建设,争取在3年内以不同方式对现有中小学校长和专任教师进行全员培训和继续教育,大力提高教师队伍的整体素质,从而逐渐从过去只注重部分教师的学历达标,到开始关注中小学教师的全员发展问题。1999年6月,中共中央办公厅印发了《关于深化教育改革全面推进素质教育的决定》,认为建设高质量的教师队伍是全面推进素质教育的基本保证,要求加强和改革师范教育,调整师范学校的层次和布局,鼓励综合性大学和非师范类高校参与培养、培训中小学教师的工作;实施教师资格制度,强化教师管理,开展以培训全体教师为目标、骨干教师为重点的继续教育,提高教师队伍的整体素质;鼓励教师到经济不发达地区、边远地区和少数民族地区任教,大中城市骨干教师到基础薄弱学校任教,中小城市(镇)学校教师到农村缺编学校任教,以帮助落后地区和农村地区提高教师队伍水平。此后,中央相继出台了一系列关于中小学教师继续教育的专门性文件。[1]

到20世纪末21世纪初,虽然我国中小学教师队伍整体充足,教师教育专业能力大幅提升,但地区之间、学校之间的教师队伍状况差异较大,特别是西部地区、民族地区、贫困地区以及农村地区的教师数量存在一定的不足,一些学科专任教师缺乏,教师的教育理念和业务能力有待提高。基于此,国家开始把中小学教师队伍建设的重点转移到农村及西部地区,采用扶持性输入方式,加强对落后地区和农村地区师资队伍的建设,希望以此促进这些地区义务教育的快速发展,实现城乡间和区域间的教育发展均衡。根据国务院常务会议精神,从2003年开始,团中央、教育部、财政部、人事部共同组织实施了"西部计划",按照公开招募、自愿报名、组织选拔、集中派遣的方式,每年招募一定数量的普通高校应届毕业生,到西部贫困县的乡镇一级从事为期1—2年的教育、卫生、农技、扶贫以及青年中心建设和管理等方面的志愿服务工作。自2004年起,教育部启

---

[1] 如教育部《中小学教师继续教育规定》(1999年9月13日);教育部《关于实施"中小学教师继续教育工程"的意见》(1999年11月1日)、教育部《关于印发〈中小学教师继续教育工程方案(1999—2002年)〉及其实施意见的通知》(2000年3月6日)等。

动实施了"农村学校教育硕士师资培养计划",通过实行推荐免试攻读教育硕士研究生的优惠政策,鼓励、吸引优秀大学应届本科毕业生到国家扶贫开发工作重点县和省扶贫开发工作重点县的农村中学任教。经自愿报名、学校推荐并通过复试,取得"农村学校教育硕士师资培养计划"入学资格的学生,将先到签约的农村学校任教3年,取得教育教学实践经验;第4年,农村师资教育硕士生到培养学校注册入学,脱产学习教育硕士专业学位研究生课程;第5年,农村师资教育硕士生在任教学校工作岗位上边工作、边学习,通过现代远程教育等方式完成课程学习,并撰写学位论文,通过论文答辩后,由学校按规定授予教育硕士学位,并颁发硕士研究生学历证书。2006年2月,中共中央组织部等部门颁布了《关于组织开展高校毕业生到农村基层从事支教、支农、支医和扶贫工作的通知》,以公开招募、自愿报名、组织选拔、统一派遣的方式,组织开展大学毕业生到农村基层从事支教、支农、支医和扶贫工作。2006年5月,教育部等部门决定启动实施"农村义务教育阶段学校教师特设岗位计划",公开招聘高校毕业生到西部"两基"攻坚县农村学校任教,以创新教师补充机制,加强农村义务教育教师队伍建设,提高教师队伍整体素质,逐步解决教师总量不足和结构不合理等问题,促进农村义务教育均衡发展。"特岗计划"采用公开招聘的方式,引导和鼓励高校毕业生从事农村义务教育工作,特设岗位教师聘期3年。2009年继续实施"特岗计划",并将实施范围扩大到中西部地区国家扶贫开发工作重点县,"特岗计划"所需资金由中央和地方财政共同承担,以中央财政为主。"特岗计划"的实施范围以中西部地区"两基"攻坚县为主,适当兼顾一些缺编较多、有特殊困难的少数民族自治县、享受少数民族地区待遇县和国家扶贫开发工作重点县。2006年2月,教育部出台了《关于大力推进城镇教师支援农村教育工作的意见》,针对农村师资力量总体薄弱的状况,要求"县级教育行政部门要在县委、县政府的领导下,加强教师统筹管理工作,合理配置城乡教师资源,认真做好县域内城镇教师支援农村教育的规划","定期选派城镇学校教师到农村学校交流任教,并统筹安排落实好其他城市的教师到当地农村支教的工作","城镇中小学教师和高校新聘青年教师支教期限应不少于一年……城镇中小学教师晋升高级教师职务以及参评优秀教师和特级教师应有在农村学校任教一年以上的经历。选派城镇中小学教师支教，其中骨干教师应占一定比例"。2007年5月，国务院办公厅转发了教育部、财政部、中央编办、人事部关于《教育部直属师范大学师范生免费教育实施办法（试行）》的通知，决定从2007年秋季入学起，在北京师范大学、华东师范大学、东北师范大学、华中师范大学、陕西师范大学和西南大学六所部属师范大学实行师范生免费教育，以培养造就大批优秀中小学教师。

在加强对落后地区和农村地区输入性支持的同时，国家还出台各项政策加强在职教师的培训。1999年10月，为全面贯彻落实第三次全教会精神和《面向21世纪教育振兴行动计划》，实施《跨世纪园丁工程》，推进民族贫困地区普及九年义务教育的进程，提高民族贫困地区中小学教师的综合素质，教育部办公厅下发了《关于在民族贫困地区开展"中小学教师综合素质培训"工作的通知》，要求各省（区）根据"21世纪民族贫困地区中小学教师综合素质培训计划"，制订本省（区）"中小学教师综合素质培训"项目规划和实施方案。为了进一步加强民族贫困地区中小学教师培训工作，加快提高民族贫困地区中小学教师队伍素质，2004年11月，教育部决定启动新一轮民族贫困地区中小学教师综合素质培训项目暨新课程师资培训工作，以构建终身教育体系，促进教师专业发展，创建教师学习型组织。2010年，教育部、财政部正式启动并全面实施"中小学教师国家级培训计划"，简称"国培计划"。"国培计划"包括"中小学教师示范性培训项目"和"中西部农村骨干教师培训项目"两项内容。"中西部农村骨干教师培训项目"主要包括农村中小学教师置换脱产研修、农村中小学教师短期集中培训、农村中小学教师远程培训。该项目采取转移支付的方式支持中西部省份按照"国培计划"总体要求实施，目的在于引导地方完善教师培训体系，加大农村教师培训力度，提高农村教师的教学能力和专业水平。

另外，"国家贫困地区义务教育工程"也将义务教育学校教师的在职培训作为提高贫困地区教师教学水平的重要举措之一。"国家贫困地区义务教育工程"一期共培训中小学教师46.6万人次，培训校长7.22万人次，使项目县小学教师学历合格率达到了94%，初中教师学历合格率达到了87.7%，小学、初中校长学历全部达标；"二期"共培训中小学校长和教师约 46.7 万人次。① 根据重庆市教委提供的资料,仅 2011 年上半年,重庆市下辖的 41 个区县共计开展了 358 项教师培训项目,培训人数达到 72696 人,培训经费为 1891.6736 万元。蓬安县 2008—2010 年,全县在职教师参加培训人数为 1449 人,其中参加省级培训 101 人,参加市级培训 205 人,参加县级培训 1143 人。

五 努力加大财政转移支付力度,不断支持落后地区义务教育发展

贫困地区和农村地区一直是我国义务教育改革发展的瓶颈,也是推进义务教育均衡发展的工作重点。按照党中央、国务院的部署,近年来,中央财政在制定支持教育事业发展的各项政策措施时,都对贫困地区、民族地区、农村地区给予了必要倾斜。除一般性转移支付、均衡性转移支付、工资性转移支付外,中央财政还通过专项转移支付,不断加大对落后地区义务教育发展的支持力度。

为给予西部大开发战略提供必要的人力和智力资源支持,2000 年 4 月,中共中央办公厅、国务院办公厅决定启动实施"东部地区学校对口支援西部贫困地区学校工程"和"西部大中城市学校对口支援本省(自治区、直辖市)贫困地区学校工程",进一步动员东部地区和西部大中城市的各方面力量,大力支援西部贫困地区的教育事业。"工程"以选派教师和管理人员到贫困地区任教、任职,帮助提高学校教育质量和管理水平为重点,同时向受援学校无偿提供闲置的教学仪器设备、教具、图书资料等,帮助改善办学条件,鼓励东部地区和西部大中城市的学生把用过的课本和多余的文具、衣物捐赠给对口支援学校的学生。同年 4 月,教育部、财政部、人事部等六部委联合印发了《关于东西部学校对口支援工作的指导意见》,为"两个工程"的顺利实施作了具体部署,明确规定东部地区有关省(直辖市)各选择 100 所学校、计划单列市各选择 25 所学校,与对口支援西部地区有关省(自治区)选择的相应数量的贫困地区学校,结成"一帮一"的对子;西部大中城市支援学校数量与本省(自治区、直辖市)贫困地区受援学校的相应数量和对口支援关系,由有关省(自

---

① 《国家贫困地区义务教育工程》,2008 年 8 月,中国网 (http://www.china.com.cn/guoqing/2008-08/20/content_23803754.htm)。

治区、直辖市）人民政府确定。截至 2002 年年底，在"东部地区学校对口支援西部贫困地区学校工程"中，东部地区共向西部受援地区选派支教教师和管理人员 1800 多人次，西部受援地区派往东部地区对口学校培训的教师和挂职的管理人员 1400 多人次，支援地区向受援地区学校无偿提供资金超过 2 亿元，并捐赠了大量计算机、图书、教学设备等物品，支援地区还资助了西部 13000 多名家庭经济困难学生。在"大中城市学校对口支援本省（自治区、直辖市）贫困地区学校工程"中，各省、自治区、直辖市向当地贫困地区学校共派出支教教师和管理人员 10200 多人次，接受受援地区培训的教师和挂职的管理人员 5100 多人次；捐款 4800 多万元，捐赠计算机 13000 多台、图书 360 万册、教学仪器 5 万多套、衣物 67 万件。[①]《关于进一步加强农村教育工作的决定》要求继续实施"东部地区学校对口支援西部贫困地区学校工程"和"大中城市学校对口支援本省（自治区、直辖市）贫困地区学校工程"，建立东部地区经济比较发达的县（市、区）对口支援西部地区贫困县、大中城市对口支援本省（自治区、直辖市）贫困县的制度，进一步加大中央对民族自治地区农村教育的扶持力度，继续办好内地西藏中学（班）和新疆班。并强调中央继续安排专项经费实施贫困地区义务教育工程，安排中央资金对"两基"攻坚进行重点支持，中央和地方新增扶贫资金要支持贫困乡村发展教育事业。

为落实中央民族工作会议、第三次全国教育工作会议和全国基础教育工作会议精神，深化改革，加快发展民族教育，2002 年国务院出台了《关于深化改革加快发展民族教育的决定》，要求进一步认真组织实施"东部地区学校对口支援西部贫困地区学校工程"和"西部地区大中城市学校对口支援本省（自治区、直辖市）贫困地区学校工程"，使少数民族和西部贫困地区在资金、设备、师资、教学经验等方面得到帮助；在今后一个时期内，要把中央财政扶持教育的重点向民族工作的重点地区、边远农牧区、高寒山区、边境地区以及发展落后的人口较少民族聚居地区倾斜。

---

① 储召生：《中央大力扶持西部和贫困地区教育发展，学校对口支援工作取得显著成效》，《中国教育报》，2003 年 2 月 15 日。

2005年12月，国务院下发了《关于深化农村义务教育经费保障机制改革的通知》，决定全面推进农村义务教育经费保障机制改革，将农村义务教育纳入公共财政保障范围，建立中央和地方分项目、按比例分担的经费保障机制，中央重点支持中西部地区，中央财政在经费分担上给予特殊照顾。中央财政承担中西部地区免费教科书资金的100%，公用经费资金的60%和80%，校舍维修改造、寄宿生生活补助资金的50%。2011年11月，国务院决定从2011年秋季学期起，在集中连片特殊困难地区启动农村（不含县城）义务教育学生营养改善计划试点工作，中央财政为试点地区农村义务教育阶段学生提供营养膳食补助，标准为每生每天3元（全年按照学生在校时间200天计算），所需资金全部由中央财政承担。同时也将"一补"的标准提高1元，这样小学、初中每生每天分别达到4元、5元。[1]

在教育部和国务院出台的有关推进义务教育均衡发展政策文件中[2]，中央一再强调要切实落实教育经费"三个增长"和新增教育经费主要用于农村的要求，中央财政要加大对中西部地区的义务教育投入，省级政府要加强统筹，省级教育行政部门要会同有关部门，进一步调整教育经费支出结构，加大对贫困地区、少数民族地区、农村地区的义务教育发展支持力度，加大对经济困难地区的教育专项转移支付。《规划纲要》则更加明确提出，要建立城乡一体化义务教育发展机制，在财政拨款、学校建设、教师配置等方面向农村倾斜；要加大对革命老区、民族地区、边疆地区、贫困地区义务教育的转移支付力度，鼓励发达地区支援欠发达地区；中央财政要加大转移支付，支持农村欠发达地区和民族地区教育事业发展，加强关键领域和薄弱环节，解决突出问题，以努力缩小城乡差距和区域差距。另外，中央财政通过实施国家贫困地区义务教育工程、全国中小学校舍安全工程、农村中小学危房改造工程、农村义务教育薄弱学校改造工程、现代远程教育工程、中小学国家级教师培训计划等项目，对贫困地区

---

[1] 参见国务院办公厅《关于实施农村义务教育学生营养改善计划的意见》（2011年11月23日）。

[2] 参见教育部《关于进一步推进义务教育均衡发展的若干意见》（2005年5月25日）；教育部《关于贯彻落实科学发展观进一步推进义务教育均衡发展的意见》（2010年1月4日）；国务院《关于深入推进义务教育均衡发展的意见》（2012年9月5日）等。

和农村地区给予重点倾斜和大力支持。

同时,各省市区也相继出台发展政策,积极采取各项措施,加强省级政府统筹,向区域内的贫困地区、农村地区和民族地区倾斜,以缩小地区之间和城乡之间的教育发展差距。2006年,重庆市人民政府办公厅印发了《重庆市农村义务教育经费保障机制改革暂行办法的通知》,就重庆市农村义务教育经费保障机制改革的目标、原则、内容、实施范围、对象和步骤等做了具体说明和专项部署。2007年和2012年,重庆市人民政府又在有关推进义务教育均衡发展的意见中[①],一再强调要加大对农村教育经费的投入力度,加大对国家和市级扶贫开发工作重点区县(自治县)财政转移支付力度,要将新增教育经费的70%用于农村教育,主要用于农村义务教育学校基本建设、配置设备、培训教师和六大功能室建设。据统计,2007年,重庆市在农村义务教育阶段学校代课教师中择优录取近8000名公办教师,全部就近补充到农村边远贫困地区学校,并在大中专毕业生中为农村边远贫困地区学校定向招聘3000名小学教师;增加投入8700万元,将农村中小学公用经费拨款标准每生提高10元、免杂费补助标准每生提高30元,实现了农村与县镇学校的"同标准拨款";划拨专项资金2034万元,对39个区县农村中小学校黑板进行改造;安排专项经费6000万元用于农村寄宿制学校建设,中央下达的307所农村寄宿制学校全部竣工,项目覆盖学生32.12万人,新增寄宿学生6.26万人;安排专项经费4500万元,用于农村初中校舍改造等。2008年,重庆市人民政府安排农村中小学体育设施专项经费4000万元、安排农村中小学饮水工程专项资金3000万元、安排师资培训专项经费3000万元,以不断改善农村中小学办学条件和加强师资队伍建设,促进义务教育均衡发展。[②] 2007年,四川省委办公厅、四川省人民政府办公厅出台了《关于切实推进城乡义务教育均衡发展的意见》,要求各级党委、政府及教育部门要依法落实教育经费"三个增长"和新增教育经费主要用于农村的规定,加大统

---

① 参见重庆市人民政府《关于进一步推进义务教育均衡发展的意见》(2007年4月30日);重庆市人民政府《关于深入推进义务教育均衡发展促进教育公平的意见》(2012年4月9日)。

② 《重庆市加大投入化解农村义务教育经费难题》,2008年9月,搜狐教育(http://learning.sohu.com/20080919/n259651498.shtml)。

筹、投入、工作力度，均衡配置教育资源，促进教育资源向贫困地区、边远地区、民族地区和革命老区倾斜，向乡村学校、薄弱学校倾斜，向困难群体倾斜。2007年，四川省人民政府安排专项资金，建立了农村义务教育教师每月不低于150元的补贴制度，各地政府也积极筹集资金，扩大补助范围，增加补助金额；全省共免除农村义务教育阶段1002万名学生的学杂费，为331万名学生免费提供教科书，为94万名贫困寄宿学生提供生活费补助；对民族地区义务教育阶段所有学生全部免费提供教科书，对近80%的寄宿制学生免费提供卧具，提供生活补助；2008年，四川省人民政府投入财政资金3亿元，启动实施了"农村留守学生寄宿制学校建设工程"，拟改扩建400所农村寄宿制学校，重点解决农村留守学生住宿问题；安排资金5亿元，继续实施《民族地区教育发展十年行动计划》；并扎实推进"农村初中改造工程"、"新农村卫生新校园工程"等。①

六 着力推进学校布局调整，全力提高教育资源利用效率

随着农村学龄人口的减少和学校竞争的加剧，不少薄弱学校、农村学校特别是一些农村教学点出现了办学条件简陋、师资和生源不足、教学质量较差等问题。于是，"通过学校布局结构调整，合理配置公共教育资源，适当集中办学，调整和撤销一批生源不足、办学条件差和教育质量低的学校，实现区域（县、市、区）内或更大范围内学校教育的均衡发展成为政府工作的应有之义"。② 自20世纪末以来，我国就开始着手学校布局调整，不仅对学校办学条件差、学生人数少的教学点予以取缔，而且对不少地方的小学高年级乃至初中学校都进行了整编和合并。早在2000年3月，在中共中央、国务院出台的《关于进行农村税费改革试点工作的通知》中，就将"适当合并现有乡村学校，对教师队伍进行必要的整顿和压缩"作为农村税费改革试点工作的配套措施之一。2001年3月，教育部、财政部下发了《关于报送中小学布局结构调整规划的通知》，正式拉开了我国中小学布局调整的序幕。2001年5月，国务院出台了《关于基

---

① 《强化政府责任，大力推进义务教育均衡发展》，2012年5月，人民网（http://jjh.gsedu.cn/zlhbzw/sc.htm）。

② 范先佐：《农村学校布局调整与教育的均衡发展》，《教育发展研究》，2008年第7期。

础教育改革与发展的决定》，要求按照小学就近入学、初中相对集中、优化教育资源配置的原则，合理规划和因地制宜调整学校布局。2002年5月，国务院办公厅下发了《关于完善农村义务教育管理体制的通知》，要求县级人民政府从实际出发，因地制宜，逐步调整农村中小学布局。2003年6月，为加强和规范对布局调整专项资金的管理，提高资金使用效益，财政部印发了《中小学布局调整专项资金管理办法》，要求各地按照国家相关法律法规，遵循基础教育由地方政府负责、分级管理的原则，因地制宜做好本区域中小学布局的规划和调整工作，切实担负起办学和管理的责任。并在使用和管理好中央专项资金的同时，要根据布局调整需要加大经费投入，促进中小学布局调整工作的顺利开展。同年9月，国务院颁发了《关于进一步加强农村教育工作的决定》，要求各级政府继续推进中小学布局调整，加强农村初中和边远山区、少数民族地区寄宿制学校建设，提高图书和实验仪器设备的装备水平，努力改善学校办学条件。

自2001年起，按照国务院和教育部的义务教育发展改革要求和中小学布局调整的政策文件精神，地方各级政府也纷纷出台了本区域农村中小学布局调整的实施意见及工作规划，努力推进中小学布局调整。如2001年4月，河北省人民政府办公厅发布了《关于进一步调整中小学布局的意见》，要求在坚持"统筹规划、分步实施、相对集中、扩大规模、确保入学、提高效益"原则基础上，依据学龄人口变化、城镇化发展趋势和教育资源现状，以农村小学和建制镇所在地中小学校布局调整为重点，精简教职工队伍，扩大校均规模，优化教育资源配置，突出中心学校的规模效益和示范辐射作用，力争用3—5年时间，基本完成河北省中小学布局调整工作。2003年年底前，河北省基本完成小学阶段的布局调整任务，使全省小学校数减少到25000所以下，校均规模达到300人以上；2005年年底前，基本完成初中阶段学校的布局调整任务，使全省初中校数减少到3800所以下，校均规模达到1200人以上。[1] 2002年8月，陕西省人民政府出台了《关于加快中小学布局调整和优化教职工队伍确保农村义务教育投入的意见》，要求各级政府"按照适当撤并，扩大规模；合理布

---

[1] 《河北省政府办公厅关于进一步调整中小学布局的意见》，2001年4月，法律法规（http://www.110.com/fagui/law_ 209652.html）。

局,优化配置;改善条件,确保入学;提高质量,群众比较满意的原则,从 2002 年至 2006 年,用 5 年时间基本完成全省农村中小学校布局调整工作。据统计,5 年内全省农村小学由 2000 年的 33336 所调整到 26336 所,减少 7000 所,校均规模由 144 人增加到 180 人以上;初中由 2000 年的 2020 所调整到 1844 所,减少 176 所,校均规模由 930 人增加到 1000 人以上"。① 2002 年 11 月,湖北省出台了《关于调整优化农村中小学布局结构的意见》,要求"各县(市、区)要在深入调查研究、广泛征求意见的基础上,根据学龄人口的变化情况、经济社会和教育发展等多种因素,制定本地中小学校布局结构调整规划……原则上 15 万—20 万人口办一所普通高中,4 万—5 万人口办一所普通初中,平原和丘陵地区规模在 6 个班 150 人以下的小学应实行联村办完小或高小,使一所小学服务区域人口逐步达到 5000 人以上。根据交通、安全和经济条件等方面的情况,交通不便、人口稀少的山区,初小和教学点仍可保留。有条件的地方可以在小学试行寄宿制。山区和经济欠发达地区学校区域服务人口标准可以放宽,调整时间可以延长"。② 重庆市北碚区在 2002—2011 年的十年间,小学由 161 所调整收缩为现在的 60 所,中学由原来的 40 所调整收缩为现在的 22 所。③

随着学校布局调整的深入推进,农村中小学的办学条件得到改善,办学效益和教育质量得到一定提高。但与此同时,也出现了一些新的问题,如不少地区工作简单化和"一刀切",脱离当地实际,盲目撤并导致新的上学难;一些地区一味追求规模效应,学校大班额现象突出,教学质量和学生身心健康发展难以保障;寄宿制学校建设滞后,保障措施乏力,寄宿费用偏高,增加了农民负担等。在此背景下,2006 年 6 月,教育部下发了《关于实事求是地做好农村中小学布局调整工作的通知》和《关于切

---

① 《陕西省人民政府关于加快中小学布局调整和优化教职工队伍确保农村义务教育投入的意见》,2002 年 8 月,法律法规(http://www.chinalawedu.com/news/1200/22598/22615/22794/2006/4/li7451523716460021925 - 0.htm)。

② 《中共湖北省委办公厅、湖北省人民政府办公厅关于调整优化农村中小学布局结构的意见》,2002 年 11 月,法律教育网(http://www.chinalawedu.com/news/1200/22598/22615/22792/2006/4/ch995546472615146002920 - 0.htm)。

③ 《关注农村中小学布局调整:布局调整要尊重民意》,2011 年 8 月,中国教育新闻网(http://www.edu.cn/fa_ zhan_ yan_ jiu_ 277/20110822/t20110822_ 670752.shtml)。

实解决农村边远山区交通不便地区中小学生上学远问题有关事项的通知》，要求地方各级政府按照"以人为本"的要求，从本地实际出发，充分考虑人口变动趋势、教育发展现状和人民群众承受能力，按照实事求是、稳步推进、方便入学的原则实施农村中小学布局调整，在交通不便和偏远地区仍须保留必要的小学和教学点，避免因过度调整造成学生失学、辍学、上学难和学校班额过大、教育教学资源全面紧张的问题，防止以布局调整为名减少教育投入。但由于地方各级政府未对这两个文件精神全面领会和高度重视，未能及时出台相应的文件及配套措施，不少地方仍然按照原有的调整思路继续盲目、随意地缩减农村中小学校及教学点数，学生上学远、上学贵、寄宿条件差、存在安全隐患、学生辍学率反弹等问题愈发突出，社会对学校布局调整政策的科学性和合理性的质疑不断上升。随着国内各大媒体对学生上学远、上学难的诸多报道，随着各地校车安全事故的频发，随着一些学者对布局调整现状的全面、深入调研，人们对中小学布局调整政策的反思达到了新的高度。为进一步规范农村义务教育学校布局调整，2012年9月，国务院办公厅出台了《关于规范农村义务教育学校布局调整的意见》，要求各地科学制定农村义务教育学校布局规划，严格规范学校撤并程序和行为，坚决制止盲目撤并，在完成农村义务教育学校布局专项规划备案之前，暂停农村义务教育学校撤并，对已经撤并的学校或教学点，确有必要的由当地人民政府进行规划、按程序予以恢复。此后，重庆、四川、江西、安徽、青海等省（市、区）都纷纷出台了关于规范农村义务教育学校布局调整的实施意见，对农村中小学校布局调整思路和方法进行了一定程度的调适。

总之，经过十余年的摸索与实践，我国形成了相对稳定的义务教育均衡发展方式，体现出一些基本特征。尽管义务教育均衡发展方式还在不断地发展和完善之中，但在过去，正是我们采取了这些方法、手段和模式，义务教育均衡发展才得以大力推进，也才取得了今天的巨大成就，实现了义务教育均衡发展的阶段性目标。

第四章 我国现行义务教育均衡发展方式存在的主要问题

当前,地区间、城乡间、学校间的资源配置非均衡状况得到明显改观,义务教育均衡发展取得了显著的阶段性成果。应该说,我国现行义务教育均衡发展方式功不可没。但随着义务教育面临的主要矛盾的变化和阶段性目标的推移,随着义务教育均衡发展的外部环境的变化,现行义务教育均衡发展方式表现出明显的不适应性,在实践过程中存在着这样或那样的问题。

第一节 重教育经费投入 轻资源有效利用

增加教育经费投入一直是各级政府的奋斗目标,也是各实践主体,特别是落后地区、农村学校和薄弱学校的最大诉求。2005年,国家财政性教育经费占国内生产总值比例为2.82%,虽然比2004年的2.79%增加了0.03个百分点,但是与法定4%的目标还有相当的距离。国务院前总理温家宝在政府工作报告、座谈等不同场合中多次庄重承诺,要在自己任期结束之前实现国家财政性教育经费支出占国内生产总值比例达到4%的目标。为此,《规划纲要》明确规定:"提高国家财政性教育经费支出占国内生产总值比例,2012年达到4%。"2011年,国务院印发了《关于进一步加大财政教育投入的意见》的文件,召开了全国教育投入和管理工作电视电话会议,从落实教育经费法定增长、拓宽经费来源渠道等方面提出了具体的要求。2012年,财政部又下发了《关于进一步落实从土地出让收益中计提教育资金相关政策的通知》,要求地方在收支分类科目中增加名为"103014804教育资金收入"的科目,以反映从土地收益中所计提的教育资金，在地方国库中进行分账核算，并强调"各地区不得降低计提比例、改变计提方式、虚增成本费用、拖延计提时间"。在各级政府的努力下，我国教育投入总量得到快速增长，并在2012年年底如期实现了国家财政性教育经费支出占国内生产总值的比重达到4%的目标。在教育总经费增加的背景下，我国义务教育经费也持续增长，特别是农村义务教育投入。

同时，针对中小学教师队伍整体数量不足，国家通过提高教师福利待遇、实施免费师范生等政策措施，特别是通过西部计划、农村教育硕士计划以及"特岗"教师计划等，吸纳了更多的优秀大学毕业生充实中小学教师队伍，使西部地区、民族地区、贫困地区以及农村地区的教师不足状况得到较大改观。根据统计，截至2010年年底，全国幼儿园、普通中小学专任教师1180.3万人，其中，幼儿园教师114.4万人，小学教师561.7万人，初中教师352.4万人，高中教师151.8万人；其中，城市教师268.3万人，县镇教师427.7万人，农村教师484.3万人，县镇及以下幼儿园、中小学教师占全国教师总数的77.3%。[1]

然而，在教育经费不断增加、师资队伍不断充实和壮大、教育资源短缺问题基本得到解决的背景下，各级政府仍将增加教育经费投入作为推进义务教育均衡发展的第一手段，教育实践工作者也将加大投入置于首要地位，对教育资源的有效利用问题未能给予应有的重视。

一 过于偏重教育经费投入，忽视教育资源的优化配置和有效利用

增加教育投入既是推动教育优先发展的重要保障，也是推进义务教育均衡发展的重要举措。一直以来，各级政府都将推进义务教育均衡发展的重心放在增加教育经费投入方面。教育部《关于贯彻落实科学发展观进一步推进义务教育均衡发展的意见》指出，"要以大力提高农村地区、经济欠发达地区、少数民族地区、边疆地区和薄弱学校义务教育水平为重心，进一步加大财力、人力、物力等方面的支持力度。要进一步完善农村义务教育经费保障机制，提高保障水平"。国务院《关于深入推进义务教

---

[1] 《中国教师年龄结构优化，中青年成中小学教师主体》，2011年9月，中国新闻网（http://www.chinanews.com/edu/2011/09-06/3309470.shtml）。

育均衡发展的意见》再次强调要加大义务教育投入力度，提高义务教育保障水平。在地方各级政府制定的义务教育均衡发展政策中[①]，加大经费投入、提高义务教育经费保障能力也成为政策文本的重要内容。而对于投入到义务教育领域中的经费的科学管理和有效利用问题，无论是中央政府制定的有关政策法规，还是地方各级政府出台的各项措施，都基本未曾涉及。

并且，对于义务教育经费投入，中央和地方各级政府都有着强制性规定。例如，国家的基准定额标准为小学每生每年300元、初中每生每年500元；从2011年开始，山东省的标准为小学每生每年700元，初中每生每年900元；上海市小学每生每年1600元，初中每生每年1800元；四川省小学每生每年500元，初中每生每年700元。此外，就办学条件而言，国家及各省市也都出台了关于义务教育阶段学校办学条件基本标准的专项文件，对各中小学校建设应达到的标准有着明确的规定，并鼓励在此基础上有所提高。反观教育资源的优化配置和有效利用问题，国家和地方既未出台专项文件，也未给出明确、具体的规定，只是在相关教育改革发展的政策文本中有所提及，更多是以"优化配置"一词以概之。

二 普遍存在对增加教育经费不切实际的幻想，忽视大量资源浪费的现象

长期以来，不少人将义务教育均衡发展面临的主要问题定格在教育资源不足上，认为增加义务教育投入是当前乃至今后义务教育均衡发展的首要任务，对增加教育投入有着一种盲目的冲动和不切实际的幻想，对教育资源的有效利用则不甚关心。笔者在对四川省下辖的蓬安县和阆中市、重庆市下辖的合川区和铜梁县等区县教育行政部门负责人、中小学校长及教师的问卷调查中，有91%的教育行政部门负责人、中小学校长及教师认为经费投入不足是当前义务教育发展不均衡的症结所在，其中，83%的教育行政部门负责人、中小学校长及教师认为加大经费投入力度是今后促进

[①] 参见湖北省人民政府《关于进一步推进全省义务教育均衡发展的意见》（2010年2月25日）；重庆市人民政府《关于深入推进义务教育均衡发展促进教育公平的意见》（2012年4月9日）；江西省人民政府办公厅《江西省实现县域义务教育均衡发展规划（2011—2020年）》（2011年11月3日）等。

县域义务教育均衡发展的重要任务，而仅有34%的调查对象将提高教育资源利用率作为促进县域义务教育均衡发展的重要工作。通过进一步的访谈发现，地方教育行政部门及学校领导在教育资源配置与利用方面，缺乏科学的研究与评价，哪些方面该用、该用多少、如何利用，基本缺乏科学的决策依据和有效的管理，完全凭个人偏好和主观决断，很少考虑资源的有效利用问题。

重投入轻利用导致的直接后果是教育资源配置效率偏低，资源利用率不高，在教育经费逐年增长的同时存在着大量的浪费现象。有学者采用DEA方法对我国西部5省区部分农村小学的资源配置效率状况进行了研究，其结果表明，虽然目前西部农村50%的小学资源配置效率已处于较为理想的状态，但还有50%的学校需要提升教育生产效率和规模效率，尤其是乡镇中心小学的资源配置效率达到DEA有效的比例相对较低。[1]还有学者运用多层次灰色理论，从人力资源投入、物力资源投入及财力资源投入三个维度，构建了基础教育资源配置效果评价指标体系和多层次灰色评价模型，并利用这一综合评价方法对山东某县的教育资源配置效果进行测评，结果表明，该县义务教育资源配置效果并未达到"优"或"良"的水平，而只是达到"中等"水平，存在着重复建设和盲目浪费的现象，因此该县在义务教育资源优化配置方面还有很大提升空间，需要进一步花大力气提高资源利用率。[2]

第二节　重外在条件改善　轻内在质量提升

学校作为教育活动开展的基本场域，在义务教育均衡发展中处于核心地位，义务教育均衡发展的直接目的在于缩小学校间的办学差距。一直以来，国家将农村学校、薄弱学校改造的重心放在了办学条件的改善方面，不仅一座座崭新的、充满现代化气息的教学大楼、办公大楼及学生宿舍拔地而起，而且教育设施设备也不断改善和现代化，学校办学条件逐步标准

---

[1]　胡咏梅、杜育红：《中国西部农村小学资源配置效率评估》，《教育与经济》，2008年第1期。

[2]　张杰、赵峰：《基于多层次灰色理论的基础教育资源配置效果测评研究》，《河南社会科学》，2012年第6期。

化。当然，这些都是必要的，但在这些必要措施的背后也不难发现，各级政府在重外在条件改善的同时，带有明显的轻内在质量提升的倾向。

一 片面强调办学条件改善在缩小校际差距中的作用，忽视学校教育质量提升

完善的办学条件是顺利开展教育教学活动的前提条件，也是提高地区和学校办学水平的重要保障。过去，正是因为区域间和学校间办学条件存在较大差距，在很大程度上导致了义务教育发展的不均衡。因此，在中央政府出台的义务教育均衡发展的各政策法规中，均将改善办学条件、均衡配置教育资源作为推进义务教育均衡发展的重要内容，要求省级教育行政部门要依据国家普通中小学校建设标准和本省（区、市）标准，制定或完善本地区义务教育阶段学校办学条件基本要求，积极推进义务教育学校标准化建设，为农村中小学配齐实验仪器设备、音体美器材、图书资料等，着力改善农村义务教育学校学生宿舍、食堂等生活设施，妥善解决农村寄宿制学校管理服务人员配置问题。[①] 在这期间，国家还针对办学条件改善的重点和难点，出台了诸多专项性文件，以加强对学校办学条件的改善。如2004年，教育部、财政部等部门出台了《西部地区农村寄宿制学校建设工程实施方案》，决定从2004年起，用4年左右的时间，新建、改扩建一批以农村初中为主的寄宿制学校，解决好西部未"普九"地区新增130万名初中学生和20万名小学生最基本的学习、生活条件，并在合理布局、科学规划的前提下，加快对现有条件较差的寄宿制学校和不具备寄宿条件而有必要实行寄宿制的学校改扩建的步伐。同时，地方各级政府也一再强调改善学校办学条件，制订义务教育学校办学标准、薄弱学校改造计划以及中小学危房改造方案。[②]

---

① 参见教育部《关于进一步推进义务教育均衡发展的若干意见》（2005年5月25日）；国务院《关于深入推进义务教育均衡发展的意见》（2012年9月5日）、《中华人民共和国义务教育法》（2006年6月29日）等。

② 参见贵州省教育厅《贵州省"十一五"期间义务教育阶段学校办学条件标准》（2007年1月5日）；重庆市教育委员会《重庆市义务教育学校办学条件基本标准（试行）》（2011年10月20日）；四川省教育厅《四川省义务教育学校办学条件基本标准（试行）》（2012年10月10日）等。

反观对于义务教育学校教育质量的保障与提升，在《关于进一步推进义务教育均衡发展的若干意见》中只进行了一般性提及。虽然在这之后出台的《关于贯彻落实科学发展观》《关于深入推进义务教育均衡发展的意见》中将提高义务教育质量作为推进义务教育均衡发展重要举措之一进行了专门性论述，但也只是简单概括，更为不足的是，缺乏相应配套措施，致使提高学校办学水平和教育质量常常流于形式。而从地方各级政府制定的关于义务教育均衡发展的政策文本来看，其政策重心也往往是放在学校办学条件的改善和学校间资源配置的均衡方面，而将提升学校办学水平、提高地区教育质量置于次要地位。

二 过于偏重资源配置均衡对择校问题的治理，忽视导致择校问题产生的其他因素

解决择校问题既是推进义务教育均衡发展的出发点之一，也是义务教育均衡发展的主要任务和重要内容。新中国成立以后，特别是改革开放以来，随着经济社会的发展和国家整体实力的提升，教育的发展速度加快，规模不断扩大。与此同时，由于各地经济社会的非均衡发展，其经济实力和财政收入水平不断拉大，不同区域学校之间的办学条件差距也愈发明显。尤其是20世纪末期实施的"分级办学、分级管理、地方为主"的义务教育办学体制以及长期实施的"重点"学校制度，更加剧了各校之间教育资源配置的不均衡和办学水平的差距。而随着人们经济收入的增加、生活水平的提高，广大人民群众对接受更加公平和更高质量教育的期待日益增强，家长已经从希望子女"有学上"转向"上好学"，为了让孩子享受优质的教育资源和不输在起跑线上，家长不惜付出任何成本为子女选择条件好的学校，从而引发了国内择校风的盛行。

为解决因择校而导致的教育不公平问题，国家频频出台各项措施。如为了减轻学生学业负担，国家取消了小学升初中的入学考试制度，并在1986年颁布的《义务教育法》中明确规定："地方各级人民政府应当合理设置小学、初级中等学校，使儿童、少年就近入学。"这一原本为限制学生择校行为的决策，客观上却使得户籍、家庭经济状况成为儿童入读优质学校的主要因素，从而带动了"以钱（或权）择校"之风的兴起与盛行，一些转制学校的高收费，在某种层面也认可了"以钱择校"的"合理性"，从而使择校现象愈演愈烈，乱收费行为普遍存在，教育不公平问题凸显。于是，各级政府及教育行政部门将治理择校工作的重心转向择校费问题的治理上，并在此后出台了一系列相关文件。[①] 但是，这些政策措施的出台，并未从根本上遏制学校的乱收费行为，禁令严规遭遇执行难。因此，仅仅以规范或禁止中小学收费行为来治理择校现象，是难以从根本上解决问题的。事实上，择校收费仅是择校问题的外在表现，规范或禁止收费也仅仅能从一定程度上治标，但不能治本，择校问题的深层次原因在于优质教育资源的供需矛盾。因此，要从根本上解决择校问题，就必须缩小学校之间发展差距，整体提高义务教育发展水平，为受教育者提供更多的优质教育资源。

实际上，对于提高学校办学水平、缩小学校发展差距在治理学校乱收费、解决择校问题中的作用，人们很早就已经意识到了。在原国家教委等部门下发的《关于1996年在全国开展治理中小学乱收费工作实施意见的通知》中就明确指出，地方各级政府应严格贯彻落实国家对义务教育阶段收费工作的有关规定，加强教育收费管理、规范代收费范围、加大查办违纪案件的力度等措施仅是治标，而增加教育投入、缩小学校间办学水平上的差距、大面积提高教育质量、从根本上满足人民群众对教育日益增长的需要才是治本之策，而重要举措之一就是加强薄弱学校的建设，包括配备领导班子、充实师资队伍、增加经费投入、配备必要教学设备和改善生源在内的办学条件。在《1997年治理中小学乱收费工作的意见》中再次指出："各级地方政府及其教育行政部门要继续采取有力措施加强九年义务教育的薄弱学校建设。要从增加经费投入、配置教学设施、调整配备领导班子、调整充实师资队伍和改善生源在内的办学条件上给予倾斜政策，尽快缩小大中城市小学和初中学校间办学条件和办学水平上的差距，实现

[①] 这一系列文件包括：国务院办公厅《关于加强中小学收费管理工作的通知》（1993年9月24日）；国家教委、国家计委、财政部、国务院纠正行业不正之风办公室《关于1996年在全国开展治理中小学乱收费工作实施意见的通知》（1996年5月17日）；国家教委《1997年治理中小学乱收费工作的意见》（1997年2月21日）；国务院纠风办、教育部《关于进一步做好治理教育乱收费工作的意见》（2001年6月12日）；教育部《关于加强基础教育办学管理若干问题的通知》（2002年3月25日）；教育部《关于治理义务教育阶段择校乱收费问题的指导意见》（2010年10月13日）；教育部、国家发展改革委、审计署《治理义务教育阶段择校乱收费的八条措施》（2012年1月20日）等。

就近入学目标。"2002年，教育部下发了《关于加强基础教育办学管理若干问题的通知》，要求各地以扶持、联合、兼并、公有民办等多种形式加快薄弱学校改造，推行校长教师交流轮岗制度，扩大优质教育资源规模，满足人民群众对高质量教育的需求。2010年教育部出台的《关于治理义务教育阶段择校乱收费问题的指导意见》再次强调，治理择校乱收费必须标本兼治，综合治理，既要抓紧完善招生入学政策，规范招生入学秩序，健全完善督导制度，及时制止违规高收费乱收费现象，又要加快薄弱学校建设，合理配置师资力量，缩小学校办学条件及教育质量差距。但不难发现，由于政策文件的重心偏重于中小学乱收费行为的治理，因此不能有效引导人们关于提高学校办学水平、缩小学校发展差距对解决择校问题的重要作用。虽然在国家出台的教育发展改革政策以及义务教育均衡发展的专项性文件中都谈到择校问题的解决，要求加快薄弱学校改造，切实缩小学校差距，但由于各级政府及教育行政部门将解决择校问题的重心放在了学校教育资源的均衡配置方面，而对教育质量和办学水平提高的实践措施力度不够，导致当前各校之间教育质量和办学水平仍然存在较大差距，择校现象仍较普遍且严重。《我国义务教育均衡发展改革研究》课题组2011年通过对湖北、重庆、四川、江西、山东等省市调研发现，在办学条件得到改善、资源配置基本均衡的背景下，各校教育质量和办学水平仍然参差不齐，择校现象仍较普遍。特别是在经济发展水平较高、办学条件较好的北京、广东等经济发达地区和其他大的中心城市，择校现象更为明显和突出。

三 过分突出薄弱学校硬件设施完善的重要性，忽视学校管理水平和教师素质提高

义务教育均衡发展是一项复杂而又艰巨的系统工程，受到诸多因素的影响与制约，其中农村薄弱学校便是影响义务教育均衡发展的重要障碍。为深入推进义务教育均衡发展，全面提高农村义务教育质量，在国家出台的有关义务教育均衡发展政策文件中，对薄弱学校建设问题都给予了一定的关注与重视。新修订的《义务教育法》首次从法律的层面强调加强薄弱学校改造的重要性，要求国务院和县级以上地方人民政府应当合理配置教育资源，改善薄弱学校的办学条件，促进义务教育均衡发展。为加快薄

弱学校建设和改造步伐，提高学校办学水平，2011 年，财政部、教育部联合下发了《关于实施农村义务教育薄弱学校改造计划的通知》，希望"按照推进义务教育学校标准化建设的战略要求，为农村义务教育阶段学校按照国家基标准配齐图书、教学实验仪器设备、音体美器材；按照农村义务教育学生营养改善计划要求，逐步改善农村学校就餐条件；根据教育规划和现有财力可能，改扩建劳务输出大省和特殊困难地区农村学校寄宿设施，改善寄宿条件，逐步使县镇学校达到国家规定的班额标准"。据统计，仅 2011—2012 年，中央财政累计安排的农村义务教育薄弱学校改造食堂建设专项资金就达 194.20 亿元，以用于食堂改造和配备必要的餐饮设施，保证学生食堂达到餐饮服务许可的标准和要求。[1]

同时，地方各级政府也出台了关于薄弱学校的改造计划。如 2011 年 9 月，河南省财政厅、教育厅下发了《关于做好农村义务教育薄弱学校改造计划实施工作的通知》，要求各地财政、教育部门要在当地政府领导下，本着高度负责的精神，将薄弱学校改造与义务教育均衡发展推进、中小学布局调整、学校标准化建设、大班额问题有机结合，确保项目的顺利实施。2012 年 3 月，陕西省教育厅、财政厅下发了《关于实施农村义务教育薄弱学校改造计划的通知》，要求以科学发展观为指导，以促进义务教育均衡发展为目标，配齐农村学校教学所需的仪器设备、图书和音体美器材，改善学校就餐条件，完善学校寄宿设施，缩小区域之间、城乡之间和学校之间教育发展差距。另外，四川、重庆、山西、广西等省（市、区）的财政、教育部门都相继印发了关于农村义务教育薄弱学校改造计划的政策文本，以此规范、引导和支持农村义务教育薄弱学校的改造。据介绍，2012 年，山西在 48 个县（市、区）实施薄弱学校改造计划，总投入约 11.8 亿元，其中 7 亿元用于教学实验仪器、音体美卫器材、图书和多媒体教学设备购置，4.8 亿元用于县镇学校扩容改造和寄宿制学校及附属生活设施建设。[2] 2010 年和 2011 年两年，广西壮族自治区农村薄弱学校改造计划共投入资金 18.76 亿元，2012 年，投入资金将达到 9.86 亿

---

[1] 《中央财政累计安排 194 亿元支持农村学校食堂改造》，2012 年 11 月，中华人民共和国中央人民政府（http://www.gov.cn/gzdt/2012-11/29/content_2277867.htm）。

[2] 《山西 11.8 亿改造 48 县市农村学校，留守儿童引关注》，2012 年 4 月，中国新闻网（http://www.chinanews.com/edu/2012/04-25/3845803.shtml）。

元,重点给农村学校添置理科实验设备,采买音体美等"副科"器材,帮助县镇村基础薄弱的学校提升硬件设备。[①]

但从国家及地方各级政府出台的薄弱学校改造计划涉及的主要内容看,其重点支持的项目仅为两类:一类是教学装备类项目;一类是校舍改造类项目。教学装备类项目主要包括实验仪器设备、音体美器材、图书以及多媒体远程教学设备;校舍改造类项目主要包含学校就餐条件或必要的餐饮设施、寄宿制学校学生的附属生活设施以及县镇学校扩容。而事实上,薄弱学校不仅在于校舍场馆的简陋和设施设备的不足与落后,更在于管理水平偏低和教育质量不佳,在于实践主体的缺位、自我认可意识的缺乏以及自我发展能力的不足。尽管近年来各地都大力实施了"薄弱学校"改造工程,使许多薄弱学校的物质性教育资源配置得到明显改观,但却未能根本消除"薄弱学校"现象,"薄弱学校"依然"薄弱"。究其缘由,薄弱学校改造的政策取向及改造措施的偏差是其根本原因。因此,仅仅改善办学条件,如学校的就餐条件和生活设施,支持县镇学校扩容,配置图书、教学实验仪器设备、音体美器材以及多媒体远程教学设备来对薄弱学校进行改造,显然是很难消除薄弱学校现象、实现政策目标的。只有将薄弱学校的办学条件改善与教育质量提高有机结合,尤其是提升薄弱学校的管理水平、教师素质以及自我发展能力,薄弱学校问题才会最终得到解决。

第三节 重政府外在推动 轻学校自我内在驱动

教育作为社会公益事业,学校作为从事教育活动的基本组织,理应也需要国家作为责任主体进行投入和管理。义务教育作为各级各类教育的基础,其健康发展同样需要国家出台政策法规,加大经费投入,实施督导评估。过去,正是由于各级政府的共同努力,我国义务教育均衡发展才取得了可喜的成绩。然而,我们在强调各级政府责任与义务的同时,却往往忽略了地方和学校的自我内在驱动。

[①] 《广西将投近10亿改造农村薄弱学校,注重"内涵建设"》,2012年2月,新华网(http://gx.people.com.cn/n/2012/0207/c179430-16726740.html)。

一 过于重视政府教育政策的制定，忽视其他利益相关者的参与

政策是国家党政机关为了解决社会所面临的重大问题，调节各主体间的利益关系，以权威形式标准化地规定在一定时期内应该达到的奋斗目标、遵循的行动准则、实施的工作方式以及采取的一般步骤和具体措施等。作为现代公共管理的重要手段，政策指引着社会改革发展方向，统一和规范着人们的实践行为。为推进义务教育均衡发展，从中央到地方，各级政府都非常重视教育政策的制定，出台了一系列关于义务教育均衡发展的政策法规，要求各级政府进一步明确指导思想和具体目标，均衡配置办学资源，加强和改进学校管理，扩大优质教育资源覆盖面，形成协力推进义务教育均衡发展的工作机制，全面提高教育质量。一系列教育政策法规的出台，虽然为义务教育均衡发展的深入、有效推进提供了强有力的政策支持和法规保障。但由于在政策制定过程中未能充分听取、尊重地方政府、学校乃至社会各界的意见，凸显出政策主体的单一性。

所谓教育政策主体，一般是指直接或间接地参与教育政策的制定、执行、评估和监控的个人、团体或组织。但在教育政策主体的具体认识上，不少学者又存在着较大差异。祁型雨从"谁的政策"和"谁制定的政策"两个方面加以理解，认为教育政策主体应包含决策主体、咨询主体和参与主体；高峰等从功能的角度，将教育政策主体划分为决策主体、辅助主体和参与主体三类；孙孝文根据公共治理理论，认为高等教育政策主体由决策主体、执行主体、合作主体、评价主体和影子主体所构成；王阳从教育政策的执行过程入手，将教育政策主体划分为强势利益主体、弱势利益主体和无关利益主体三类。由此可见，尽管不同学者在政策主体的构成上存在分歧，但都强调了政策主体的非单一性，即政府并非教育政策的唯一主体。同时，尽管不同主体在整个政策的制定、实施过程中处于不同的地位和发挥着不同的作用，但由于政策制定、执行与评价是一个连续的、完整的过程，任何环节都缺一不可，因此在这一过程中需要各政策主体的有机协调与配合才能最终实现政策目标。从公共选择理论的"经济人假设"原理推定，教育政策主体在政策的提出、制定、实施等过程中都将追求自身利益最大化。由于不同主体所处的地位不一样，持有的立场、观点不尽

相同，因此尽管在一定条件下其利益诉求具有一致性，但更多地表现为利益之间的矛盾与冲突。如何充分体现各利益主体的价值诉求，实现各主体利益最大化以及与政策目标的高度一致，成为教育政策制定过程中不容忽视的一个重要问题。①

当前，我国的决策范式更多是国家中心和行政机关中心，教育政策制定的主体是代表国家的政府及其行政机关，他们常常拒绝社会普通民众和非政府公共部门对教育政策的多元利益诉求和协商式互动沟通，政府及其行政机构之外的其他教育政策主体的利益诉求往往被边缘化甚至被忽视。有学者统计，关于教育方针的相关政策话语一半以上出自党和国家领导人的讲话及批示等，而其他利益相关者，比如广大中小学校长、教师、学生、家长、社会组织、用人单位等往往都被排除在决策体制之外，在决策过程中处于被动地位。② 由于民主机制不健全，协商交流不畅通，决策主体之外的其他主体的利益诉求无法得到尊重和满足，因此它们在教育政策实施过程中就会冷落、反对乃至强烈抵制教育政策，教育政策的预期效果大打折扣，甚至最终导致教育政策的失真或无效，造成教育资源巨大浪费。正如彼得斯指出的那样："如果没有公众的积极参与，政府很难使其行动合法化。"③

从我国中央及地方各级政府出台义务教育均衡发展政策的过程看，虽然作为决策主体的政府及教育主管部门通过一定形式和途径征询了部分其他主体的观点与看法，但应该看到，由于思维定式、民主意识淡薄以及民主参与机制不畅，参与主体的数量和范围极其有限，尤其是常常将政策的对象主体——广大中小学校长、教师和学生排除在政策制定之外，他们的心声得不到充分表达，而他们恰恰是推动义务教育均衡发展政策实施和评估的重要主体，他们对政策的积极或消极态度将事关义务教育均衡发展改革的成败。

---

① 姚永强：《教育政策主体的利益冲突与整合》，《国家教育行政学院学报》，2012 年第 3 期。
② 孙彩平：《教育的伦理精神》，山西教育出版社 2004 年版，第 231—234 页。
③ [美] B. 盖伊·彼得斯：《政府未来的治理模式》，中国人民大学出版社 2001 年版，第 59 页。

二 片面强调政府及外界的"他助",忽视学校主体作用的发挥

由于我国幅员辽阔,各地的地理环境、自然及人文禀赋存在较大差异,经济发展水平和财政收入也各不相同,导致了不同地区之间和城乡之间教育投入和教育发展水平的差距,严重影响了义务教育均衡发展。为缩小地区之间、城乡之间和学校之间办学条件和办学水平的差距,促进落后地区学校、农村学校和薄弱学校的发展,国家出台了一系列倾斜和扶持政策及相关措施。如自 2000 年 4 月起启动实施了"东部地区学校对口支援西部贫困地区学校工程"和"大中城市学校对口支援本省(自治区、直辖市)贫困地区学校工程",建立了区域内城乡"校对校"教师定期交流制度,通过选派教师和管理人员到贫困地区和农村学校任教、任职,东部地区学校和大中城市学校向受援学校无偿提供闲置的教学仪器设备、教具、图书资料等,帮助受援学校改善办学条件,提高教育质量和管理水平。同时,中央政府还重点支持中西部地区和农村地区,中央财政不仅在农村义务教育经费的分担上给予特殊照顾,而且在薄弱学校改造方面按照 5∶5 的比例给予奖励性支持。另外,在各级政府出台的义务教育均衡发展政策文件中,国家一再强调在财政拨款、学校建设、教师配置等方面向农村倾斜,新增教育经费主要用于农村,中央财政要加大对中西部地区的义务教育投入,加大对贫困地区、边疆地区、革命老区、少数民族地区、农村地区的教育专项转移支付力度,积极鼓励发达地区支援欠发达地区。

综上所述,无论是东西部地区学校对口支援工程、薄弱学校改造计划还是城乡教师交流制度,本质上都是一种"他助"。这种方式在义务教育均衡发展推进初期,特别是在教育经费不足、区域及学校办学条件差距普遍较大的情况下较为有效,它能在较短时间内集中有限社会资源,增加对落后地区和农村地区的教育投入,改善贫困地区、农村地区学校和薄弱学校的办学条件,实现教育资源的均衡配置。

唯物辩证法认为,事物的产生、发展和灭亡都是内因和外因共同作用的结果。内因是事物内部各要素之间的对立统一,即内部矛盾;外因是一事物与他事物的对立统一,即外部矛盾,内因和外因在事物发展中的地位和作用是不同的。内因是事物存在和发展的根本,是一事物区别于他事物的内在本质,它规定着事物发展的方向;外因是事物存在和发展的外部条

件，是一事物区别于他事物的外在属性，它对事物的存在和发展只起加速或延缓作用，外因必须通过内因而作用于事物。一味注重政府的倾斜扶持以及其他主体的援助，注重外在力量的拉动，而忽略学校主体作用的发挥和自我能动性的提高，忽略学校自我发展能力的培育与生成，其结果必然事与愿违，收效甚微。从现实来看，当前背景下的办学条件基本均衡并未改变办学水平不均衡的局面，学校间教育质量仍然参差不齐，择校现象仍较普遍。由此可见，仅仅注重外在的扶持与援助，而忽略地方和学校的自我发展，显然很难整体提高落后地区、农村地区学校和薄弱学校的教育质量和办学水平，缩小地区之间、城乡之间和学校之间的教育发展差距。各级政府是发展落后地区、农村地区学校和薄弱学校的主要责任者，政府的倾斜和外界的援助是落后地区、农村地区和薄弱学校发展不可或缺的力量，但这仅仅是落后地区、农村地区学校和薄弱学校发展的外部条件，而不能代替他们自身在发展中的作用。

事实上，政府主导下的倾斜政策和援助措施的强化，容易滋生受援对象的依赖心理，诱发一些学校的发展惰性，使它们把自身发展希望寄托于政府的倾斜与扶持，寄托于外界大量的经费和物质设施设备的投入。的确，贫困地区学校、农村学校以及薄弱学校办学条件的改善和办学水平的提高需要政府的倾斜、扶持以及其他主体的支援与帮扶，但是外在的作用力过大，容易造成基层政府、贫困地区学校、农村学校以及薄弱学校无所作为，抑制了它们自主成长的动力和积极性，成为他们等、靠、要的心理源头。同时，倾斜政策和援助措施之下的贫困地区学校、农村学校以及薄弱学校的发展效果，还要依赖于对援助资源的有效利用，而贫困地区学校、农村地区学校和薄弱学校常常会因其资源优化配置意识的淡漠、松散而不健全的管理制度以及较低的运行效率，导致有限资源的流失与浪费，进而导致倾斜政策和援助措施的低效。因此，仅仅依靠"授之以鱼"的发展方式不利于贫困地区学校、农村学校以及薄弱学校的自主发展和多元发展，不利于义务教育发展水平的整体提高。

三 过于重视外在的扶持与输血，忽视学校自我发展能力的培育

人类社会的发展史，尤其是现代经济增长及其发展的轨迹表明，发展主要是依靠内生力量，依靠主体自我发展能力的培育。所谓自我发展，就

是指事物在借助外部条件的同时，主要通过内部要素的优化和内在动力的激发达到自身的充分发展。要促进和实现自我发展，就必须借助于较强的自我发展能力，自我发展能力是主体运用所学知识、技能，依靠自身主观努力，最大程度发挥自己内在潜能，获取社会资源、利用社会资源，自力更生，适应社会环境，实现自身价值的能力。这种能力主要包括主体认识与分析问题的能力、科学规划与学习创新的能力、资源优化配置与内部挖潜的能力、适应社会及应对外界挑战的能力等。

近年来，随着义务教育均衡发展各项政策及措施的不断出台，随着义务教育均衡发展的深入推进，义务教育非均衡发展状况得到了明显改善，地区间、城乡间、学校间的发展差距，尤其是办学条件差距逐步缩小。但教育资源配置的基本均衡并未根本改变办学水平的不均衡，区域间和学校间的教育质量差距仍然较大，落后地区学校、农村地区学校和薄弱学校尚未形成自身造血机制，甚至一些学校还存在一定的畸变，如学龄儿童持续流失和教职工工作懈怠等。因此，义务教育均衡发展已取得的成绩固然令人振奋，但这仅仅是开始，只是推进义务教育均衡发展的序幕而已。当前，我们虽然基本解决了"有学上"问题，但面临的更大困难是"上好学"，由于各地经济社会发展水平存在差距，义务教育非均衡发展状况短期内还不能根本消除，地区间和城乡间差异较大，即使在同一区域，不同学校间的办学条件也存在较大差距，导致"择校热"等突出问题。那么，在大力推进义务教育均衡发展的今天，在教育资源配置基本均衡的背景下，为什么区域间和学校间的教育质量和办学水平仍然参差不齐、择校现象普遍存在呢？很显然，问题不在于国家和社会的重视和投入不够，而在于一些地方和学校的自我发展能力不足。实际上，在资源配置基本均衡的背景下，正是由于各个主体的自我发展意愿和发展能力不同，才导致了目前不同区域和学校间的教育质量和办学水平仍然存在较大差异。当前义务教育均衡发展的瓶颈不在于政府采取多大强度的干预，而在于如何使外在推动成为教育活动主体的自觉行动，如何提高学校的自我发展意愿和发展能力。

从当前来看，落后地区、农村地区以及薄弱学校的自我发展能力不足主要体现在以下几个方面：一是自我发展意识不强。意识是主体对外界事物的反应，行为是受意识支配而表现出来的外在活动，意识决定行为，而行为决定了实践的过程和结果。当前,仍有一些人认为,既然落后地区学校、农村学校和薄弱学校的存在是国家的制度安排和社会投入差异造成的结果,因此提高落后地区和农村地区教育发展水平,改造薄弱学校理应是政府的全部责任,从而导致等、靠、要的依赖思想的滋生与蔓延,致使政策出台不少、教育经费投入较多、落后地区和薄弱学校办学水平提高不大、教育质量差距仍然明显的局面未能得到根本改变。同时,落后地区和薄弱学校自我发展意识不强还表现在自我薄弱意识的存在。"薄弱意识"是落后地区和薄弱学校在长期的办学过程中,在社会的不断评价与反馈中累积形成的一种自我意识,也是一种不断比较而逐渐内化的意识,它是一个沉重的心理包袱,是落后地区和薄弱学校师生自我意识消沉的根源,它导致了落后地区和薄弱学校的自我否定,自我贬低,教师自觉不如他人,学生感到低人一等,他们丧失了自我发展的信心,往往将学校发展寄托于外在的施舍与援助。二是校长和教师的整体素质相对不高。校长和教师是教育活动的主体,也是提高一所学校办学水平的主要力量,他们的素质状况及能动性的发挥决定着一所学校的成功与否。落后地区学校、农村地区学校以及薄弱学校自我发展能力不足的关键在于校长和教师的整体素质相对不高。常言道:"一个好校长就能带出一批好教师,办出一所好学校;而一个差校长只能带出一批差教师,办出一所差学校",这不无道理。在现实中,由于落后地区学校、农村地区学校以及薄弱学校地理位置偏远,信息相对闭塞,加之部分校长自身素质不高,因而他们的发展理念、管理作风、管理方式等方面都存在不足,未能真正成为学校运行体系的构建者、教育条件的保障者、教育服务的提供者、教育规划的制定与执行者。同时,由于社会对贫困地区学校、农村学校以及薄弱学校的支持有限,自身办学条件相对较差,工作生活条件相对艰苦,工资待遇偏低,因此往往吸引不了优秀教师,而本地和本校的优秀教师往往又被选调到发达地区和城区学校,导致教师处于恶性循环之中。另外,这些地区和学校的教师学历偏低,基础较差,他们常常由于公用经费的拮据、教学任务的繁重和信息的闭塞,难以外出参与各种交流与培训,难以及时更新自身的知识结构,导致教师整体素质不高;或者学校的学科教师配备不齐,只能是非专业学科教师兼任,从而影响教育质量和办学水平的提高。如重庆长寿区2011年义务教育段参加国培人数474人,其中农村教师230人不足50%;

2012年义务教育段参培教师557人,其中农村教师222人不足40%;巫山县2010年农村教师参加市级以上培训150人,2011年726人,2012年减至240人,比例很小;巫山县的三溪乡3年仅有1人外出参加国培脱产研修,其木耳村小共有教师8人,没有1人参加过国培、市培,县级培训机会也极少。又如重庆市合川区钱塘镇小学虽编制已满,但实际教学又缺5—6个教师,其中最缺的是英语教师,按教学需要应配5位而全校实际只有1位英语教师,所以英语课无法开设,小学英语无法开设在合川区已是一个普遍现象;需要8个体育教师而现在只有4人,只有采取其他学科老师照看学生自由开展体育活动的方式解决。正如联合国教科文组织国际教育规划研究所所长菲利普·库姆斯(Coombs. P. H.)所说:"发展中国家农村地区常常像半干旱的教育荒漠一样而没有教育质量可言,不但教师通常都是水平最低的,而且贫穷儿童的比例也很高,这些儿童真正需要最好的老师,然而他们却是最后才得到。"[①] 三是缺乏一整套科学有效的管理制度。科学的管理制度是教育教学活动有序开展、提高学校办学水平的重要保障。落后地区学校、农村学校以及薄弱学校常常由于管理意识的淡薄和管理理念的落后,缺乏健全的管理制度,包括校长负责制、教职工代表大会制度、校务公开制度、奖惩制度等。即使制定出了一些制度,也常常流于形式,没有得到全校教职员工的贯彻执行,导致学校管理秩序混乱。如缺乏民主决策和民主管理机制,常常是校长一个人说了算,全体师生员工的利益诉求不能得到全面表达和充分实现;未能建立起激励型的学校内部分配制度和竞争型的学校内部人事制度,人浮于事,没有最大限度调动教职员工的工作积极性,等等。四是缺乏全面挖掘和科学利用自身资源优势的能力。尽管落后地区学校、农村学校以及薄弱学校在师资队伍、硬件设施等办学条件方面整体逊于发达地区、城市学校以及重点学校,但它们也有着自身特有的资源禀赋,包括历史积淀、区域地理、校园文化等,这些资源禀赋一旦得到充分挖掘和有效利用,就会取得意想不到的效果。而落后地区学校、农村学校以及薄弱学校要么常常忽略自身特有的这些资源禀赋,缺乏全面考察和科学论证,未能因地制宜和因校制宜,不善

[①] [美]菲利普·库姆斯:《世界教育危机》,赵宝恒等译,人民教育出版社2001年版,第126页。

于挖掘和利用有利于学校发展的各种资源,未能从自身的资源禀赋优势出发确定"自我改造、自求发展"的决策和制订"特色教育"实施方案,进而以此为突破口来带动学校的全面发展,而是一味地向发达地区、城市学校以及重点学校看齐,以发达地区、城市学校以及重点学校的发展路径、办学特色作为自己的发展导向;要么是急于甩掉薄弱学校的帽子,急于办出所谓的"特色",提出所谓的"特色扬校、特色立校"思想,并随着学校人事的变化而不断变化,使形成的"特色"不是"特色",最终无特色可言,导致办学水平是越来越差,社会吸引力是越来越弱,其结果是得不偿失。

第四节 重规模经济效应 轻教育自身发展规律

教育活动的顺利开展需要外界社会资源的投入,教育的非物质生产性决定了各级政府及学校必须最大限度降低办学成本,追求最佳经济效益。于是乎,实施学校布局调整,扩大学校及班级规模,成为各级政府教育改革和学校建设发展的一项重要内容。然而,在追求规模经济效应的同时,人们却往往忽略了教育的自身发展规律。

一 不顾现实地盲目撤点并校,忽视由此导致的学生上学难问题

20世纪末期,针对不少薄弱学校、农村学校特别是一些农村教学点办学条件简陋、师资和生源不足、教学质量较差、教育资源配置过于分散的现状,我国开始逐步实施学校布局调整。学校布局调整的初衷在于在坚持学生就近入学的前提下,重点打破村村办学的"小而全"的办学模式,合理配置教育资源,提高教学质量和教育投资效益,逐步实现学校布局合理、教育结构优化和经费使用高效的目标。然而,由于政策自身的抽象性、模糊性和不具强制性,加之不少地方政府在学校布局调整中常常工作程序简化,政策执行断章取义,滥用行政自由裁量权,过于以降低教育成本、追求规模经济效应而减少教育投入和方便学校管理为目的,不实事求是、因地制宜、统筹规划,将"原则上予以撤并"理解并实践为"一律撤并",盲目撤并学校。不仅对学校办学条件差、学生人数少的教学点予以取缔,而且对不少地方的小学高年级乃至初中学校都进行了整编和合

并，导致农村中小学和教学点急剧减少。根据北京理工大学杨东平教授发布的《农村教育布局调整十年评价报告》显示，2000年—2010年的十年间，我国农村小学减少22.94万所，减少了52.1%；教学点减少11.1万个，减少了6成；农村初中减少1.06万所，减幅超过1/4，平均每一天就要消失63所小学、30个教学点、3所初中，几乎每1小时就有4所农村学校消失。①

学校布局调整虽能实现规模经济，能在一定程度上提高学校教学设备的配置率和教育资源的利用率，但脱离实际地盲目撤点并校，违背了"就近入学"原则，放大了学校服务半径，拉大了家校之间的距离，从而增加了个体接受教育的成本，损害个体的受教育权利。根据国家教育发展研究中心、华中师范大学、东北师范大学、北京师范大学、中国人民大学等单位对湖北、湖南、河南、山西、内蒙古、黑龙江、浙江、安徽、广西、青海、山东等11省、自治区62县抽取的1.1万名家长的调查，如果把寄宿制学校与非寄宿制学校一并测算，学校布局调整前家校距离平均为1.6里，布局调整后家校距离平均为4.6里，家校距离增幅为187%。根据审计署的一项调查，2006年—2011年，全国27个省（自治区、直辖市）下辖的1185个县（市、旗）中，有833个县（市、旗）的学校平均服务半径有所增大，占所调查县（市、旗）的70%。其中，小学服务半径平均为4.23公里，增幅为43%；初中服务半径平均为8.34公里，增幅为26%。在重点抽查的1257.63万名走读生中，有49.31万名上学单程要徒步3公里以上，占所调查对象的4%；其中10.03万名要徒步5公里以上，且主要集中在山区或丘陵地区。② 而另据估算，全国农村小学服务半径平均为7.2里，农村初中服务半径平均为15.9里，均比调整前的学校服务半径有所增加。③ 随着学校服务半径的大幅增加，学生上学路程变远，不少学生特别是偏远农村地区学生，不得不起早摸黑，有的甚至要早晨4、5点钟起床，长途跋涉到几公里甚至几十公里外上学，上学路途花

---

① 张灵：《中国农村学校每天消失63所》，《京华时报》，2012年11月18日。
② 赵鹏：《农村中小学撤并致辍学人数增1.1倍，教育支出增加》，《京华时报》，2013年5月4日。
③ 王定华：《关于我国农村义务教育学校布局调整的调查与思考》，《华中师范大学学报》（人文社会科学版），2012年第6期。

费时间长达几个小时。虽然一些地区通过多种渠道和方式解决了部分学生的交通问题，但受经费欠缺、机制不健全等因素的影响，车辆的数量和线路有限，绝大多数农村学生只能自行解决交通问题。由于农村多为崎岖山路，路况较差，而家长的支付能力有限，交通工具和驾驶人员素质一般也较差，校车问题屡屡诉诸报端，学生在上学途中的交通安全问题难以得到保障。根据审计署重点调查的25127所学校，截至2011年年底，尽管有1702所学校配置了校车，在一定程度上缓解了学生上学难的问题，但配置校车学校仅占调查学校总数的7%。并且这些学校配置的全部9639辆校车中，有747辆年检不合格，占校车总数的8%；有449辆驾证不相符，占校车总数的5%；有3377辆未配备专职管理人员，占校车总数的35%；有2149辆未配备逃生锤等安全设备，占校车总数的22%。① 据新华网报道，广西柳州市柳江县流山镇，一辆平时拉货的面包车临时改装成了"校车"，核载8人的车上竟坐了28个孩子；② 广东梅州市五华县某镇，一辆限载半吨的小货车用铁栅栏在车厢围了一圈，临时充当起校车，一节车厢居然站了50多名学生，等等。③ 一段时间以来，农村校车事故频现。2011年11月16日9时，甘肃省庆阳市正宁县榆林子镇的一所幼儿园校车与一辆运煤货车迎面相撞，造成19名幼儿、1名司机及1名陪护教师死亡，44人受伤；④ 2011年12月12日17时，江苏徐州市丰县首羡镇的一辆校车为躲避前方一辆人力三轮车发生侧翻，掉落路边河沟中，造成15人死亡，8人受伤，等等。⑤

由于家校距离的增加、学生安全系数的下降以及家庭负担的加重等原因，家庭和学生接受教育的积极性受到影响，导致一些农村学生，尤其是

---

① 赵鹏：《农村中小学撤并致辍学人数增1.1倍，教育支出增加》，《京华时报》，2013年5月4日。

② 《广西柳州拉莲藕车"客串"校车严重超载》，2011年11月，腾讯网（http://news.xinhuanet.com/local/2011-11/18/c_122299584.htm）。

③ 《农村校车安全重责谁来担》，2012年3月，新华网（http://society.people.com.cn/GB/8217/17381030.html）。

④ 《甘肃正宁县一幼儿园校车与卡车相撞》，2011年11月，人民网（http://society.people.com.cn/GB/16271915.html）。

⑤ 《江苏徐州丰县首羡镇发生校车翻车事故》，2011年12月，新华网（http://society.people.com.cn/GB/16581969.html）。

边远、贫困山区学生遭遇到了求学危机,学生辍学率反弹,受教育权利难以得到保障。东北师大农村教育研究所2008年对甘肃等8省区农村中小学布局调整情况的调研显示,由于部分地区学校布局调整的失当,导致学生就学路途变远、受教育成本增加、安全隐患增多、学生求学条件较差等,出现了辍学率反弹的趋势。① 另据学者对吉林省的调查,学校布局调整后,无论城市还是农村,无论小学还是初中,都不同程度地存在着辍学问题,其中初中,特别是乡村初中学生辍学问题尤其突出,年辍学率一般在10%以上,有的学校甚至高达30%。② 根据审计署的审计调查,由于农村中小学布局调整导致学生求学距离变远和家庭负担加重,部分地区中小学辍学率出现反弹,尤其是初中学校辍学人数上升幅度较大。在重点调查的1155所学校中,辍学人数从2006年的3963人增加到2011年的8352人,增幅为110%。③

二 片面追求规模办学,忽视由此产生的学校管理问题

近年来,在社会优质教育需求、政府规模经济办学追求、学校自身利益考量和学校品牌效应等因素的驱使下,不少地区追求超大规模办学已蔚然成风。有人认为,扩大学校规模,增大优质学校容量,实行规模办学,将成为中国今后学校发展的潮流;还有人认为,实施规模办学,是缩小校际差距、解决义务教育非均衡发展问题行之有效的策略。于是乎,不少地方政府及教育管理部门大力实施撤点并校,积极鼓励集团化办学,支持名校兼并弱校,允许那些优势学校跨区域招收择校生,片面追求超大规模办学,致使一些学校的办学规模不断扩大,尤其是名牌学校、示范学校,学生少则三五千,多则上万,班级也动辄上百。有学者统计,2000年县域内小学(教学点)平均规模为161.33人,到2009年则上升到246.66人,十年校均增加了85.33人,增幅达52.89%;2000年县镇初中校均规模为1161.29人,到2009年则上升到1306.33人,净增加了145.03人;2000

---

① 于海波:《农村学校布局调整要警惕辍学率反弹》,《求是》,2009年第16期。
② 张旺、郭喜永:《城乡一体化背景下乡村义务教育学校布局调整问题研究》,《教育探索》,2011年第11期。
③ 赵鹏:《农村中小学撤并致辍学人数增1.1倍,教育支出增加》,《京华时报》,2013年5月4日。

年县镇小学的班级规模39.44人，2009年猛增到48.66人，超过了国家规定的每班45人的警戒线。①另据统计，2010年，全国小学大班额（大于56人）比例为14.6%，比2001年增加了4个百分点；其中农村地区小学大班额比例为6.93%，比2001年增加了0.6个百分点；县镇小学大班额比例为29.7%，比2001年增加了7.5个百分点。2001—2010年，全国31个省（市、区）中共有25个省（市、区）大班额比率上升，其中宁夏为21.57%，上升了13.9个百分点；湖南为24.85%，上升了10.32个百分点；内蒙古为15.78%，上升了9.62个百分点；河南为22.12%，上升了9.65个百分点。②根据笔者对重庆、成都、贵阳三市的调研资料分析，义务教育阶段学校的班级规模达标比例都不高，尤其是小学班额达标率还有下滑的趋向（见表4.1）。

表4.1　　　　重庆、成都、贵阳三市学校班额达标比例情况表

%

	重庆		成都		贵阳	
	2009年	2011年	2008年	2011年	2008年	2011年
小学	57.63	57.35	—	49.65	86.04	81.91
初中	53.43	84.96	—	63.78	64.40	68.25

注：资料来源：1.重庆、贵阳为教育事业统计报表，成都为义务教育学校均衡监测年度报告；2.重庆小学以45人，初中以55人为班额达标分界线；3.根据成都市学校均衡监测报告，2008年成都市20个区县（市）中，小学班额在45人以下的仅1个，占区县（市）5%；在45—50人之间的有14个，占70%；在50—55人之间的有5个，占25%。中学班额在50人以下的有3个，占区县（市）的15%；在50—55人之间的有12个，占60%；在55—60人之间的有5个，占25%。

诚然，实行规模办学，尤其是扩大名牌学校的办学规模，可以有效扩大优质教育的覆盖面，使更多的学生享受到优质教育资源，也能在一定程度上提高办学效益，为学生的多样性发展提供更多的选择空间。但同时，

---

① 邬志辉、史宁中：《农村学校布局调整的十年走势与政策议题》，《教育研究》，2011年第7期。

② 王定华：《关于我国农村义务教育学校布局调整的调查与思考》，《华中师范大学学报》（人文社会科学版），2012年第6期。

学校规模的无限扩张也带来了一系列学校管理和教育教学问题，甚至产生了诸多负面影响。例如，学校和班级规模的扩大，既不利于师生间的交流，也不利于学生课外活动的参与。美国学者爱伯特、克霍华和斯通（Ebert，Kehowa and Stone）的研究发现，学校规模与学生活动参与状况密切相关，学校规模越大，学生参与课外活动的比例和机会就越小。[1] 另一美国学者凯思林·柯顿（Kathleen Cotton）关于学校规模的研究也表明，小规模学校的学生有更多参与课外活动的机会，有更多机会在活动中担任一定的角色，比大规模学校能够为学生提供更多课外活动。[2] 由于学校规模和班级规模的扩大，农村学生、问题学生、贫困学生、撤并学校学生得到学校和教师的关注减少，容易被忽略和边缘化，导致学生对学校归属感和依赖感降低。又如，学校布局调整导致学校规模扩大，班级人数增多，在教育资源未能及时跟进投入的情况下，致使教学资源严重不足，教育教学质量难以保障。凯思林·科顿通过对大规模学校与小规模学校在课外活动参与度、辍学率、课程质量、学业成就、教师态度等方面的比较分析后认为，学校规模与学生成绩不存在明显的相关性，反而小规模学校更能够导致学生较好的学业成就。[3]

三 片面追求办学效益的提高，忽视学生身心健康发展

学生既是教育的对象，更是教育活动的主体，在教育活动中处于十分重要的地位，教育的根本目的在于促进学生全面发展。《规划纲要》指出，我们应把育人作为教育工作的根本要求，要以学生为主体，关心每个学生，尊重教育规律和学生身心发展规律，为每个学生提供适合的教育，促进他们主动地、生动活泼地发展。由此可见，促进学生健康发展既是国家教育发展改革的重要内容，也是学校一切工作的出发点和落脚点。推进学校布局调整，实施规模化办学亦是如此。事实上，调整和撤销一批生源不足、办学条件简陋和教学质量较差的学校，扩大部分学校特别是优质学

---

[1] Randall W. Ebert, Ellen Kehoe Schwartz and Joe A. Stone. School Reform, School Size, and Student Achievement. Economic Review, February 1990.

[2] Kathleen Cotton. Affective and Social Benefits of Small – Scale Schooling. 1996.

[3] 张源源、邬志辉：《美国乡村学校布局调整的历程及其对我国的启示》，《外国中小学教育》，2010年第7期。

校的办学规模,既是为了降低办学成本,实现规模经济效应,也是为了促进教育公平,扩大优质教育资源覆盖面,为每一位学生提供更为良好的受教育条件。然而,良好的受教育条件不是学生健康成长和全面发展的全部要件,它还要受到家庭教育和其他因素的影响。在学校布局调整过程中,人们往往只注重办学条件的改善和办学效益的提高,常常忽视影响学生身心健康发展的其他可能因素,脱离地方实际,人为拉大家校之间的距离,使家长参与学校活动的时间和空间受到了限制,家长与学校之间的联系受到了阻碍,家庭教育的作用难以发挥。据统计,全国小学寄宿生从2006年的703.9万人增加到2010年的1038.1万人,增幅为47%,其中农村小学寄宿生增加310.1万人,占寄宿生增量的92.8%;全国初中寄宿生占在校生比例为43.7%,比2006年增加6.4%,其中农村初中寄宿生占在校生比例为51%,同比增加8.9%。[①]

事实上,家庭教育在孩子的学习、成长中扮演着不可或缺的角色。无论学校教育多么重要,它都不能代替家庭教育的影响,家庭教育对儿童的健康人格形成起着关键作用。因此,教育效果取决于学校教育与家庭教育能否紧密协作,如果学校教育离开家庭教育的配合,必然会因孤军作战而使教育效率不高,教学效果不佳。而学校布局调整对低龄学生冲击最大,他们不得不过早地离开家庭和父母的关怀而在校寄宿学习。由于在校寄宿,很多学生只能每周回家一次,有少数学生甚至一个月才能回家一次,这样使他们与父母团聚、沟通和交流的机会减少,甚至连爷爷、奶奶的隔代教育也失去了。家庭教育缺失,造成亲子关系断裂,儿童的情感需要得不到满足,这对于正处于发展关键期的儿童来说,其影响是不利的。根据心理学的观点,如果一个人的情感长期得不到满足,缺乏依赖和安全感,就容易产生孤独、自闭等心理问题。

同时,针对寄宿制学生,特别是小学低年级学生生活自理能力和自我控制能力差、适应性不强的现状,按照《国家西部地区农村寄宿制学校建设工程项目学校管理暂行办法》等相关规定,小学每50名学生、初中每100名学生需要配备1位生活教师,小学低年级寄宿生原则上要配备生

[①] 王定华:《关于我国农村义务教育学校布局调整的调查与思考》,《华中师范大学学报》(人文社会科学版),2012年第6期。

活保育员。但从调研来看,目前农村寄宿制学校生活教师普遍存在不足乃至缺编的情况。特别是由于农村学校规模小,教师编制紧张,许多学校不能配备专门的生活教师和保育员,一些班主任和任课教师兼职充当生活教师和保育员,由于他们基本没有接受过专业的培训,缺乏对生理、心理正处于发育期的寄宿学生有效管理和教育的基本知识,将自身工作仅仅停留于低级的纪律管理层次,未能对学生的困惑和问题给予正确、及时的疏导和教育,致使问题学生人数明显增加。根据对河北某县的抽样调查,学校布局调整后的问题学生人数越来越多,分别有70%、46%的初中和小学班主任认为,班级中有将近1/3的学生存在厌学、逃学、网瘾、早恋、打架等不良倾向,导致学生学习状况欠佳,学业成绩也直线下降。①

另外,盲目地撤点并校,导致部分学生上学路途变远。为了按时上学,偏远地区的农村学生每天不得不起早摸黑,常常少于一般孩子2—3个小时的睡眠时间,导致睡眠时间严重不足,影响到学生的健康成长。中央教科所的一项调查显示,学生在上学路上花费的时间越多,学业成就水平就越低。以学生学业成就达到合格水平为例,上学时间在1小时以上的学生的学科成绩达到合格水平的比例均低于50%(除数学外),比上学时间少于30分钟的学生低约15—30个百分点。美国学者卢瑶池和卢瑟·特威坦恩(Yao - Chi Lu and Luther Tweeten)的研究也表明,上学路途对学生学业成绩有着一定影响,每天乘坐1小时校车的小学生比不乘坐校车者平均降低2.6分,高中生平均降低0.5分。② 并且当被撤并学校的学生进入新的学习、生活环境时,由于年龄较小、适应能力较弱,因此常常需要一个漫长的适应过程,这也对学生的学业成绩产生负向影响。有研究表明,来自教学点的转校生的学业成绩显著低于非转校生,其学校适应性也明显比非转校生差。③

四 过于重视办学的规模效应,忽视学校的区域社会文化功能

从人类学的视角,教育是一种文化传递。而学校作为教育的主要场

---

① 王颖、杨润勇:《新一轮农村中小学布局调整后的负面效应:调查反思与对策分析》,《教育理论与实践》,2008年第12期。

② Yao - Chi Lu, Luther Tweeten. The Impact of Busing on Student Achievement. Growth and Change, April 1973.

③ 侯龙龙、张鼎权、卢永平:《西部五省区农村学校布局调整与学生发展》,《教育学报》,2010年第6期。

所，显然为社会文化传递提供了理想的空间和场域，是社区文化的交流中心，具有重要的社会和文化价值。不仅聚集其中的组织成员相互间进行着文化的交流，而且散布于学校周围的社会成员也都融入其中，与组织成员——教师和学生进行着多方位的交流。"对住在同一地区的人来说，学校是共同性的基础。学校是社区居民一起参加各种活动，交换意见，协商利害关系，积累共同经验，培养相同的回忆和归属感的基础，是社区社会的共同性基础。"①

一方面，学校布局调整使学校的文化辐射功能弱化。学校是文化资源的集聚地，是地方的文化标志和文化符号，是农村社区不可或缺的一部分，是维系社区凝聚力的重要"纽带"，具有重要的社会文化功能。学校能引起当地人对知识的渴求和对文化人的尊敬，校园的建筑风格和环境风貌能丰富当地人的文化内容，校园的图书资料及远程教育设备是村民重要的学习资源，校园里的琅琅读书声具有无法衡量的精神感召力。因此，学校能营造文明的社会环境，推动地方精神文明建设。学校被撤并后，具有文化素养的教师和学生离开了，具有知识传授、文化娱乐功能的学校被废弃了，乡村社区的文化共同性基础遭到破坏，使本已贫瘠的农村文化更加贫瘠，乡村社区逐渐成为非宜居地区，农村人口外流与农村社区瓦解进一步加剧。日本学者境野健儿曾经说过："对于一个区域来说，一所学校的价值，多数情况下，要等到惋惜地看着学校失去时，才能明白。"②"在贵州遵义、重庆酉阳等地，部分农民家长因为子女远离家庭住校学习，较早地过上了'空巢'家庭的生活，再加上农村文化生活极其单调贫乏，他们就把大量精力投入到了封建迷信、'黄、赌、毒'和非法宗教活动当中。"③

另一方面，学校布局调整使乡村文化传播途径遗失。文化作为一种社会现象和历史现象，是一个国家、民族或区域的历史、地理、风土人情、传统习俗、生活方式、文学艺术、行为规范、思维方式、价值观念等方面

---

① ［日］藤田英典：《走出教育改革的误区》，张琼华等译，人民教育出版社2000年版，第2—6页。
② 崔多立：《应重新评估农村"撤点并校"的实效》，《教育探索》，2012年第3期。
③ 任运昌：《西部农村寄宿制学校给农民家长带来了什么》，《当代教育科学》，2006年第18期。

的概括。生活在乡村中的人们,在长期的相互交往中必然会形成相对稳定的生活方式和风土人情,从而形成独特的乡村文化。乡村文化能教化区域成员,规范人们的思想行为,使区域成员的价值观达到趋同,形成区域共同心理素质,进而产生区域凝聚力。乡村文化的传播与发展需要生活其中的各个成员来共同完成,其中包括了乡村孩子乃至整个学校对乡村文化的传承,学生们通过在乡村社会的长期生活,自然而然地接受上代所积累和形成的乡村文化。学校一旦被撤并,乡村文化的学习和传承主体——儿童青少年不得不离开"乡村文化"的沃土——乡村,乡村文化的交流和传播的重要场域——学校便远离农村,使乡村文化陷入传承的困境。很显然,这既不利于社会成员对乡村文化的认同,也不利于社会文化发展的多元化,还不利于乡村的自身发展。"当发展建立在本土价值上时,它的社会代价比照抄外部模式所造成的人类痛苦和文化破坏要少。之所以这样是因为本土价值是一种基体,人们从中得到生命的意义、认同感和文化完整性。"[1]

第五节 重同质发展 轻特色办学

义务教育均衡发展不是同一发展,而是多元化、多样化、特色化发展,它提倡不同区域、不同学校根据自身实际情况,创造性地走特色发展道路,最终实现优势互补,办学水平整体提升。通过对现行义务教育均衡发展方式分析发现,虽然其中一些方法、手段在一定程度上促进了义务教育均衡发展,但由于价值取向存在偏差、配套措施不到位、政策执行失真等原因,结果却在很大程度上导致了学校的同质发展,加重了义务教育发展的趋同现象。

一 过于重视学校标准化建设,忽视各个学校的特色发展

学校作为教育活动的基本场域和基本组织,一直是教育发展改革的中心和重点。为促进农村教育事业科学发展,提高学校建设水平和办学水

---

[1] [美] 德尼·古莱:《发展伦理学》,高铦等译,社会科学文献出版社2003年版,第257页。

平，推进学校办学条件均衡，创建适合青少年德智体全面发展的学校环境，满足教育教学活动的基本要求，早在1993年，《中国教育改革和发展纲要》就指出："发展基础教育，必须继续改善办学条件，逐步实现标准化。"1996年12月，原国家教育委员会就编制出台了《农村普通中小学校建设标准（试行）》，对县镇以下农村中小学校建设规模、学校布局、选址以及校园规划等方面制定了全国统一标准。2006年新修订的《义务教育法》第十六条规定："学校建设，应当符合国家规定的办学标准，适应教育教学需要；应当符合国家规定的选址要求和建设标准，确保学生和教职工安全。"这是我国以法律的形式提出学校建设标准化的要求。随着经济社会的发展、学龄人口分布和人民群众教育需求的变化以及中小学自身发展的需要，原有的中小学建设标准已不适应新的形势。特别是在义务教育均衡发展推进初期，人们认识到区域内教育发展不均衡的实质在于学校的不均衡，而推进学校均衡的重点和难点在于改善农村中小学办学条件，实现城乡学校教育资源的均衡配置。为此，2008年9月，教育部编制出台了《农村普通中小学校建设标准》，包括总则、建设规模与项目构成、学校布局、选址与校园规划、建设用地指标、校舍建筑面积指标、校舍主要建筑标准七大部分，并取消"试行"而作为"正式"标准。与原标准相比，新修订的标准将校舍安全放在标准的首位，增设和调整了部分专用教室，适度增加了校舍建设面积和部分用房使用面积，增列和调整了寄宿制学校用房，并对其他一些条款作了调整、补充或者精练。其目的是要把学校建成最安全、家长最放心的地方。

然而，学校标准化建设尽管能够改善学校办学条件，缩小城乡教育资源配置差距，整体提高中小学校建设水平，促进义务教育均衡发展，但自身也存在一定的缺陷和不足，主要表现为容易抹杀学校的个体特色。

按照词源学的解释，标准原指标靶，即目的，后来逐渐引申为事物区别、比较的规则。在《辞海》中，标准被解释为衡量事物的准则，或者榜样、规范。由此可见，标准是科学、技术和实践经验的总结，是事物一般属性的抽取和概括，标准的本质在于统一。标准总是针对共性而言，而世界上的一切事物或某一类事物在具有共同属性的同时，彼此也是存在差异的。"世界上的一切系统，其内部的各种要素、各个部分，都是按一定程序、一定方式和一定比例结合而成的，都具有自身独特的内在结构，只不过不同的事物、现象和过程，由于其性质、存在方式和在整个世界中所处的地位和层次的不同，其内在的结构也必然呈现出自身的差异性而已。"① 以一个反映共同属性的统一规定来规范和引导具有一定差异性的事物的发展，这在社会多元发展的今天，显然是不恰当的，从根本上也是不可接受的。

实际上，无论学校标准化建设的理念多么先进，无论学校标准化建设中所设计的标准多么科学和全面，无论学校标准化建设取得的成就多么显著，它毕竟还是要以一个相对稳定的一般性框架来规范和引导各学校的建设和发展。而现实中的中小学校是千差万别的，不仅各个学校的历史积淀、生源状况、师资构成、教学方式等方面存在不同，而且所处的地理位置、社会环境等都存在差异，这就要求规范和引导学校建设的标准是多维的，不存在统一的对所有中小学校建设和发展都通用的绝对标准。特别是作为一般性的共同标准常常难以反映和顾及各学校的自身状况，尤其是农村小规模学校和教学点。因为在建设标准的编制过程中，不仅农村小规模学校和教学点的教职员工的心声和诉求难以表达和实现，而且标准本身反映的是强势学校或城区学校的发展现状和发展前景，很少顾及农村小规模学校和教学点的实际情况。事实上，农村小规模学校和教学点也有自身的优势和特色，如形成了具有自身特色的文化底蕴、班级规模小容易因材施教、易于进行教学方式方法改革等。特别是作为一种特殊的教学组织形式，复式教学在农村教学点中广为运用，这不仅有利于优化复式教学法，丰富和完善教学组织形式，同时还有利于探索出针对不同程度学生进行教学而提高教学效率的方法和措施。另外，在学校标准化建设过程中，必然会对一些"不标准"的农村小规模学校和教学点进行改建和撤并，从而导致这些学校文化的破坏和流失，而在同一标准、同一框架下，在不同区域和社会空间修建学校也必然导致学校风貌、建筑风格的同一化。

二　片面强调集团化和区域一体化办学，忽视其成员学校的个性发展

20世纪末以来，随着经济社会的发展、人民生活水平的提高和人们受教育意愿的增强，家长热切希望孩子接受更多的优质教育。如何使更多

---

① 熊清明、贾从荣：《马克思主义哲学新编》，人民出版社1992年版，第49页。

的受教育者享受到优质教育资源,如何使稀缺、有限的优质教育资源发挥最大效用,如何实现区域内义务教育均衡发展,成为各级政府和教育管理部门必须面对和解决的一个重大教育问题乃至社会问题。在此背景下,一些地区开始推行中小学集团化办学模式和区域一体化办学模式,通过中小学名校建新校区或与其他学校"联姻"等方式,将名校效应不断拓展和延伸。

杭州是我国基础教育集团化办学最早、影响力最大的地区。早在1999年,杭州求是小学就开始试行"连锁办学",接管相邻的竞舟校区,在全国开启了义务教育公办名校集团化办学的探索。为扩大优质教育资源,加快教育事业发展,2001年,浙江省人民政府办公厅转发了省教育厅、省计委、省财政厅等单位《关于进一步拓宽教育融资渠道加快教育事业发展的意见》,要求各地以资产和教育教学为纽带,充分发挥优秀学校的教育教学优势和品牌效应,探索组建以优秀学校为龙头,跨地区、跨类别学校的教育集团,通过人员和资产重组,实行连锁办学,盘活学校资产存量,优化教育资源配置,改造薄弱学校,整体提高区域教育质量和办学效益。2002年6月,杭州市人民政府出台了《关于深化改革加快发展率先实现基础教育现代化的决定》,明确指出:"可以优质学校为龙头,组建跨地区、跨类别学校的教育集团,通过资产和人员重组,改造薄弱学校,提高教育质量和办学效益。"同年10月,浙江省首个公办基础教育集团——杭州求是教育集团正式建立,这也是全国第一个公办基础教育集团。其后,杭州市委、市政府及其教育主管部门出台了一系列确立实施名校集团化的政策,有力促进了中小学名校集团化战略的推进。[①] 截至2012年年底,杭州全市共建立教育集团177个,成员单位663个,六城区中小学名校集团化参与面达67.7%,幼儿园名园集团化参

---

① 2004年9月,杭州市委、市政府出台了《中共杭州市委、杭州市人民政府关于进一步推进基础教育改革和发展的若干意见》,确立实施名校集团化战略;2004年12月,杭州市教育局制定了《杭州市中小学名校认定标准及办法》;2006年10月,中共杭州市委办公厅、杭州市人民政府办公厅出台了《关于实施中小学名校集团化战略的若干意见》;2007年9月,中共杭州市委、杭州市人民政府颁布了《关于进一步推进名校集团化战略的意见》;2007年10月,杭州市教育局印发了《杭州市名校集团(互助共同体)考核评价办法(试行)》和《关于开展2007年杭州市名校集团(互助共同体)考核评价工作的通知》。

与面达32.8%。[1] 与此同时，北京、广东、四川、江苏等省市也已开始试行并进入到一定规模阶段。如成都市自2009年3月开始正式启动名校集团化发展工作，截至2010年8月，成都市共组建名校教育集团148个，龙头学校148个，成员学校554所，集团涵盖702所学校（幼儿园）；深圳市目前共有11个教育集团，其旗下各中小学校共有在校学生5.6万人；北京四中、八中、实验二小、北京小学等西城区四大名校各自牵头成立四大教育集团，吸纳普通学校为成员校，等等。[2] 重庆市南岸区也持续推进珊瑚实验小学、11中等8所优质学校"一校多点"集团式办学模式。这些地区通过输出名校理念、管理、师资、文化等，采用"名校+弱校""名校+新校""名校+农校""名校+民校"等多种形式，促进教育投资和办学模式多元化，推动优质教育资源的快速扩充，实现名校资源利用效益最大化，更大程度促成优质教育的均衡化、平民化和普及化。

相对于集团化办学模式，区域一体化办学模式提出相对较晚，发展规模也不及集团化办学模式。但就本质而言，二者的提出背景、组建方式和运行模式基本一致。作为湖北省首批18个推进义务教学均衡发展试点县市，潜江市早在2009年就探索提出了"义务教育学校区域一体化发展"的模式，即在一定区域内，通过联校办学、城镇教师支教、城乡学校结队帮扶，将优质学校与附近薄弱学校或教学点联结成一个学校共同体，扩大优质教育资源覆盖面，实现区域内学校的协调、均衡、可持续发展。2010年8月，潜江市教育局出台了《"区域一体化"办学联片管理实施方案》和《"区域一体化"办学结对帮扶实施方案》（以下均简称《方案》），就推进一体化办学提出了指导性意见和具体实施措施。《方案》将全市22个学区按地域就近原则联并组成9个片区，每个片区为一个教育管理共同体，采取局领导分片联系、局科室分片包点、各学区分工负责的方式进行管理，片区内的学科师资调配、教学教研活动、质量监测评估统一组织实施。同时由一所优质学校联并区域内一所至几所薄弱学校，刚性联校，一校多区，联校内，校级干部统一调配，师资力量均衡分配，教育教学同步

---

[1] 《名校集团化办学勿过速》，2012年12月，瞭望观察网（http://www.gd.xinhuanet.com/newscenter/2012-12/10/c_113969472.htm）。

[2] 吴俊等：《名校集团化办学勿过速》，《瞭望》，2012年12月10日。

实施。截至2011年8月，全市共有36所优质校联并55所薄弱校，联校办学服务范围覆盖全市98%的村；共有36所优质校联并55所薄弱校，联校办学服务范围覆盖全市98%的村，有2300多名教师参与片区内学科教学交流。[①] 2011年6月，兰州市出台了《义务教育区域均衡"一体化办学"试点工作方案（试行）》，正式启动义务教育区域均衡"一体化办学"工程。兰州市教育局专门成立了试点领导小组，并设立专项经费，用于师资培训、教研活动奖励以及"管委会"工作运转等，定期对"一体化办学"和"管委会"工作进行专项督查和评估，并纳入年度目标管理考核。"一体化办学"工程率先确定了包括兰州第十一中学、科学院中学、兰州第八十四中学、兰州第十六中学等城市四区15所学校，通过"一体化办学"，实现资源共享、师资互派、统一教学、捆绑考核。[②]

　　由上可见，无论是集团化办学还是区域一体化办学，它们基本都是通过行政指令，将一所名校和若干学校组成学校共同体，以名校为龙头，其他学校为成员，统一管理，资源共享。尽管这两种办学模式扩大了优质教育资源在区域内的覆盖，创新了办学体制，探索出了一条义务教育均衡、协调、可持续发展的道路。但由于它是基于学校存在传统意义上的教育质量差距而形成的一种从优势学校向薄弱学校单向输出教育资源的合作模式，人们常常将薄弱学校看作是一个简单的资源获得者，未能充分尊重和有效开发薄弱学校所拥有的个性化资源，都强调了名校在共同体中的主导作用，要么由名校校长为共同体的领衔校长或"管理委员会"主任，要么由名校派出中层以上干部到弱校担任校长、副校长、教务处主任等职务，要么由名校统一派出教师到其他学校，或出名校统一组织实施教育教学和学校管理，统一备课和统一教学。在这一过程中，由于共同体其他人员处于弱势或边缘地位，并受社会评价机制的导向和自身的模仿心理的影响，他们更多是被动接受和模仿名校的办学理念和管理模式，更多是对名校学校文化的移植，以名校的特色去同化、消弭成员学校的原有特色。其

[①]《潜江市：全面实施联校办学和联片管理　推进义务教育区域一体化发展》，2011年8月，中华人民共和国教育部（http://www.moe.gov.cn/publicfiles/business/htmlfiles/moe/s5203/201108/122887.html）。

[②]《兰州昨启动义务教育区域均衡"一体化办学"工程》，2011年7月，每日甘肃（http://xbsb.gansudaily.com.cn/system/2011/07/01/012054131.shtml）。

结果是，一方面，由于名校的办学理念和管理模式常常脱离了其他成员学校的自身实际，因而不加消化地移植难以对其他成员学校起到切实有效的指导与帮助作用，有时甚至会引起成员学校教职员工的反感与抵制，造成学校不必要的内耗。如杭州市筧桥小学 2004 年被并入采荷第二小学教育集团后，由于与采荷第二小学的管理方式和校园文化难以融合，于 2010 年又拆分为独立法人。筧桥小学受访教师认为，集团组建时的"拉郎配"是导致学校文化难以融合甚至内耗的最主要原因。另一方面，这种学校共同体由于更多表现为是其他成员对名校文化理念理解和模仿的基础上产生的组织行为，容易使学校文化种类和层次的多样化丧失，从而加剧文化趋同，使其他成员学校丧失特色和个性，办出的学校"千校一貌"，培养出的学生"千人一面"，缺乏创新性和多元性。"随着普通校、薄弱校不断学习、模仿重点校或示范校，重复的行为模式成为惯习，简单的模仿转化为认知性的信念，并嵌入组织场域中，从而导致了学校文化特性失落。"[①]同时，学校共同体导致学校规模大幅扩大，学校管理的程序化、制度化加剧，常常将人视为机械运转的工具和被动的管理对象，较少注重教职员工及学生的个性特长和多元发展，不利于办学特色的形成。

三 过于强化督导评估的共性，忽视地方及学校的个性差异

评价是指对人或事物价值的分析、衡量与评定，教育评价则是指依据一定的教育价值观或教育目标，对教育活动、教育过程和教育结果进行价值判断的过程。教育评价不仅在于鉴定与选拔，更在于诊断与改进，对提高教学质量、深化教育改革、促进教育发展具有重要作用。义务教育均衡发展同样离不开评价，评价既是对当前义务教育均衡发展现状的把握，更是对今后义务教育均衡发展的规范和引导。为了使义务教育均衡发展评估有标准可依，为使义务教育发展评估制度化和常态化，2012 年 1 月，教育部出台了《县域义务教育均衡发展督导评估暂行办法》，就评估内容、评估标准和认定程序等进行了规定和说明。

在国家政策的指引下，地方各级政府也出台了有关义务教育均衡发展评估指标及标准。2011 年，陕西省人民政府发布了《县域义务教育均衡

---

① 李旭：《学校声誉制度：学校同质化的制度根源》，《中国教育学刊》，2012 年第 4 期。

发展督导评估认定办法》，评估认定的主要内容包括政府依法履职情况、校长和教师队伍建设、依法管理义务教育、教育教学质量、社会认可五大方面，每一方面又分解为具体的二级指标和三级指标，并给出了每一指标的相应标准；同年，山西还出台了《义务教育均衡发展评估标准及办法》，义务教育均衡发展评估检查标准包括：城乡统一标准的经费拨付制度；学校布局基本合理，办学条件达到省定标准；规范的义务教育管理制度，不设重点学校重点班，没有"大额班"现象；健全的校长教师交流制度，教师资源配置基本均衡；进城务工人员子女、留守儿童、贫困家庭子女及残疾儿童就学得到良好保障；义务教育择校乱收费行为得到解决；中小学实现班班多媒体教学，教育信息资源在教学中普遍应用；扶持农村薄弱校效果好，县域内城乡义务教育基本均衡。2012年9月，重庆市人民政府办公厅印发了《重庆市义务教育发展基本均衡区县督导评估实施办法（试行）》，评估内容为义务教育学校办学基本标准（包括师资建设、校舍场地、功能室建设、信息技术设备四个一级指标）、区县（自治县）人民政府推进义务教育均衡发展工作（包括入学机会、教育投入、队伍建设、体制机制、质量管理、附加指标六个一级指标）、区县（自治县）域内义务教育学校学校均衡状况（包括校舍场地、教学设备、队伍建设三个一级指标）、公众满意度（包括外部评价、内部评价两个一级指标）四个方面。2012年10月，四川省教育厅、省政府教育督导团制定的《四川省县域义务教育均衡发展督导评估实施办法（试行）》，将县域义务教育学校办学基本条件达标情况、县域义务教育学校间均衡状况、县级人民政府推进义务教育均衡发展工作情况、公众对本县义务教育均衡发展满意度调查作为评估内容，并给予了评定标准，等等。

  与此同时，学界也对义务教育均衡发展的指标体系和标准体系建构提出了一些设想。袁振国认为，要判定教育发展是均衡还是失衡，需要建立一套比较敏感而又重要的教育指标，以对教育发展状况进行动态分析，而所涉及的指标主要包括生均经费、师资力量、物质资源和学生辍学率。[1] 翟博认为，依据教育均衡发展的内涵及理论基础，测量义务教育均衡发展

---

[1] 袁振国：《建立教育发展均衡系数切实推进教育均衡发展》，《人民教育》，2003年第6期。

的指标主要包括受教育机会（具体包括学生入学率、城乡学生入学率差异和城乡男女入学率差异）、教育资源配置（具体包括公共教育经费、生均教育经费、生均预算内教育经费投入、校舍面积、图书资料设备和教师合格率）和教育均衡结果（具体包括学生毕业率、辍学率、巩固率和教育普及率）等几个方面。① 褚宏启、高莉认为，基于义务教育均衡发展的平等原则和差异原则，应建立全面的指标体系基本框架，从义务教育城乡均衡、区域均衡、学校均衡三个层面设计指标体系和标准，增加义务教育发展的过程指标，完善结果指标，既要体现各层面指标的共性，又要明确各层面指标的个性与侧重点，并制定义务教育"初步均衡"和"基本均衡"的标准。② 任春荣认为，在遵循目的明确、切实可行、比较全面，具有一定的稳定性、敏感性和可靠性原则的基础上，将教育经费（包括生均教育经费支出、生均教育事业费支出、生均公用经费支出、教师年人均收入、教师年人均培训经费）、办学条件（包括生均校舍建筑面积、生均教学及辅助用房建筑面积、生均教学仪器设备值、生均图书册数、百名学生拥有计算机台数、师生比、分组实验开出率）、教师队伍质量（包括本科及以上教师比例、中高级职称教师比例、县级及以上骨干教师比例、参加区县级以上培训的教师比例）作为义务教育均衡发展的评估指标，③等等。

由此可见，中央及地方各级政府都非常重视建立和完善义务教育均衡发展监测制度和监测指标的重要性，并逐步建立健全义务教育均衡督导评估的指标体系和标准体系。从学理的角度讲，教育评价标准不是某一特定对象的标准，它必须指向同类评价对象的共性，即同一性和可比性，以一个同一的标准来规范、甄别和引导评价对象。共性是制定评价标准和指标体系的基础和前提，只有准确把握了同地区、同层次各学校的共同特征和发展水平，也才能制定出科学、可行的指标体系和标准体系；也只有反映了评价对象共性的指标体系和标准体系，才能运用于评价对象，达到甄

---

① 翟博：《教育均衡论》，人民教育出版社2008年版，第149—153页。
② 褚宏启、高莉：《义务教育均衡发展评估指标与标准的制订》，《教育发展研究》，2010年第6期。
③ 任春荣：《县域义务教育均衡发展评估指标的选择方法》，《中国教育学刊》，2011年第9期。

别、激励与指导的作用。然而，也正是在这一认识的作用下，无论是中央还是地方各级政府，他们所构建出的义务教育均衡发展指标体系均强调共性指标，都不约而同直指学校的办学条件及其学生的考试情况，硬件设施、师资力量以及学生分数成为评价的全部内容和标准，未曾涉及地方及学校的个性差异及办学特色。尽管一些学者的研究视角已触及地方及学校的办学特色，但在具体阐述或构建义务教育均衡发展评估指标体系时，往往又对特色和个性化的东西加以舍弃，并且相应的研究设想也未能在政府相关的政策文本中加以表达和实现。这种貌似合理的、以共性为基础所形成的指标体系和标准体系来评价具有较大差异性的各个个体和学校，这在根本上是背离了教育公平的逻辑，也背离了教育评价的基本功能。因此，我们在肯定共性指标对义务教育均衡发展的导向、调控等正向作用的同时，还应注意到它可能对主体个性发挥的限制以及同质发展倾向的推动等负面作用。同时，强调共性的义务教育均衡发展评价指标体系也为学校的同质发展提供了内在动力和合法外衣。以经费投入、设施设备、图书资料等一般性办学条件为中心的督导评估思想深嵌于人们的意识形态和组织结构之中，为了在督导评估中获得上级政府的肯定和社会的认可，地方政府和学校不得不以上级政府出台制定的指标体系和标准体系为办学依据，常常将办学条件改善和并非全面反映教育质量的一些指标，诸如小学和初中的巩固率、完成率、升学率等作为推进义务教育均衡发展的重点和工作目标，脱离自身实际，缺乏个性发展，久而久之便转化为信念和习惯，导致学校同质发展趋向严重。

事实上，事物间是有差异的，正所谓"世界上没有完全相同的两个事物"。由于每所学校的历史积淀不一，所处的地理和社会环境不同，自身的资源禀赋存在差异，因此它们的自我定位、发展目标和优势特色也就有所不同；由于每一个体的社会背景、身心条件、个性特长以及价值取向不一，因此他们的职业理想、教育需求也就不一样。因此，从终极意义上说，让每个学生的个性和能力都得到充分自由的发展，让每一所学校都能在发展中形成自身的特色和优势，能够为每一位孩子提供适切的教育，这才是最公平的，也才是义务教育均衡发展的最高境界。所以，尽管偏重共性的评价内容和评价标准便于对评价对象的规范与甄别，但由于它忽略了评价对象的个体差异以及不同的发展需求，导致评价对象发展趋同，这既背离了评价的最终目的，也背离了义务教育均衡发展的内在逻辑。

第六节 重城市和示范学校发展轻农村和一般学校建设

学校作为开展教育教学活动的基本组织，担负着培养社会合格人才的共同使命，其本身并无高低和优劣之分。而在推进义务教育均衡发展过程中，人们往往偏重城市和示范学校发展，轻视农村和一般学校建设。

一 长期奉行城市教育优先发展战略，忽视农村特别是偏远山村教育发展

新中国成立之初，由于国家宏观调控财力较为有限，根据经济空间发展理论和国外实践经验，结合城市在区域经济社会发展中的作用，国家确定了城市优先的发展战略。与之相应，城市教育也得到了优先发展和重点支持。1953年11月，中央人民政府政务院下发了《中央人民政府政务院关于整顿和改进小学教育的指示》，强调要将城市小学作为重点发展对象，尤其是大城市的公立小学，而对乡村公立小学，除要求适当发展学校较少的少数民族地区和革命老区之外，其他地区均应以整顿提高为主。同时，城市公立小学校舍的新建、修缮和教学仪器设备添置所需费用，要求从各县、市财政预算中开支，而乡村公立小学校舍的新建、修缮和教学仪器设备购置所需费用，则要求由县级政府统筹解决，如有不足，还应在自愿原则下，由群众筹款备料或献工献料来加以解决。1980年12月，中共中央、国务院颁布的《关于普及小学教育若干问题的决定》指出，我们应根据各地经济发展水平、文化基础、地域特点等方面的差异，分期分批普及小学教育，绝不能搞"一刀切"；城市小学可率先试行六年制，农村小学学制暂时不变；经济比较发达、教育基础较好的地区，应在1985年前普及小学教育，其他地区一般应在1990年前基本普及，而经济特别困难、人口稀少、山高林深的地区，普及期限可适当延长。1985年5月，中共中央颁布的《关于教育体制改革的决定》认为，由于我国幅员辽阔，经济文化发展很不平衡，因此义务教育的要求和内容应该因地制宜、有所不同，应实行县乡村三级办学、县乡两级管理的新体制，农村教育经费的投入和管理主要由乡镇和村负责，城市教育则主要由国家财政资助和县级以上政府管理，这体现出明显的"城市优先"发展思路。1986年出台的《义务教育法》指出："义务教育事业，在国务院领导下，实行地方负责，分级管理。"从而以法规的形式确立了分级办学，分级管理，地方为主的义务教育投入体制和管理体制，为城乡教育差距的进一步拉大埋下了伏笔。1987年6月，国家教委、财政部联合下发了《关于农村基础教育管理体制改革若干问题的意见》，再次强调基础教育实行地方负责、分级管理的管理体制，扩大乡镇一级政府对农村学校的管理权限，把发展基础教育的责任交给地方。之后，国家相继出台了《中国教育改革和发展纲要》《关于当前义务教育阶段办学行为的若干原则意见》《面向21世纪教育振兴行动计划》等政策法规，这些文本都确认和延承了义务教育分级办学、分级管理、地方为主的管理体制，继续推行城市与农村两条腿走路，农村教育发展基本依靠农民的教育集资和农村教育费附加，城市中小学则由国家财政保障。这不仅加剧了农民的教育负担，也加剧了农村各种社会矛盾，城乡教育差距进一步扩大。

为消除农村教育的"贫穷"与"落后"，破除城乡教育二元结构，解决中国教育发展的瓶颈问题，城乡教育一体化开始提出并逐步推进。2001年5月，国务院出台了《关于基础教育改革与发展的决定》，确立了"在国务院领导下，由地方政府负责、分级管理、以县为主"的义务教育管理体制，把农村义务教育管理和投入重心由乡镇上移至县级政府，实现了义务教育管理体制的历史性转变。2003年3月，国务院颁发了《关于进一步加强农村教育工作的决定》，明确提出了城乡教育协调发展的新理念，强调要优先发展农村教育，要加大城市对农村教育的支持和服务力度，促进城市和农村教育协调发展。2005年12月，国务院下发了《关于深化农村义务教育经费保障机制改革的通知》，决定将农村义务教育全面纳入公共财政保障范围，建立中央和地方分项目、按比例分担农村义务教育经费的新机制，并将其作为新修订《义务教育法》的重要内容。此后，在中央出台的《规划纲要》《国家教育事业发展规划第十二个五年规划》等政策文本中，国家一再强调要"建立城乡一体化义务教育发展机制"，提出"十二五"期间东部地区要基本实现城乡教育一体化，其他地区要逐步实现城乡教育一体化的发展目标，以缩小城乡教育差距，促进区域内义务教育均衡发展。

尽管当前国家一再强调要加强城乡统筹，逐步、深入推进城乡教育一体化，缩小城乡教育发展差距，但就城乡教育发展的具体措施和现状而言，二者之间还存在较大差别。第一，就优质教育资源的分布状况而言，城市要优于农村。作为当地优质教育资源的积聚地，重点中小学一般都集中在经济条件较好的城市和县镇。根据1982年对13个省、自治区、直辖市的348所重点中学的调查显示，其中城市重点中学243所，占70%；县镇重点中学98所，占28%；农村重点中学7所，占2%，而其中7个省、直辖市的农村没有一所重点中学。① 尽管当前已废除"重点"学校制度，尽管义务教育发展政策向农村中小学倾斜，但正如前所述，"重点"学校一旦确立和形成，其在发展过程中就能较为容易地凭借自身的资源优势、品牌效应形成对社会资源的进一步积聚，就会进一步巩固自身的优势地位，拉大与普通学校的差距，何况当前我们还实行着"没有重点学校的重点学校制度"。另根据中央教育科学研究所教育督导评估研究中心2010年发布的《义务教育均衡发展报告》显示，县域内小学高于规定学历教师比例的城乡差距最高达35.51%，初中城乡差距最高达47.52%，小学中高级职称教师比例的城乡差距最高达44.22%，初中城乡差距最高达53.17%，小学骨干教师比例的城乡差距最高达20.89%，初中城乡差距最高达24.64%。② 第二，就城乡办学条件标准而言，城乡实行着不同的标准，城区学校的办学条件标准明显优于乡镇、农村学校。如对于中小学教职工编制标准，在2001年中央编制办、教育部、财政部印发的《关于制定中小学教职工编制标准的意见》中就规定，初中阶段生师比城市为13.5∶1，县镇为16.0∶1，农村为18.0∶1；小学阶段生师比城市为19.0∶1，县镇为21.0∶1，农村为23.0∶1。很显然，这一标准忽视了城乡实际情况，使城乡生师比标准倒挂，不利于农村学校教学活动的正常开展和教育质量的提高。因为按照这一标准，很多农村学校，特别是地域偏僻、人口稀少的农村学校根本无法配备充足的教师。第三，就教师待遇和

---

① 《重点学校政策》，2011年9月，腾讯新闻（http://news.qq.com/zt2011/ghgcd/49.htm）。

② 中央教育科学研究所教育督导评估研究中心：《义务教育均衡发展报告（2010）》，教育科学出版社2010年版，第147—166页。

个人发展而言，城乡教师存在一定差异。如 1994 年出台的《中华人民共和国教师法》对城市教师住房问题解决有着明确而又具体的实施主体、保障措施，要求地方各级人民政府和国务院有关部门对城市教师住房的建设、租赁、出售实行优先、优惠，而对农村教师住房问题解决却未提出明确措施，只要求县、乡两级人民政府为农村中小学教师解决住房提供方便。又如根据《国家教育督导报告 2008》显示，全国农村小学、初中教职工人均年工资收入分别相当于城市教职工的 68.8% 和 69.2%，其中广东省农村小学、初中教职工人均年工资收入仅为城市教职工的 48.2% 和 55.2%。[①] 再如，对于中小学教师的进修培训，城市教师拥有的机会要远远高于农村教师。无论是"跨世纪园丁工程"还是"国培计划"，首先惠及的是城市教师，因为他们具有天时地利人和的条件，他们中符合进修培训要求的"骨干教师"比例要远远高于农村教师。第四，就教育投入而言，地方政府一般在增加或者至少不减少城市教育投入条件下，才会加大对农村教育的投入，城乡教育投入还存在一定差距。如根据中央教育科学研究所教育督导评估研究中心 2010 年发布的《义务教育均衡发展报告》显示，有近 40% 的区县农村初中生均公用经费没有达到中西部 500 元、东部 550 元的国家基准定额，有 28% 的区县农村小学生均公用经费没有达到中西部 300 元、东部 350 元的国家基准定额，近四成区县城镇小学和六成区县城镇初中的生均教育事业费略高于农村，五成左右的区县城镇小学、初中的生均公用经费略高于农村。[②] 第五，就发展目标和发展定位而言，城乡教育存在差异。一般而言，无论是城市教育发展的近期目标还是远期目标，都要高于农村教育，城市教育常常是区域教育发展的"领头羊"，而农村教育发展则常常比城市"缓几步、慢几拍"，始终作为城市教育的追赶者。同时，地方各级政府常常将城市教育定位为强者，而视农村教育为弱者，强调通过城区学校的帮扶来达到对农村中小学的发展，包括教育集团、学校联盟、学校共同体以及城乡教师交流制度等。但帮扶工作完全由城区学校主导，从方案制订到人员组成、工作安排和具体实施，

---

① 《国家教育督导报告 2008（摘要）》，2008 年 12 月，中国网（http://www.china.com.cn/policy/txt/2008-12/16/content_16955206.htm）。

② 中央教育科学研究所教育督导评估研究中心：《义务教育均衡发展报告（2010）》，教育科学出版社 2010 年版，第 147—166 页。

均以城区学校为操作主体,而农村受援学校完全处于被动地位。殊不知,这种定位在一定程度上承认和容忍了城乡教育的差距,现实中帮扶措施的变相实施不但不会缩小城乡教育发展差距,反而会导致差距的进一步扩大。第六,就教育改革发展措施而言,体现出明显的"城市取向"特征。"以城市基础上的条件为标准设置出城乡中小学普遍的'基本要求',是对农村教育的苛刻,对城市教育的偏爱。"[①] 如新课改的前期试验大多在城市学校中进行,推出的新"课程标准"基本是以城市学校为假想对象,以城市学校学生的学力为依据,忽视了城乡学生的差距。

不可否认,城市优先的发展思路,在教育资源特别是优质教育资源极其有限的情况下,政府通过政策、制度等行政手段的调控,将有限教育资源优先投入到先天条件和后天机会都比较好的城市,并在出台一些义务教育改革发展政策时优先考虑城市群体利益,这在一定程度上确能提升人才培养的速度和质量,也能通过梯度推进在一定时期促进我国义务教育的整体、快速发展。但以城市取向为主的义务教育发展战略常常以"公共利益"和"国家利益"的名义,牺牲了更需要倾斜和保障的农村弱势群体利益,以此增进本已处于优势地位的城市群体利益,从而扩大了城乡教育发展差距,致使城乡两大受教育群体的获益状况严重失衡,是一种典型的"效率优先""以先进促落后"的工具理性和功利主义取向,忽视了"教育公平""弱势补偿"的教育价值理性,其实质已明显违背了公共政策和公共制度的正义原则,触及了教育公平和教育道德的底线。

事实上,从数量来看,农村适龄儿童、青少年的规模更为庞大,分布更为广泛,他们能否接受高质量的义务教育是我国从人力资源大国走向人力资源强国的关键。从对义务教育发展的现实影响来看,农村中小学校的基本办学条件、师资力量等相对于城市较为薄弱,采取强有力的倾斜措施解决农村教育"贫穷"与"落后"这一瓶颈问题对我国义务教育发展水平的整体提高和教育现代化目标的实现起着至关重要的作用。我们既然能够采用"以先进促落后""锦上添花"的发展思路,我们为什么又不能采取"抓落后促先进""雪中送炭"的发展思路呢?更何况,城市与农村本是义务教育统一体的两个方面,只是在过去的发展过程中,我们人为地将

---

① 陈敬朴:《教育政策城市偏向的要害及其特点》,《当代教育科学》,2004年第20期。

二者分离开来。没有城乡教育的共同发展就没有整个国家教育的高质量发展，没有城乡教育的公平发展就没有整个社会的公平。

二 不断强化"重点学校制度"，忽视一般学校尤其是薄弱学校建设

长期以来，各级政府及教育行政部门都有意或无意地将基础教育工作的重心放在"重点"中小学的建设与发展方面，"重点学校制度"一直是中国基础教育的重要制度选择之一。早在新中国成立之初，为了快出人才，出好人才，在当时教育资源极其有限的情况下，中央决策者就主张集中有限资源办好部分重点学校。1953年5月，中共中央政治局举行会议讨论教育工作，首次明确提出"要办好重点中学"。之后，教育部下发了《关于有重点地办好一些中学与师范学校的意见》，要求在全国范围内重点办好一批高级中学和完全中学，以逐步提高教育质量，培养合格毕业生，并在经验总结和借鉴的基础上，推动一般学校发展。1962年12月，教育部印发了《关于有重点地办好一批全日制中小学的通知》，要求集中力量，首先办好每一县（市）和市属区范围内的一所至几所学校，然后视可能条件，再分期分批扩大这批中小学校数量。这标志着我国重点学校制度的正式建立。改革开放初期，由于我国人口多底子薄，教育资源十分有限，要实现中小学的整体、全面发展是不可行的，因此中央重申积极实施重点学校制度。1978年1月，教育部出台了《关于办好一批重点中小学试行方案》，要求切实办好一批重点中小学，在经费投入、办学条件、师资队伍、学生来源等方面向重点学校倾斜，在以后的重点中小学建设长期规划上形成国家级、省级、地级、县级的"小金字塔"重点学校结构，以推动整个中小学教育的发展。之后，邓小平同志在全国教育工作会议上进一步强调指出："为了加速造就人才和带动整个教育水平的提高，必须考虑集中力量加强重点大学和重点中小学的建设，尽快提高他们的教学水平和教学质量。"[①] 1980年10月和1983年8月，教育部相继印发了《关于分期分批办好重点中学的决定》和《关于进一步提高普通中学教育质量的几点意见》，系统地阐述了举办重点中学的意义，重申了办好重点中学的必要性，进一步推动了我国重点中小学制度的实施。但随着重点学校

[①] 《邓小平文选》，人民出版社1983年版，第105页。

制度导致教育不公平问题的逐渐凸显，社会对重点学校制度的质疑和反对声音越来越强烈①，国家对重点学校制度进行了深入审视，强调重点学校应成为贯彻党的教育方针、具有较高教育质量、能够起到示范和试验作用的学校，从而开始强调重点学校的示范性作用。1994年7月，国务院颁布了《国务院关于〈中国教育改革和发展纲要〉的实施意见》，要求每个县要面向全县重点办好一两所中学，全国重点建设1000所左右实验性、示范性的高中。1995年7月，原国家教委印发了《关于评估验收1000所左右示范性普通高级中学的通知》，决定在2000年以前分期分批建设并评估验收1000所左右示范性普通高级中学。文件将过去的"重点高中"改称为"示范高中"，并附加了"必须有对薄弱高中扶持、改进的积极措施，并取得一定成效"等条件。至此，重点学校制度不再表现为重点学校，而是以示范学校的形式而存在。2001年5月，国务院出台了《关于基础教育改革与发展的决定》，指出"各地要建立教育教学改革实验区和实验学校，探索、实验并推广新课程教材和先进的教学方法。各地要建设一批实施素质教育的示范性普通高中"。尽管示范性学校建设指向普通高中，但对义务教育阶段学校建设的影响也是显而易见的，各省市示范学校、实验学校的评估与建设工作仍在如火如荼地变相进行，依然以建设重点学校的思路来发展中小学校，继续集中扶持重点、制造重点。2006年6月，新修订的《义务教育法》明确规定："县级以上人民政府及其教育行政部门应当促进学校均衡发展，缩小学校之间办学条件的差距，不得将学校分为重点学校和非重点学校。学校不得分设重点班和非重点班。"至此，从政策和法规层面而言，我国实施多年的"重点学校制度"在义务教育阶段已完全废除。

当前，虽然教育政策法规明确规定地方政府及教育行政部门不得举办

---

① 如20世纪八九十年代，《人民日报》《教育参考》等报纸杂志相继发表了一系列关于重点学校存废问题的讨论文章；1993年3月24日，原国家教委《关于减轻义务教育阶段学生过重课业负担、全面提高教育质量的指示》规定："努力办好每一所小学和初级中学。义务教育阶段不应当分重点学校（班）与非重点学校（班）"；1993年4月2日，原国家教委副主任柳斌《在全国初中教育工作会议上的讲话》指出："义务教育阶段不应分重点校（班）和非重点校（班）"；1997年1月14日，原国家教委《关于规范当前义务教育阶段办学行为的若干原则意见》强调："义务教育阶段不设重点校、重点班、快慢班，除省级教育行政部门批准的教改试（实）验班外，一般不设试（实）验班。"

重点学校，学校不得设置重点班，但调研发现，不少地方仍然实行着"没有重点学校的重点学校制度"，在中小学发展规划建设中将学校划分为三六九等，举办所谓的"示范校""实验校""特长班""实验班"，等等，重点校、重点班实际上是"名亡实存"。虽然历史地看，"重点学校制度"是在社会资源稀缺而又百废待兴、人才短缺条件下的一种必然选择，它能集中有限教育资源，为国家快速培养大批急需人才，在推动社会经济和教育发展中功不可没。但客观而言，"重点学校制度"导致了学校之间发展不均衡。在"重点学校制度"安排下，地方政府不惜余力把有限的教育资源向重点学校倾斜，修建豪华的教学楼、体育馆等校园设施，分配和选拔优秀的师资到"重点"学校，使"重点"学校在本区域范围内垄断了最为优势的教育资源：师资和硬件设施。而对普通学校，尤其是农村学校和城镇薄弱学校的投入不仅相应减少，教育资源严重匮乏，而且投入资源的质量相对较差，产生了为数不少的"薄弱学校"。由此，学校间的办学条件和发展水平差距被人为拉大，加剧了学校之间不均衡发展的分化现象。

同时，由于"重点"学校拥有更多的优质教育资源和政策扶持，因此它们在发展过程中能够较为容易地凭借自身的资源优势、品牌效应以及政策庇护，形成对社会资源的进一步积聚，使普通学校和薄弱学校的办学环境日趋恶化，从而进一步拉大了义务教育阶段学校之间的办学差距。由于"重点"学校积聚了有限的优质教育资源，这就决定了其成为广大学生和家长竞相追逐的对象。那些表现优秀、学习成绩较好的学生，首先选择进入"重点"学校学习，使"重点"学校形成了生源优势。即使对于那些表现不良、考试成绩偏差的学生，家长们也会拼钱、拼关系，想方设法将其送入所谓的"重点"学校，使"重点"学校"名正言顺"地收取"择校费""借读费""赞助费"，等等，以此来获取经济利益和更多社会资源，进一步改善办学条件，使其与普通学校的差距越拉越大。

综上所述，当前我国义务教育均衡发展方式还存在诸多问题。如果这些问题得不到及时、妥善的解决，必将影响义务教育均衡发展进程，进而影响义务教育均衡发展目标的最终实现。

第五章　我国现行义务教育均衡发展方式存在问题的原因

当前我国义务教育均衡发展方式还存在这样或那样的问题，而导致问题的原因是多方面的，既有均衡发展认识的偏差，又有管理体制的缺陷，还有社会传统观念的影响。要解决现行义务教育均衡发展方式存在的问题，首先就需要对产生问题的原因有一个全面的分析和科学的把握。

第一节　义务教育均衡发展认识上的偏颇

有效的社会实践需要科学的理论指导，而科学的理论不仅来源于实践，同时也依赖于对客观事物内在属性的科学认识。所谓认识，是指在意识中反映或观念地再现现实的过程及其结果，它是以外部世界不依赖于人的意识而存在的客观实在性为前提。在义务教育均衡发展本质属性认识上，由于不同主体的知识架构不同，所处的社会环境存在差异，研究问题的视角和持有的价值取向也不一样，因此其观点存在一定差异，也就形成义务教育均衡发展的公平论、系统论、资源配置论等。尽管这些认识都具有合理之处，但由于一些学者认识视角的狭隘或价值取向的偏差，他们往往在义务教育均衡发展本质属性的认识上存在一定偏颇。

一　均衡发展就是平均发展

就义务教育均衡发展的出发点而言，一些人认为均衡发展就是平均发展。在对地方教育行政部门负责人及中小学教师的问卷调查中，有91%的调查对象对国家推行义务教育均衡发展改革持肯定和支持的态度。但当被问及对2020年实现区域内义务教育发展基本均衡是否充满信心时，仅有不到1/3的调查对象持肯定回答，绝大多数人认为义务教育均衡发展目标难以实现。再被问及无法实现的原因和理由时，他们均认为由于城乡之间的差异永远无法消除，每所学校的发展也不可能完全一样，因此义务教育发展也就不可能均衡。由此可见，他们将均衡发展与平均发展、同一发展画等号，认为均衡发展就是"一刀切"，齐步走，就是各地区、各学校根据同一标准，按照同一模式，整齐划一地发展，这显然是对义务教育均衡发展的片面理解。

二 均衡发展就是同一发展

就义务教育均衡发展的侧重点而言，其政策取向更倾向于资源配置的均衡和学校标准化建设。政策以权威性、标准化的形式，对义务教育均衡发展应该达到的奋斗目标、遵循的行动准则以及实行的工作方式进行了明确规定，各级政府以及教育工作者必须遵守和执行，它集中反映了社会的主流发展理念，特别是反映了统治阶级在义务教育均衡发展意识形态上偏好。通过梳理和分析我国相继出台的一系列政策文本不难发现[①]，各级政府都将改善学校办学条件、实施学校标准化建设、实行集团化办学和区域一体化办学等作为推进义务教育均衡发展的重要举措，并都附有强制性规定和措施，从而引导地方教育主管部门和中小学校侧重于一般共性的发展与评价，而对于地方课程的开发和学校发展特色的形成等没有给予足够的重视和正确的引导，这显然是不利于义务教育均衡发展的。

三 均衡发展就是资源配置均衡

就义务教育均衡发展的具体内容而言，不少人基于不断拉大的地区之间、城乡之间、学校之间办学条件差距而导致了教育不公平的客观现实，认为义务教育均衡发展就是指政府通过制度安排和办学经费、设施设备等方面的投入，实现地区之间、城乡之间、学校之间教育资源配置的相对均衡，均衡的主要内容在于资源配置。这本是无可厚非，因为在义务教育低

[①] 参见教育部《关于进一步推进义务教育均衡发展的若干意见》（2005年5月25日）；教育部《关于贯彻落实科学发展观进一步推进义务教育均衡发展的意见》（2010年1月4日）；国务院《关于深入推进义务教育均衡发展的意见》（2012年9月5日）等。

水平发展阶段或者在义务教育均衡发展初级阶段，虽然义务教育得到了普及，适龄儿童的受教育权利得到了有效保障，但由于义务教育经费投入整体不足，区域之间和学校之间的资源存量和各级政府对其教育资源的现实投入量又存在差异，导致地区之间、城乡之间、学校之间的办学条件存在较大差距。只有各级政府增加教育投入，采取倾斜性制度安排，加大对贫困地区学校、农村学校和薄弱学校的扶持力度，才能在较短时间内改善中小学办学条件，实现义务教育资源配置的基本均衡，为每一受教育者提供相对均等的受教育条件，为义务教育均衡发展目标的实现奠定坚实的基础。但是，一个国家或地区的义务教育发展水平不仅体现于办学条件，更体现在教育教学质量方面。因此，资源配置的均衡并非是义务教育均衡发展的全部内容。特别是随着经济社会的发展、人民生活水平和受教育水平的提高以及义务教育均衡发展的深入推进，人们将不再仅仅囿于基本教育需求的满足，对高质量的教育需求会愈发强烈。如果我们仅仅将义务教育均衡发展的内容定位为资源配置的均衡，这既不符合义务教育均衡发展的终极目标，也不利于义务教育均衡发展的深入推进，更无法解决因优质教育资源短缺、教育供需矛盾突出而导致的日益严峻的择校问题。同时，如果将义务教育均衡发展内容仅仅理解为资源配置的均衡，就必然会夸大教育经费投入和办学条件改善的作用，导致地方政府和学校对教育资源需求的无限扩大。但社会资源是有限的，人的需求却是无限的，过度强调教育资源投入而不注重资源利用的监管和资源利用效率的提高，必然会导致有限资源的浪费和使用效益的下降。

四 均衡发展就是保障适龄儿童青少年受教育权利

就义务教育均衡发展的价值诉求而言，一些学者基于义务教育发展现状对受教育权和教育公平的影响，认为义务教育均衡发展的实质在于借助法律法规确保公民同等的受教育权利，实现教育公平。作为一项基本人权，受教育权是每一公民所享有的并由国家保障实现的接受教育的权利，是宪法赋予的一项基本权利，也是公民享受其他文化教育的前提和基础。但如果将义务教育均衡发展的价值诉求仅仅局限于适龄儿童受教育权利的实现，这显然是不恰当的，因为保障每一适龄儿童青少年接受义务教育是《宪法》《教育法》《义务教育法》的规定和义务教育的应有之义，再将义务教育均衡发展的价值诉求概括为受教育权的保障不仅有画蛇添足、多此一举之嫌。而且这种认识既不符合实际，也不利于推动义务教育向更高水平发展。因为我国义务教育普及目标的实现以及免费义务教育的实施也就标志着我国每一适龄儿童享有的受教育权利得到了有效保障，但这仅仅是义务教育均衡发展的前提要件或者低水平阶段，要提高义务教育发展水平，我们显然需要在义务教育普及的基础上进一步努力和发展，有所突破，需要推进义务教育均衡发展，缩小地区之间、城乡之间和学校之间的发展差距，为每一位受教育者提供相对平等的受教育机会和条件。而对于义务教育均衡发展所主张的教育公平，一些人又过多地偏向于教育权利公平和教育起点公平。殊不知，教育公平不仅包含教育权利公平，而且还涉及教育机会公平、教育过程公平和教育结果公平，教育权利公平或教育起点公平仅是教育公平的部分。虽然教育权利公平是实现其他教育公平的基础和前提条件，但由于它公平层次最低，因而既不是人们所追求的最终教育公平，也不是义务教育均衡发展的最终价值诉求。特别是在当前条件下，随着我国免费义务教育的全面普及，随着义务教育经费的基本保障、办学条件的标准化以及教育制度的基本完善，随着社会对高质量、多元化教育需求的日益强烈，义务教育均衡发展的工作重点也将发生改变，将更多地关注和促进教育机会公平、教育过程公平乃至教育结果公平。

总之，意识是行动的先导，有什么样的意识，就有什么样的行动。马克思曾说过："人是由思想和行动构成的，不见诸行动的思想，只不过是人的影子；不受思想指导和推崇的行动，只不过是行尸走肉——没有灵魂的躯体。"毛泽东同志也谈道："一切事情是要人做的……做就必须先有人根据客观事实，引出思想、道理、意见，提出计划、方针、政策、战略、战术，方能做好。思想等等是主观的东西，做或行动是主观见之于客观的东西，都是人类特殊的能动性。"[①] 可见，如果发展意识出现偏离，其实践行为也将随之失效，实践结果就难以达到预期目标。要提高义务教育整体发展水平，又好又快推进义务教育均衡发展，首先就必须有一个科学、合理的发展意识。过去，正是由于我国学术界在义务教育均衡发展本质属性的认识上存在一定偏差，从中央到地方的义务教育均衡发展政策取

---

① 《毛泽东选集》（第1卷），人民出版社1991年版，第445页。

向偏离科学方向，导致了不少人对义务教育均衡发展的困惑与迷茫，形成了偏重教育经费投入和办学条件改善、依赖政府力量推动、片面强调规模效应、强化同质发展的路径依赖和思维定式，在很大程度上阻碍了义务教育均衡发展的全面推进。

第二节 义务教育管理体制的制约

教育管理体制是一国在一定的政治、经济和文化制度基础上建立起来的对教育事业进行组织管理的各项制度的总和，它是整个教育体制得以构成和运行的保障，既规定了各级政府在发展教育中的权力与义务，又对各相关利益主体的相互关系起着规范与协调作用，对学校教育管理体制改革及发展的方向、速度、规模、资源利用效率也有着直接影响。

一 管理体制相对集中

义务教育管理体制作为教育管理体制的一部分，是一国管理义务教育的各项制度之和。新中国成立后，我国建立了以中央政府高度集权为特征的计划经济体制。与此相应，国家对整个教育制度进行了改造，举办了由政府直接投资和管理的公立学校，逐步建立起以国家为单一办学主体和直接管理学校为特征的义务教育管理体制。这种体制的基本特点就是政府对中小学校统包统揽，不仅中央负责制定中小学校的办学方针和政策，而且决定了教学计划和教学大纲，还包括教学内容调整、教学时间安排和教学业务检查指导，教育经费由国家及其各级政府统一下拨，基建投资统一安排。

改革开放后，我国经济体制改革从农村到城市逐渐铺开，体现出简政放权、打破高度集中的计划管理体制的改革趋向，义务教育管理体制改革也由此展开。由于原有的管理体制国家包揽过多、统得过死、管得过细，不利于调动地方、学校和社会力量办学的积极性，也容易导致有限教育资源在使用上的浪费和低效。1980年12月，中共中央颁布了《关于普及小学教育若干问题的决定》，指出普及小学教育不能完全由国家包下来，必须坚持"两条腿走路"的方针，以国家办学为主体，充分调动社会各界办学的积极性。1985年5月，中共中央颁布了《关于教育体制改革的决定》，提出实行基础教育由地方负责、分级管理的原则，将基础教育管理权交给地方，形成了省、市（地）、县、乡的分级管理体制。1986年7月实施的《中华人民共和国义务教育法》第八条规定："义务教育事业，在国务院领导下，实行地方负责，分级管理"，从国家法律层面为义务教育的分级管理体制改革提供了依据。此后，在《中国教育改革和发展纲要》和《中华人民共和国教育法》中，一再强调基础教育实行"分级办学，分级管理"的体制。

"分级办学，分级管理"体制虽然赋予了地方政府以更多的办学自主权力，调动了地方办学的积极性，激发了企业、社会团体和个人的教育投资热情，但这种体制拉大了城乡之间和地区之间的教育发展差距，造成了教育管理的各地为政和区域教育壁垒，加重了农村家庭的教育支出负担，导致了地方政府以"重点学校""示范学校"为重点的办学取向，产生了新的教育公平问题。1999年6月，中共中央、国务院发布了《关于深化教育改革全面推进素质教育的决定》，要求加大县级人民政府对教育经费、教师管理和校长任免等方面的统筹权，进一步完善"地方负责、分级管理"的基础教育管理体制。2001年5月，国务院出台了《关于基础教育改革与发展的决定》，提出"实行在国务院领导下，由地方政府负责、分级管理、以县为主"的基础教育管理体制，这是我国基础教育管理体制的一次重大转变。此后，国家出台了一系列政策法规[1]，对"地方负责，分级管理，以县为主"的义务教育管理体制不断进行改革和完善。

"地方负责，分级管理，以县为主"的义务教育管理体制将义务教育管理主体上移到县，而不再是之前的城市学校城市办、农村学校农村办，使城乡中小学校办学主体和管理主体一致。同时，还特别强调省级和地（市）级人民政府的教育统筹规划，尤其是省级人民政府，要进一步加大对区域内义务教育的统筹力度，制定本省（自治区或直辖市）农村义务教育发展规划。由此可见，现行义务教育管理体制是一种相对集中的管理体制。相对之前高度集中的义务教育管理体制，现行义务教育体制打

---

[1] 参见国务院办公厅《关于完善农村义务教育管理体制的通知》（2002年5月16日）；国务院《关于进一步加强农村教育工作的决定》（2003年9月17日）；教育部《2003—2007年教育振兴行动计划》（2004年2月10日）；《中华人民共和国义务教育法》（2006年6月29日）；《国家中长期教育改革和发展规划纲要（2010—2020年）》（2010年7月29日）等。

破了国家包揽过多、统得过死、管得过细的局面,强化了地方办学的主体责任和管理权力,调动了地方办学积极性;相对"分级办学,分级管理,地方为主"的义务教育管理体制,其区域统筹能力得到加强,更能从县域整体发展当地义务教育,也更能保障义务教育的经费投入。但受传统管理体制的影响,县级以上政府及教育行政部门对地方教育有着绝对的控制权,上级政府及教育行政机构与地方政府及教育行政机构之间是上下级、命令与服从的隶属关系,地方政府办学必须遵循上级政府的方针、政策,地方政府及教育行政部门必须执行上级政府及教育行政部门的指示和命令。事实上,在当前义务教育管理体制下,县级政府并未被赋予相应的权力,包括师资编制、教学大纲制定和经费筹措等,中央或较高级政府常常借助制订课程计划、出台教师职业及编制标准、开展教育教学评估、实施财政转移支付等手段掌控着义务教育发展的绝对话语权,地方政府的办学积极性难以得到充分、有效调动,使其萌生对上级政府的依赖性。同时,在中央和上级政府的控制下,不是分区规划、分类发展,而是各地实行统一的教育教学体系,不仅学制统一,教学大纲统一,而且连教材和学生评价内容都统一,导致办学风格和教学模式同一化,从而使义务教育难以形成多元化、多样化和特色化的发展格局。

二 财权与事权相分离

在加强县级人民政府对辖区内义务教育管理权力和责任的同时,也实施了"以县为主"的投资体制。但由于上级人民政府并未释放相应财权至县,因此县级人民政府的财权并未得到扩大,出现了县级政府"责任大,能力小"的局面,事权与财权相分离且不对等。即使从1995年以来,中央和省级财政部门就开始制定并实施了转移支付制度,但由于一般性转移支付(包括税收返还、体制补助等)更多照顾了原财政体制下地方利益格局,发达地区多得,落后地区少得。而因为包括"贫困地区义务教育工程"以及"义务教育危房改造工程"等的专项性转移支付力度不大,在义务教育经费总额中所占比例很小,所以对于地方义务教育发展的经费需求而言,仅仅是杯水车薪,对于改变中国义务教育的现状收效甚微,仍然不能从根本上改变地方,尤其是贫困地区和农村地区义务教育经费投入严重不足的局面。由于教育经费匮乏,不少县级政府对教育效率的功利性追求大大超过了对教育公平的追求，盲目地撤并农村小规模学校及教学点，一味地偏重于城区学校和示范学校的建设与发展，导致城市学校与农村学校、示范学校与薄弱学校存在较大差距。教育经费不足也导致县级政府更多关注义务教育经费的增加和保障机制的构建，关注学龄儿童有学上和学校办学条件改善，而对农村学校和薄弱学校的教育质量和办学水平没有给予足够重视，使教育从形式上的入学机会的不公平转向受教育过程的不公平。

同时，在现行义务教育管理体制下，同级部门的财权与事权是相分离的，这种分离能够加强经费的宏观调控和管理，也能在一定程度上提高经费的使用效益。但是，也正是财权与事权的分离，造成部门间的不协调和责任主体的缺位。由于义务教育经费的投入及具体的管理工作由财政部门负责，教育行政部门只管教育发展中的具体事务，管事不管钱，这常常为政府相关部门推卸责任提供合法的托辞。因为对于经费的管理及使用效益问题，教育部门可以说是财政部门的事情，而财政部门也可以说是教育部门的事情，从而在根本上破坏了责任制度。即使是由财政部门负责监督和管理教育经费的使用，但由于不熟悉教育内部情况，常常难以用活教育经费，或者由于财政部门与教育行政部门关系不协调，给教育经费的筹措与管理、使用带来诸多不良后果。正如一些学者所说，财权与事权相分离"既不能从真正意义上实现加强会计监督、规范支出管理的目的，也无助于推动我国公共支出改革的进程"。

三 偏重对学校的管控

现行义务教育管理体制尽管强调简政放权，减少对地方和学校的人、财、物等方面的管制，将更多的决策权下放给地方和学校，扩大地方和学校的办学自主权。但在体制惯性和传统思维影响作用下，过去的"政府控制模式"未能根本改变，学校仍然作为一种科层组织，是政府的附属机构，政府在学校管理中超出了应有权限，仍然享有至高无上的权力，他们依然偏好运用行政手段对学校工作实行全方位、全过程管理，学校在发展规划、机构设置、人事管理、经费使用、教学改革等方面的自主权很小，学校办学自主权难以真正落实。结果导致学校及其教职员工只能是"顺从"地开展教育活动，工作的积极性和创造性不足，竞争机制和意识缺乏，自我再生能力不断萎缩，办学特色难以实现，教育寻租现象时有发生，无法对人们日益增长的高质量、多元化的教育需求作出灵活的、及时的回应。

由此可见，相对于之前高度集中的义务教育管理体制，现行义务教育管理体制尽管对地方和学校进行了适度的放权，提高了义务教育经费的保障能力和区域统筹能力，但由于财权与事权相对分离且不对等，教育政策执行失真，以及偏重于对地方教育和学校的直接控制以及对功利性目标的追求，因而在一定程度上导致了现行义务教育均衡发展方式的不足。

第三节 经济学思维运用的不科学

思维方式是人脑活动的内在程式，是人的各种思维要素按一定的方法和程序表现出来的、相对稳定的定型化的思维样式，即人们观察、分析、解决问题的内在机制与过程，它对人们的言行起着决定性作用。当前，基于我国经济发展水平不高、社会资源总体匮乏以及社会主义市场经济体制初步建立等社会背景，优化资源配置、提高资源使用效益成为各项社会发展政策的目标之一，也成为我国教育发展与政策改革的重要内容，从而推动了经济学思维对教育发展改革的影响。就义务教育均衡发展方式而言，主要表现为以下几个方面：

一 学校布局调整过于偏重规模经济

为解决资源配置不合理，教育经费使用效益偏低，尤其是为重点解决农村学校"规模小、布局分散"的问题，自20世纪末期我国就开始了新一轮学校布局大调整。1993年2月，中共中央、国务院在《中国教育改革和发展纲要》中明确指出："各级教育部门和学校必须努力提高教育经费的使用效益。要合理规划教育事业的规模，调整教育结构和布局，避免结构性浪费。"1998年8月，教育部印发了《关于认真做好"两基"验收后巩固提高工作的若干意见》，要求"遵循方便学生就近入学和充分利用教育资源，提高办学规模、效益原则，合理调整中小学校布局"。2001年5月，国务院在《关于基础教育改革与发展的决定》中再次要求，"按照小学就近入学、初中相对集中、优化教育资源配置的原则，合理规划和调整学校布局"。特别是在2001年我国开始实施"以县为主"的财政投入体制和管理体制之后，相当一部分县，尤其是中西部落后地区以及民族地区的县长期存在的财政能力薄弱问题更加突出。为解决财政投入不足，提高规模效益，不少县级政府开始撤点并校，于是我国中小学布局调整开始在全国范围内大规模展开。

由此可见，"追求效益是各级政府尤其是县级政府进行农村中小学布局调整的初始动力"。[①] 当然，学校布局调整也在一定程度上实现了这一目的。但是，在经济学思维的驱使下，人们往往将中小学校布局调整的重心一味地放在了提高办学规模和教育经费使用效益上，忽略了"方便学生就近入学"这一原则性前提和教育自身发展规律，导致了农村中小学校和教学点的数量急剧减少，校均规模和班级规模不断扩大，农村学生求学半径和隐性成本大幅增加，生际交流和家校交流减少，学生上学安全问题和心理健康问题屡屡发生，使学校布局调整矫枉过正。

从经济学的角度看，效益是指通过商品和劳动对外交换所取得的劳动节约，即以尽量少的劳动消耗取得尽量多的劳动成果。规模经济效益则是指适度的规模所产生的最佳经济效益，在微观经济学理论中指由于生产规模扩大而导致的长期平均成本下降的现象。在教育活动中，存在着大量的经济现象和经济行为，涉及教育成本和资源配置的问题，教育资源利用效率、规模经济效益也是我们教育发展与决策过程中需要考虑的重要因素。但是，"对于其他组织活动而言，可以是以最小化的成本追求最大化的利益。而学校作为培养人的机构，最小化其成本以追求利益最大化绝不是最终目的"。[②] 教育活动不同于经济活动，教育有着自身的运行规律和价值理念，其基本功能既在于促进个体的生存与发展，又在于促进国家和社会的发展。一味地追求规模经济效益，单一地强调生均教育成本的降低，就会丧失对教育本体功能的关注，也就无从谈起教育促进人的发展和促进社会的发展。同时，教育效益不同于经济效益，提高教育效益不仅仅着眼于生均成本的降低和资源使用效率的提高，更在于学生的全面发展和教育的

---

① 范先佐：《农村中小学布局调整的原因、动力及方式选择》，《教育与经济》，2006年第1期。

② 万明钢、白亮：《"规模效益"抑或"公平正义"》，《教育研究》，2010年第4期。

社会服务功能增强。

二 资源共享很大程度上是为减少教育投入

资源共享原本是指基于网络的资源分享，后来其内涵与外延不断扩大，泛指通过一切平台或在一定区域内、不以利益为目的的资源分享。在推进义务教育均衡发展过程中，人们常常基于教育投入不足，地区间、城乡间、学校间资源配置严重失衡的现状，希望通过区域内学校资源共享，发挥各个学校的自身优势，提高优质教育资源利用率。在《关于进一步推进义务教育均衡发展的若干意见》和《关于贯彻落实科学发展观进一步推进义务教育均衡发展的意见》中，教育部一再要求充分发挥拥有优质教育资源的公办学校的辐射、带动作用，通过整合、重组、教育资源共享等方式，促进薄弱学校改造；地方各级政府及教育行政部门应大力发展现代远程教育，加大区域优质教育资源的开发和整合力度，促进义务教育优质资源共享。在《关于深入推进义务教育均衡发展的意见》中，国务院也强调指出，要充分发挥优质学校的辐射和带动作用，建立学校联盟，推动优质教育资源共享，扩大优质教育资源的覆盖面。

然而，不少地方为减少教育投入，常常借资源共享之名，更多考虑示范学校、城区学校和中心校区的建设，重点加强对这些学校的投入，尤其是运动场馆、音体美器材以及计算机等设施设备。而对于薄弱学校、农村学校以及教学点，则往往投入不足，设施设备建设不到位。这显然与义务教育均衡发展主旨是背道而驰的。《义务教育法》明确规定："学校建设，应当符合国家规定的办学标准，适应教育教学需要；应当符合国家规定的选址要求和建设标准，确保学生和教职工安全。"在《规划纲要》、国务院《关于深入推进义务教育均衡发展的意见》、教育部《关于贯彻落实科学发展观进一步推进义务教育均衡发展的意见》等政策文件中，中央也一再强调要积极推进义务教育阶段学校标准化建设，均衡配置教师、设备、图书等资源，尤其是要为农村中小学配齐图书、仪器设备及音体美器材等。如果以资源共享之名对薄弱学校、农村学校以及教学点投入不足，资源配置不到位，那么学校建设标准化也就无从实现。这不仅导致学校资源配置不均衡，而且也不能整体提高义务教育的办学水平和教学质量。同时，如果薄弱学校、农村学校以及教学点常常以借用者、非主人的身份

"共享"示范学校、城区学校和中心校区的设施设备及相应资源开展教育教学活动,必然会在使用上存在较大的局限,使教育教学活动不能正常、有效地进行。从现实调研来看,许多地方所谓的资源共享是"名存实亡"的。

另外,资源共享的前提在于不同主体拥有各自特色资源,具有一定的资源优势。因此,学校间的资源共享不仅在于薄弱学校、农村学校以及教学点能够享用到示范学校、城区学校和中心校区教育教学资源,而且还在于薄弱学校、农村学校以及教学点对示范学校、城区学校和中心校区的特色资源与优势资源的输出。如果我们在资源共享的名义下减少对教育的投入,单方面强调薄弱学校、农村学校以及教学点对示范学校、城区学校和中心校区教育教学资源的享用,而不注重薄弱学校、农村学校以及教学点的自身建设和特色资源的形成,其资源共享也就难以真正实现。

三 师资配置偏重经济杠杆

教师是教育活动中最具能动性的资源,也是一种最重要的教育资源。"教育大计,教师为本。有好的教师,才有好的教育。"[①] 作为一种最重要的资源,区域间、学校间的师资配置却是不均衡的。在推进义务教育均衡过程中,国家一再强调要通过健全教师交流制度、改善教师资源的初次分配、提高农村及偏远地区教师待遇等各种措施,均衡配置教师资源。但无论何种措施,贯穿其中的一条重要主线就是经济杠杆,人们更多寄希望于通过经济手段促进教师资源配置的均衡。不少学者和教育行政人员认为,交流教师由于学校福利差距、流动成本的出现、环境差异的损失等,就必须对其给予一定的经济利益补偿;要吸引优秀的高校毕业生到农村学校或薄弱学校任教,或者要留住长期在农村或落后边远地区工作的教师,就必须提高他们的经济福利待遇,对其给予额外的经济补助,等等。

哲学和社会学认为,作为现实中的人,既具有自然性,又具有社会性。作为自然人,他首先考虑的是如何满足自我生存需要,争取最大的经济利益,获取最大的物质补偿;而作为社会人,他必须在适应社会环境、参与社会生活、学习社会规范、履行社会角色的过程中,逐渐认识自我,

---

① 参见《国家中长期教育改革和发展规划纲要(2010—2020年)》(2010年7月29日)。

并获得社会的认可。由此可见,教师不仅具有自然性,同时也具有社会性。作为自然人的教师,他首先关心的是经济待遇和物质利益。马克思指出:"人们奋斗所争取的一切,都同他们的利益有关。"[①] 邓小平也一再强调:"革命是在物质利益的基础上产生的,如果只讲牺牲精神,不讲物质利益,那就是唯心论。"[②] 因此,通过物质刺激或经济手段对师资进行调控,促进教师资源配置均衡,这本无可厚非。但同时,作为社会人的教师,担负着崇高的社会使命,需要实现一定的社会价值。因此,教师在追求物质利益、满足合理欲望的同时,需要对社会和他人的物质与精神生活作出一定的贡献,要求具有较高的教师职业道德,能够教好书育好人,热爱教育事业,对教育活动具有较强的主动性和自觉性,愿为教育事业奉献自己的一切等,正所谓"照亮别人,牺牲自己"的蜡烛精神。事实上,即使我们通过提高经济待遇能够引进优秀大学毕业生或留住优秀教师,如果教师在教学活动中的自我责任感和奉献精神不足,主动性和积极性不强,其社会价值也就难以充分、有效实现。更何况,个人的欲望常常是无止境的,要想仅仅以微薄的补助吸引人才、留住教师,其结果也将收效甚微。就当前所实施的中小学教师绩效工资制度而言,其是否对教师真正产生激励作用以及激励的大小程度等问题,在现实中还存在着广泛的争议。质疑最多的是,绩效工资制度暗含的基本假设是"教师更多是受物质利益驱使的经济人",而教师职业特殊性决定了教师不能仅仅被物质利益所激励,而是应更多地注重教师的自我发展以及外在的工作环境,提升教师自主权。已有研究表明,年轻教师可能会比较重视物质奖励,但富有经验的教师则更看重工作条件和适宜的教学环境。[③]

由此可见,无论是学校布局调整,还是区域和校际资源调整,还是对教师的调控,各级政府更多依据于经济思维模式和价值取向,忽略了教育对于经济的相对独立性,致使现行义务教育均衡发展方式难以取得预期的效果。

---

① 《马克思恩格斯全集》(第1卷),人民出版社1956年版,第82页。
② 《邓小平文选》(第2卷),人民出版社1994年版,第146页。
③ 李沿知:《国外基础教育教师绩效工资改革中的主要争议》,《外国中小学教育》,2010年第7期。

第四节　办学条件等同于办学水平观念的误导

条件一般是指与某个事物相联系、对事物的存在和发展产生影响的一切要素的总和，办学条件则是指举办一所合格学校所应具备的各种要件的总和，它是设置一所学校的前提。《教育法》规定，设立学校及其他教育机构必须具备组织机构和章程、合格的教师、必备的办学资金和稳定的经费来源、符合规定标准的教学场所及设施、设备等。由此可见，尽管由于不同类型和层次学校的办学目的和具体任务不同，各个地区地理状况和经济发展水平存在差异，国家对不同层次和类型的学校以及不同地区学校的办学条件要求也有所不同，但一般而言，办学条件都涵盖了物质资源和人力资源，具体包括教育经费、办学硬件和师资队伍三大类。《义务教育法》第十六条指出，"学校建设应当符合国家规定的办学标准，适应教育教学需要；应当符合国家规定的选址要求和建设标准，确保学生和教职工安全"。为此，国家和各省市制定和出台了一系列普通中小学的办学条件标准。[①]

水平原指平行于水面的事物，后来引申为在某一专业方面所要达到的高度。办学水平是指一所学校在一定的办学条件下，学校教育教学质量、管理水平、科学研究能力和水平、办学能力和效益、学生发展等各个部分的综合成效。因此，从办学水平的要素上看，它主要体现在两个层面上，一个是外显性层面，主要包括校园和校舍建设、学校教师和学生数量、学校的设施设备等显性要素，亦称为硬实力；另一个是内隐性层面，主要包括办学理念、师资队伍、人才培养、办学效益等，亦称为软实力。办学水平作为一所学校综合实力的体现，一直是国家教育改革创新和各级各类学校发展的目标，也是教育评估的重要内容。《规划纲

---

① 如《城市普通中小学校舍建设标准》《农村普通中小学校建设标准》《中小学理科实验室装备规范》《初中理科教学仪器配备标准》《小学数学科学教学仪器配备标准》等相关文件。各省市也制定了普通中小学的办学标准，如《北京市中小学校办学条件标准》《山东省普通中小学基本办学条件标准》《湖北省义务教育阶段学校办学条件基本标准》、《广东省义务教育规范化学校标准》《安徽省义务教育阶段学校办学基本标准》《南京市普通中小学办学条件标准》《贵阳市义务教育阶段中小学办学条件标准》等。

要》指出，要深化公办学校办学体制改革，扶持薄弱学校发展，增强办学活力，提高办学水平。国务院《关于深入推进义务教育均衡发展的意见》则要求，要全面贯彻党的教育方针，全面实施素质教育，努力提高教育质量和办学水平。

在现实生活中，人们在谈及教育质量和学校发展时，常常将办学条件和办学水平作为一组概念相提并论，认为"改善办学条件，提高办学水平"是教育改革发展和学校各项工作的主要任务和目标，继而在此基础上衍生出了办学条件等同于办学水平、办学条件改善一定会导致办学水平提高的错误观念。事实上，办学条件与办学水平虽然有着紧密的联系，但二者存在区别，办学条件改善并非办学水平提高的充分条件。

一 办学条件不同于办学水平

办学条件和办学水平同为评价学校发展状况的重要内容，二者有着密切的联系。一方面，办学条件是办学水平的重要内容，改善办学条件是提高办学水平的前提。如前所述，办学水平作为一个地区或一所学校的综合实力的体现，虽然更多体现于学校的办学方向、管理工作和办学效益，但也需要办学条件的支撑。改善办学条件是提高办学水平的基础，只有具备了一定的物质基础和人力资源，学校的教育教学活动才能正常、有效地开展，也才能谈及创新办学理念，提高管理水平，也才能取得一定的办学效益。离开了办学条件这一重要前提，办学水平也就无从谈起，成为空中楼阁。另一方面，提高办学水平是改善办学条件的深化。在现实中，教育活动的自身规律和特殊使命决定了改善办学条件很少是为了自身目的而进行的，它一般包含于提高办学水平的工作之中，更多被看成是提高办学水平的一项重要措施或手段，其最终目的是为了提高办学水平。如果我们将教育改革发展仅仅停留于办学条件的改善，而没有上升到提高办学水平的层面，那么一个地区或学校的教育实力也就不能实质性提高。

虽然办学条件和办学水平有着紧密的联系，但就内涵和外延而言，二者还是有着明显的区别。办学条件是有效开展教育教学活动所应具备的条件，办学水平则是地区或学校办学实力的综合体现。从外延来看，办学条件也不同于办学水平，办学条件主要涵盖教育活动中的人力资源和物力资源，具体指向校舍、场馆、设施设备、占地面积、教师与学生等，主要涉及教育活动正常开展应具备的要素和学校的规模扩张。办学水平不仅涉及学校的资源配置，而且还包括了办学理念、管理水平、人才培养质量和工作成效等，它涉及真正决定一个地区或学校教育质量和竞争力的更为核心的要素。

二 办学条件改善并不一定导致办学水平提高

尽管办学条件是办学水平的重要内容，尽管改善办学条件是提高办学水平的基础和前提，但办学条件改善并非办学水平提高的充分条件，即办学条件的改善并不一定会带来办学水平的提高，对办学水平提高起决定性作用的还在于其各内隐性要素。迄今为止，还没有学界一致认可的研究表明，办学条件的改善一定会导致办学水平的提高。早在20世纪60年代，美国社会学家詹姆斯·科尔曼（James S. Coleman）在其著名的《教育机会均等的观念》报告中就通过大量的实证研究明确指出，学校的硬件设施对教学质量的改善只起微不足道的作用。[①] 现有的义务教育发展现状也表明，近年来，尽管中央及地方各级政府为整体提高教育质量和各学校的办学水平，大幅增加义务教育投入，努力改善各学校的办学条件，但学校间的教育质量和发展水平仍然层次不齐，一些学校由于不注重内隐性要素的培育与提高，不仅未能因办学条件改善而明显提高办学水平，而且教育质量每况愈下，社会声誉日趋下滑，影响到义务教育质量的整体提高。

总之，办学条件与办学水平既有联系，又存在本质上的区别，办学条件的改善并不一定导致办学水平的提高。过去乃至当前，正是因为一些人将办学条件改善作为办学水平提高的充分条件，认为办学条件改善了，办学水平自然会随之提高，在工作中只注重改善办学条件，而不注重提高教育质量。

第五节 社会意识偏差的影响

意识是人对环境及自我的反映，人的行为总是在意识的指挥下发生和

[①] 张人杰：《国外教育社会学基本文选》，华东师范大学出版社2009年版，第146—158页。

进行的，意识是行为的先导。人们在义务教育均衡发展过程中所采取的各种方法和手段，也正是在一定意识的支配下产生的。当前，正是人们社会意识的偏差，才导致了义务教育均衡发展方式问题的出现。

一 固化的社会等级观念

中国是一个拥有五千多年悠久历史的文明古国，社会文化源远流长、博大精深。但同时，中国又是一个封建专制长达两千多年的国家，封建思想与文化的积淀特别深厚，尤其是浓厚的社会等级观念。儒家伦理作为我国伦理文化的主流，其主要内容就是"三纲五常"，而"三纲五常"的根本目的，就在于维护以君权、父权、夫权为核心的等级制度。在等级伦理之下，人类社会按照血统、社会地位及社会成就的高低等标准，将人划分为不同等级，高等级者在社会生活中享有更多的权利以及社会荣誉，个人（臣民）毫无权利可言，没有公平、正义，只有绝对地服从，这和追求平等、自由、理性的法治精神是完全相左的。马克思、恩格斯在《共产党宣言》中指出："在过去的各个历史时代，我们几乎到处都可以看到社会完全划分为各个不同的等级，看到由各种社会地位构成的多级的阶梯。"①

等级观念是腐朽落后的社会观念，早在"五四"运动时期，就已被有识之士所抨击。尽管当前我们已经进入了社会主义社会，尽管产生这个观念的经济基础和政治条件现在已不复存在，但等级观念从未从我们的文化母体中被清除，一直是国人脑子里的固瘤，时刻笼罩着人们的心灵，对人们的社会行为产生着深刻的影响。正是在等级观念的影响下，各级政府及其教育督导部门在"充分利用有限资源，扩充优质学校，提高基础教育质量，满足社会对优质教育的需求"的名义下，人为地将学校划分为三六九等，包括国家级重点（示范）学校、省级重点（示范）学校、地市级重点（示范）学校、县区级重点（示范）学校等，等级最低的当属薄弱学校和农村学校。如我国自20世纪50年代以来实施的"重点"学校制度，无论是经费投入、基础设施建设，还是师资配备，各级政府和教育主管部门优先考虑的是等级较高的学校，其次才是级别较低的学校。一些地方为了高等级学校的发展，或者为了使一些较高等级的学校获得更高

---

① 《马克思恩格斯选集》（第1卷），人民出版社1995年版，第466页。

等级，甚至强行将一些薄弱学校并入高等级学校，或者将薄弱学校的优秀师资抽调到高等级学校，以保障高等级学校的声誉与发展，导致学校间办学条件和教育质量的差异，造成不同区域、不同社会背景的孩子接受着不平等的教育，出现愈演愈烈的教育等级化现象。

同时，在等级观念的作用下，一些人认为，人生来就有高低贵贱之分。由于家庭出身、社会地位、经济基础、能力学识等存在差别，因此每个人就应该接受不同层次的教育。为了满足不同等级人群的教育需求，国家或社会就应该举办在办学条件、生源构成等方面具有差异的学校，为不同家庭的孩子提供相应等级的教育。这一直接的后果则是人们对精英化教育的盲目追求，不少家长忽视家庭和孩子实际情况，以上贵族学校、重点学校和示范学校为荣，以进普通学校或薄弱学校为耻，他们不惜重金、想方设法通过各种关系挤进所谓的贵族学校、重点学校和示范学校，加入精英教育群体。这实际上是一种不正常的社会心理现象，也助长了愈演愈烈的择校之风。

二 "学而优则仕"的社会意识

自古以来，我国就有"学而优则仕"的传统观念，认为"万般皆下品，唯有读书高"，读书在人们的心中成为获取功名利禄的手段和途径。尽管科举取士制度早已废除，但这种观念早已嵌入中国人的灵魂，内化为中国传统文化的重要组成部分。绝大多数中国人仍然认为，"学而优则仕"是青少年的唯一出路。同时，随着社会的发展和受教育意识的提高，人们对接受教育，特别是接受优质教育的愿望越来越强烈，不少家长越来越认识到子女不能输在起跑线上，都希望子女通过尽可能接受更多、更优质的教育，提高自我生存和社会竞争的能力。于是，择校成为教育活动中的常态，许多家长不遗余力、想方设法让自己的孩子进入重点学校、示范学校、贵族学校。从社会学和法学的角度看，择校本无可厚非，因为每个人都有选择接受什么样的教育的权利。

然而，许多家长在评价学校、选择学校时，有着较大的主观性和盲目性，缺少科学、合理的依据，将学校学生的考试成绩作为主要甚至唯一的标准。他们只盯着孩子的学习和考试成绩，认为孩子考试成绩好，就能升入好的学校，进入好学校，就能找到一份好工作，这已经成为家庭助孩子发展的理想之路。一些家长甚至对孩子提要求的口头禅就是："只要成绩好，其他怎么都行。"于是，成绩好的学生在家庭、学校乃至社会备受重视，而成绩不佳的学生则在家庭、学校乃至社会受到冷落，这种正负激励的反差强化了获取高分的动机。同时，不少家长也认为，要想孩子成绩好，就必须要进入好学校。然而，不少家长心中的好学校，就是那些学生考试成绩好、升学率高的学校，就是在应试教育中具有明显优势的"重点"学校、示范学校。对于所谓"重点"学校和示范学校的教育质量和办学水平，对于这些学校是否适应自己孩子的成长等方面却从不怀疑。由于"重点"学校、示范学校发展出了一整套非常成熟的应试教育模式，贯穿于招生、教学、学校管理等各个环节之中，并在学校办学理念、教师教学方式和学生学习行为中不断给予强化，从而在极具等级评价标准和"学而优则仕"的社会环境中处于绝对的优势地位。而处于较低等级的弱势学校为了获得生存和发展所需的各种资源和社会认可，不得不模仿那些处于中心位置学校的应试教育模式，导致学校行为趋同化和发展同质化。

三 "等、靠、要"的依赖思想

新中国成立后，我国实施了高度集中的计划经济，并在1958年的中共中央政治局会议上作出了关于在农村建立人民公社问题的决议。在这一政治体制之下，人们对国家、对计划、对领导有很强的依附性，依靠政府和计划配置资源，每个人的生老病死、衣食住行都是由国家包揽，每个人也成为了执行国家指令性计划的工具。同时，虽然这时人们的主体意识较解放之前有所觉醒，但思想却较为僵化和封闭，怕竞争，怕风险，安于现状。不少地方领导干部等中央政策，靠上级政府来解决本单位问题，要中央经费投入，在工作中唯上、唯文件、唯"精神"，从而形成了人们长期依靠政府、依靠上级的"等、靠、要"思想。

而今，在一些地方，尤其是观念落后的贫困地区，"等、靠、要"思想依然广泛存在。以往，许多人认为贫穷民族地区和落后农村地区的贫困是因为物质条件太差，所以扶贫都是无偿援助，投入大量的人力和物力。但这种被称作"输血"式的扶贫措施非但没能使贫困地区富裕起来，相反，却滋生出"等、靠、要"的依赖思想，等政策、等文件，靠国家、靠政府，要资金、要项目。很多地方干部特别是基层干部认为，辛辛苦苦谋划建设好一个项目，还不如在年底等着财政补助和挂联部门帮扶更省力些。一些地方更是"越扶越懒""越扶越贫"。2012年1月31日《南方日报》报道，湖南省新邵县委、县政府为该县能成功纳入国家集中连片特困地区，也进行了热烈的祝贺和广泛的宣传。这都折射出地方政府等待国家援助资金、靠上级财政拨款的"等、靠、要"思想，而不是去主动地自力更生。

就教育而言，国家也非常重视对贫困地区、民族地区和农村地区的转移支付和对口扶持。早在21世纪初，我国就开始组织实施了"东部地区学校对口支援西部贫困地区学校工程"和"西部地区大中城市学校对口支援本省（自治区、直辖市）贫困地区学校工程"，并在《规划纲要》等政策文本中一再强调，要在财政拨款、学校建设、教师配置等方面向农村倾斜，要加大对民族地区、边疆地区、革命老区、贫困地区义务教育的转移支付力度，鼓励发达地区支援欠发达地区等。从表面上看，国家通过加大对贫困地区、民族地区、农村地区和薄弱学校的直接经济资助力度，能够有效改善这些地区和学校的办学条件，提高他们的福利待遇，解除他们的后顾之忧，使他们能够更全身心地投入教育活动，提高教育质量和办学水平。但一些地方却事与愿违，不少人认为，既然义务教育均衡发展的主要责任者是政府，那就需要政府的倾斜政策和足够的资金投入。于是他们抱着"等、靠、要"的思想不放，张口要政策，伸手要条件，坐等"政策倾斜"和"重点资助"，在义务教育均衡发展过程中不思进取，被动应付，养成工作惰性。如一位校长所说，现实中不少重点学校是"消极发展"，一般学校是"等待发展"。

四 "重点"学校制度的惯性动能

如前所述，为消除"重点"学校制度对义务教育均衡发展的负面影响，新修订的《义务教育法》中明确要求，县级以上人民政府及其教育行政部门不得将学校分为重点学校和非重点学校。然而，就现实情况而言，尽管重点学校制度在国家政策和法规层面已不复存在，但学校间的教育质量和办学水平仍然存在较为明显的差距，义务教育非均衡发展格局未能根本改变。究其缘由，学校间的资源存量和自我发展能力差异是不可否认的客观事实，但"重点"学校制度惯性是阻碍义务教育均衡发展的隐形因素。①

惯性本为物理学概念，意指物体在没有外力作用下所具有保持原来匀速直线运动状态或静止状态的一种性质，它是一切物体的固有属性。后来一些学者在探讨经济社会发展变化时，也将惯性纳入其研究范畴，认为经济社会的发展过程中也存在着惯性现象。如吴宪如通过对经济惯性规律内涵与作用的探讨，试图揭示出我国宏观经济决策的运行规律；② 王潼运用经济惯性理论，对中国和俄罗斯的经济体制改革的成本收益进行了比较分析，试图寻找到适宜我国的经济增长模式；③ 骆志平分析了文化惯性与体制创新的关系，提出了从文化惯性的积极面推动体制创新的建议，④ 等等。教育活动是否同样存在惯性呢？已有研究对此作出了肯定回答。郑丽娜等认为，由于组织惯性压力的存在，大学改革中的组织结构和运行规则表现出很强的稳定性和对改革的抵抗力；⑤ 孙亚蜀认为应试教育之所以不能向素质教育有效转变，其根源在于"应试教育"的惯性影响。⑥ 由此可见，教育领域广泛存在着惯性思维。

长期以来，我国一直实施重点学校制度，并最终形成了义务教育非均衡发展模式。随着外在因素的持续作用和内在动能的不断增强，学校间的办学条件和教育质量差距不断拉大，形成了巨大的惯性势能。

由于重点学校制度惯性是人们在重点学校制度下所形成的对重点学校发展理念和行为方式的偏好，以及义务教育自身维持原有重点学校制度的内在力量，因而具有延承性、持久性的特点。重点学校制度惯性作为义务教育发展样态和运动方式的一种属性，一旦形成就具有一定的稳定性，其思维结构和实践方式必然会持续作用于义务教育发展。即使外在社会环境已经发生改变，新的制度体系已经建立，作用对象的内在属性已经发生变化，但重点学校制度惯性并不会瞬间消失，它将在较长时期内左右着人们

---

① 姚永强：《非均衡发展惯性与义务教育均衡发展》，《现代中小学教育》，2013 年第 11 期。
② 吴宪如：《经济惯性规律初探》，《当代财经》，1989 年第 10 期。
③ 王潼：《经济惯性论与中国改革开放》，《河北经贸大学学报》，2010 年第 1 期。
④ 骆志平：《从文化惯性看体制创新的障碍》，《长沙通信职业技术学院学报》，2010 年第 4 期。
⑤ 郑丽娜：《大学变革中的组织惯性分析》，《浙江师范大学学报》（社会科学版），2007 年第 6 期。
⑥ 孙亚蜀：《应试教育对素质教育的惯性影响及应对》，《中国成人教育》，2006 年第 4 期。

的发展理念和实施策略。由于重点学校制度惯性是一种沿袭以往行为模式和发展样态的运动方式，呈现的是一种不易随着时间推移和环境改变而作出及时调整的教育现象，因而常常表现出主体对政策反应迟缓和积极性不高、原有实践方式和利益格局自我保护等行为，甚至出现抗拒教育变革、抵制义务教育均衡发展的现象。

五　城市优于农村的片面认识

随着生产力的发展，手工业和商业相继从农业中分离出来，一些手工业和商业比较集中的村落，逐步演变成一个地区的政治、经济、文化中心，进而发展成为城市，从而将人类聚居地划分为相对独立的城市与农村两大区域。在资本主义工业革命之后，全世界兴起了工业新技术和大机器生产的浪潮，城市作为地方的经济中心得到了快速发展，更多的农村人口涌入城市从事工业生产，进行商业活动。同时，国家也将投入的重点放在城市，集全国之力加强基础设施建设，包括居民区、街道、医院、学校、商业卖场、广场、公园等，为城市居民的生活和发展提供了广泛、便捷的公共服务网络，使城市的区域政治、经济、文化中心不断得到巩固和加强。而与之相对应的是，农村人口日渐稀少，道路交通不发达，工业、商业、金融、科技的发展水平较低，教育、医疗卫生和文化艺术等领域也发展缓慢。由此，城市与农村的发展差距开始显现，并随着社会的发展而逐步扩大。据中国社会科学院2012年发布的《农村绿皮书》显示，2011年城镇居民可支配收入与农民人均纯收入比是3.13∶1，城乡居民人均收入差距仍旧较大。[①]

在城乡发展差距不断拉大的同时，我国的户籍管理制度也不断提升和巩固着城市地位，包括生活其中的居民和所管辖的公共服务机构。从新中国成立之初，我国就实行着城乡有别的户籍管理制度，在接受教育、转业安置、通婚子女落户、社会保障等方面，城市居民和农村居民享受着不同的国民待遇，它实际上是一种城市对农村居民的歧视性制度，进一步强化了社会对城乡居民的认知差别。一般而言，落后、保守、歧视的观念似乎

---

① 《社科院2012年〈农村绿皮书〉发布会文字实录》，2012年4月，中国网（http://www.sdny.gov.cn/art/2012/4/19/art_ 621_ 304889.html）。

都源于农民，而进步、创新、高尚的精神似乎是城里人的专利，人们常常用"小农观念""小农意识"等概念来贬低他人。由此，城市成为人人向往的地方，成为城市人成为人人奋斗的目标。农村父母在教育、激励孩子时常说："好好学习，将来考上大学，才能成为城里人。"

在这种城市优于农村的社会意识环境中，人们对教育的认识也形成了一种思维定式，即认为农村教育思想落后，学校办学条件差，教育质量和办学水平不高，没有自己的特色和优势，不适合也不利于孩子的成长。甚至把"解决中国教育问题的关键是农村教育"这一关乎国家教育改革和发展的根本性问题，也歧视性地理解和归结为"农村教育的问题"或者"农村教育出了问题"，似乎中国所有的教育问题都表现在农村教育或者根源于农村教育。于是乎，不少农村家长不顾家庭的人力和财力实际情况，也不考虑孩子是否适合所选择城市学校的教育环境，想方设法将孩子送到城市学校就读，并由父母一方租房陪读。久而久之便形成盲目到城市求学的热潮，导致城区学校人满为患，而农村学校生源日渐减少，资源浪费现象渐趋严重，也在一定程度上助长了城乡教育差距的扩大。

总之，导致目前义务教育均衡发展方式产生问题的原因是多方面的，这些原因是人们在长期的社会实践和生活过程中形成的，具有牢固的生存根基，对义务教育均衡发展起着极大的阻碍作用。在推进义务教育均衡发展过程中，我们只有正视这些原因，找出有效的解决办法，改革现行义务教育均衡发展方式，才能更好地实现义务教育均衡发展目标。

第六章 我国义务教育均衡发展方式转变的维度

我国义务教育均衡发展现状与发展目标还有相当大的距离，发展方式亟待变革。结合现行义务教育均衡发展方式的问题表现和内在根源，我们必须从以资源配置为中心、依赖政府力量驱动、强调过度规模发展、侧重同质发展和单一发展的均衡发展方式转变为以质量提升为中心、依赖学校自我发展驱动、突出适度规模发展、注重多元发展和共同发展的均衡发展方式。

第一节 从注重教育资源投入转向资源优化配置与有效利用

资源，原指生产资料和生活资料的天然来源，后来其内涵和外延进一步拓展，一般指一国或一定地区拥有的物力、财力、人力等要素的总称。教育资源（educational resources）是按资源的使用部门划分出来的，与工业资源、农业资源、交通运输资源等相并列的一种资源。最早对教育资源作出界定且较为权威解释的是顾明远先生主编的《教育大辞典》，认为教育资源"通常指为保障教育活动正常进行而使用的人力、物力、财力的总和"，或者"教育的历史经验或有关教育信息资料"。随后一些专家学者也基本上把教育资源概括为人力、财力、物力三个方面，如范先佐教授认为，"投入教育过程的一般也是人力、物力和财力，它们的总和，即教育资源"。[①] 王善迈教授认为，"教育资源的完整含义应当包括教育领域通

---

① 范先佐：《教育经济学》，人民教育出版社1999年版，第260页。

过社会总资源的配置所取得的所有人力资源、物力资源及财力资源的总和"。[①] 由此可见，教育资源一般指投入到教育活动中的人力（教育者、受教育者等）、物力（校舍、教具、课桌椅、校园环境、社区其他教育设施）、财力（生均公用经费投入、仪器设备经费投入、基建维修经费投入等）的总称。

一 教育资源的稀缺性决定了必须注重优化配置与有效利用

在经济学里，稀缺被用来描述资源的有限可获得性，它是经济物品的显著特征之一。就词义而言，稀缺有着两种不同的含义，其一是指稀有的；其二是指紧缺的。"稀缺并不意味着某些东西的数量少或只有几件东西，它应该包括另外一层意思，最起码不能认为它表明的只是一种吝啬或自然界的不慷慨。稀缺的意思是欲望及其可行性之间的关系。"[②] 也就是说，相对于人类的无限欲望而言，资源是有限的，而人的欲望却是无限的，资源的供给与需求之间存在着一定的矛盾。因此，相对于人的无限欲望，有限的资源总是稀缺的。

同一般性社会资源一样，稀缺性也是教育资源的一个最基本特性。由于教育资源是通过社会总资源的配置所取得的所有人力、物力及财力的总和，而无论哪一个国家，还是哪一个时代，在社会总资源有限的背景下，社会配置给教育领域的资源总量，相对于教育活动的自身需求来讲总是有限的。同时，构成教育资源各要素的内在属性决定了教育资源的表征不仅仅体现在数量上，还体现在质量方面。因此，我们在衡量某一时期、某一地域教育资源是否稀缺时，应涉及数量和质量两个方面，一方面是保障教育教学活动得以顺利进行的人力、物力和财力资源是否短缺，另一方面是充足的办学经费、优质的师资以及先进的教学仪器设备等是否短缺。尤其是随着经济社会的发展、家庭条件的改善以及国民文化素质的普遍提高，在受教育权利得到全面保障和教育教学条件基本满足的情况下，人们对教育的要求和标准也逐步提高，对优质教育有着更为强烈的渴求与向往。就

---

① 王善迈：《教育经济学简明教程》，高等教育出版社2000年版，第122页。
② [美] C. E. 林德布鲁姆：《市场体制的秘密》，耿修林译，江苏人民出版社2002年版，第29页。

现实而言，各地区、各学校的教育资源存量和办学水平是参差不齐的，优质教育资源仅仅是构成教育资源总量的一部分，相对于人们的无限需求将会持续保持稀缺和不足。因此，基于人们欲望的无限性，教育资源的稀缺性问题，尤其是优质教育资源的稀缺问题是教育自身乃至社会自始至终都无法解决的问题，有限性可谓是教育资源的一大基本特征。

由于在任何社会中都存在着生产资源的相对稀缺性与人类需要的无限性之间的矛盾，因而如何科学合理地分配资源，高效率地利用资源，以最少的投入得到最大的产出，成为每个不同经济制度所追求的共同目标。马克思认为："正像单个人必须正确地分配自己的时间，才能以适当的比例获得知识或满足对他的活动所提出的各种要求，社会必须合理地分配自己的时间，才能实现符合社会全部需要的生产。因此，时间的节约以及劳动时间在不同的生产部门之间有计划的分配，在共同生产的基础上仍然是首要的经济规律，这甚至在更高得多的程度上成为规律。"[1] 萨缪尔森也认为，如果能够不受资源的限制而无限量地生产各种物品，或者如果人类的需要已经完全满足，那么，某一种商品是否生产得过多，劳动与原料是否配合恰当，都是无关紧要的，人们都可以随心所欲地得到他们所需要的东西，但这种假设显然是不存在的。于是他在《经济学》一书中谈道："我们已经讨论过这一基本经济事实：能够生产各种商品的全部资源的有限性，使得人们必须在各种相对稀缺的商品中间进行选择。"因此，当一个社会"决定生产什么，如何去生产时，它在实际上一定要决定这些资源将如何被分配于千百万种可能生产的不同商品之中"。[2] 很显然，他们所说的资源分配就是资源配置问题。

资源配置是对相对稀缺的资源在各种不同用途上加以比较作出的选择。《简明不列颠百科全书》认为，资源配置是指生产性资产在不同用途之间的分配。美国 D. 格林沃尔德主编的《现代经济词典》认为，资源配置是指资源在不同用途和不同的使用者之间的分配。由此可见，资源配置原本是一个经济学概念，指在经济运行过程中，各种现实的生产性资源（包括社会劳动资源与社会物力资源）在不同部门之间的分配和不同方向

---

[1] 《马克思恩格斯全集》（第32卷），人民出版社1979年版，第120页。
[2] ［美］保罗·A. 萨缪尔森：《经济学》（上册），商务印书馆1979年版，第29页。

上的使用，以及在空间位置上的合理安排，以实现资源的最佳利用。后来，人们在研究教育资源的利用效率时，也将资源配置这一概念引入教育领域。教育资源配置就是按照一定的方式，运用一定的手段将教育资源合理分配到教育系统中的各个层次、各个部门中去，以保证教育资源的最有效使用。按照教育经济学的一般理论，教育资源配置应包括：一是社会总资源对教育的分配，这是教育资源配置的前提，它从总量和结构上决定了教育资源的分配；二是教育资源在各级各类教育间的分配，它包括正规普通教育与非正规成人教育间的分配，正规教育中初等、中等、高等三级教育间的分配，普通教育与专业教育间的分配等；三是教育资源在各级各类学校之间的分配，如各初等教育学校之间、各中等教育学校之间等；四是教育资源在各地区教育之间的分配，包括省市县之间的分配、城乡之间的分配等；五是教育资源在某一学校内不同使用结构上的分配，如基建费、人员经费、公用经费、设备费在不同岗位上的配置等。

资源配置的目标是最优化或最有效率，即社会的各种资源通过一定的方式分配到社会各个部门，达到资源的有效利用，使有限的社会资源投入达到生产规模的最大化和生产效率的高效化。从生产的角度看，资源配置最优就是使既定的有限资源用于生产那些消费者最需要的产品，并使既定的有限资源分配给那些生产效率最高的生产者；从技术角度看，资源配置最优就是指以既定资源获得的各种产品数量达到最大值，或在产品数量既定条件下，尽可能少地消耗所用资源。一个社会，只有它人尽其才，物尽其用，既不存在物质资源的闲置与浪费，又不存在人员配备的失调和积极性的下降，才称得上是资源配置的最优化。在现实社会中，受垄断市场、市场信息的不对称性以及公共产品等因素的影响，社会资源的配置只能是接近最优配置状态，或称之为次优配置。

从现实来看，尽管教育经费投入不足和办学条件差一直是制约我国义务教育平稳运行和健康发展的主要因素，但随着国家财政性教育经费支出占国内生产总值4%目标的实现、义务教育经费公共财政保障机制的建立以及义务教育阶段学校标准化建设的推进，义务教育经费短缺与紧张的局面已得到根本性缓解，义务教育已经处于较高的财政支持水平。尽管增加教育经费投入的需求还将继续，尽管义务教育经费的充足问题仍是教育改革和发展面临的长期问题，但在今后，政府和社会将会更多地关注公共教育经费配置是否合理、教育资源利用是否高效等问题。加大教育投入固然十分重要，但优化资源配置、提高资源使用效益更为重要。我国新时期下经济社会发展的指导思想之一就是"坚持把建设资源节约型、环境友好型社会作为加快转变经济发展方式的重要着力点"。党的十八大报告和《中共中央关于全面深化改革若干重大问题的决定》反复强调，要加快建立资源节约利用和生态环境保护的体制机制，推动形成人与自然和谐发展现代化建设新格局。同理，要深入推进义务教育均衡发展，就必须转变现行义务教育均衡发展方式，而转变的着力点之一就是要优化资源配置，提高资源利用效率。"仅有教育资源配置的均衡是不够的，还需要激活农村中小学已有的教育资源，做到农村义务教育增量均衡与存量激活并重，从而最终提高农村义务教育质量。"[①]

二 要素的相互性决定了教育资源必须优化配置

任何事物都是由一定要素所构成的，所谓要素，就是事物必须具有的实质或本质的组成部分，是构成事物的必要因素。教育是一个复杂的社会现象，是由多因素构成的一个整体系统。在教育学中，不少学者认为教育者、受教育者、教育内容、教育手段等是教育活动的基本要素。在此基础上，借鉴已有关于义务教育均衡发展影响因素的研究以及现代经济增长和发展的自然资源、资本、劳动、技术、管理五要素论，笔者将义务教育均衡发展的构成要素确定为资本、劳动、内容、手段、管理等。其中，"资本"是指投入到教育活动中的教育经费与物质资源；"劳动"是指投入到教育活动的劳动力数量及劳动质量；"内容"是指教育者传授给受教育者的思想、知识、技能等的概括；"手段"是指教育者将教育内容作用受教育者所借助的物质手段和精神手段的总称；"管理"是指调节、控制教育活动的制度规范和管理行为。之所以将义务教育均衡发展的构成要素确定为资本、劳动、内容、手段、管理，一是教育本质上是一种不直接创造物质财富的社会实践活动，其活动的有效开展和机构的正常维系需要足够的社会资金与物质投入，义务教育均衡发展也不例外。从历史和现实来看，

---

① 周兴国：《义务教育均衡发展：从资源配置到资源激活》，《教育发展研究》，2013年第2期。

社会资源的非均衡投入很大程度上导致了办学条件的地区差别和学校差别，进而导致发展水平的不均衡。二是教育是一种现实的社会实践活动，需要相当数量和适宜比例的劳动力参与，这就是教师和学生。而作为具有主体能动性的人，教师和学生的内在素质和参与劳动的方式、态度又对劳动过程和劳动结果有着重要影响。因此，劳动力数量和劳动质量对义务教育均衡发展起着关键作用，特别是随着义务教育发展从外延均衡到内涵均衡、从注重外在要素投入到依赖主体自我发展能力的转变过程中，这一要素的作用将更为明显。三是教育是知识传递和思想交流的活动，知识经验、思想观点、能力习惯和方法技能等既是教师与学生内在联系的纽带，也是师生认识的对象和劳动作用的内容，其外化和物化的形式则是课程和教材。事实上，教育作为知识传递和思想交流活动这一本质属性就决定了教育内容是义务教育均衡发展的一个重要要素，它在很大程度上决定了学生的全面发展水平，进而影响到教育质量和学校办学水平。四是教师要将教育内容有效地作用于学生，就必须借助于一定的物质设备和方式方法，这就是教育手段。教育手段的运用状况影响着教育工作各个环节的质量与效率，对于同一教育对象和教育内容，不同的教育手段将会产生不同的效果。五是教育是一种由专职人员和专门机构承担的有系统、有组织的社会活动，而整个组织结构的有机构成和良性运行需要借助高素质的管理人员、科学的管理制度以及规范的管理机构才能实现，这就是教育管理。正因为我们过去教育管理制度设计的偏差才导致了城乡与学校间的发展差距拉大，不同学校内部管理制度的差异以及管理人员素质及能力的不同才导致了在办学条件相当的情况下彼此办学水平仍存在较大差距。[1]

当然，要素条件分析仅仅从静态的角度对义务教育均衡发展所依赖的要素进行了一个全面认识，而义务教育均衡发展不仅需要科学把握其所依赖的要素，更应注重采用什么方法对这些要素加以优化配置。在单一要素优化的此基础上，我们更需要注重要素间的优化配置。因为教育活动中的各个要素并非彼此绝对独立、截然分离的，而是相互依存和相互作用的。"世界上的事物不但同它周围的事物互相联系、互相作用，而且其内部的各种的要素也总是处于互相联系、互相制约、互相作用之中，从而构成统

---

[1] 姚永强：《论义务教育均衡发展方式的转变》，《教育研究》，2013年第2期。

一的有机整体。"① 如果仅仅孤立而不是从整体上对各个要素进行优化，必然会导致构成事物要素间的力量失衡和关系失调，致使事物畸形发展或停滞不前，这显然与均衡发展的主旨是背道而驰的。通过对我国义务教育发展历程的考察不难发现，虽然国家每一时期为解决义务教育发展中的重大问题而对某一要素加以重视和优化，但发展中的问题仍层出不穷，一些重大问题未能根本解决。究其缘由，主要是因为我们在解决问题的手段和措施上未能统筹安排，采用单一要素优化法，改革的效果不佳，发展严重失衡。如为缓解经费不足和改善办学条件，我国加大了义务教育经费和物质资源投入的力度，但由于资源配置机制和监管制度不完善，现实中存在着较为严重的资源闲置和浪费现象，有限教育资源未能发挥最大效用；为克服应试教育弊端，国家实施了基础教育课程改革，但由于主体观念和评价制度未能根本改变，当前仍然是一个以应试教育为中心的教学模式，现实结果与改革目标相距甚远。因此，"教育发展的理想结果不是各个发展要素的简单相加，而是不同要素优化组合后所发生的'化学反应'，所产生的'乘数效应'和'裂变效应'"。②

总之，资源是稀缺的，事物是相互联系和相互作用的，教育资源的有限性和均衡发展构成要素的相互性决定了我们必须注重教育资源的优化配置与有效利用，而不能一味地强调增加教育经费，注重教育资源的投入。

第二节　从注重资源配置均衡转向教育质量均衡

随着教育投入的持续增加和办学条件的不断改善，区域内教育资源配置已基本均衡。但资源配置均衡并非教育均衡的全部，它仅仅是义务教育均衡发展的阶段性目标，义务教育均衡发展的根本在于教育质量均衡。

一　现阶段义务教育发展的主要矛盾要求必须转向质量均衡

世界上的一切事物都是变化发展着的，其发展变化都是连续性和阶段

---

① 熊清明、贾从荣：《马克思主义哲学新编》，人民出版社1992年版，第48页。
② 褚宏启：《论教育发展方式的转变》，《教育研究》，2011年第10期。

性的统一。"世界不是一成不变的事物的集合体,而是过程的集合体。"[①]义务教育均衡发展同样是一个动态过程,是一个动态的螺旋式的上升而循环往复的发展过程。在义务教育均衡发展的不同时期,由于其所处社会环境的发展变化,所要解决的首要问题和实现的阶段性目标存在差异,因此其主要任务和工作重心必将有所不同,义务教育均衡发展所采取的措施、手段也应发生转变。

在义务教育均衡发展初期,由于区域间和学校间的经费投入和办学条件存在较大差距,群体间的受教育条件极不均等,因此这时义务教育均衡发展的主要任务在于均衡配置教育资源,以确保教育资源在地区之间、城乡之间、校级之间、群体之间的优化配置,为每一位学生提供相对均等的教育条件。但随着各级政府对义务教育经费投入的持续增加和学校标准化建设的不断推进,特别是随着2012年区域内义务教育初步均衡目标的实现,不仅东部发达地区和中西部部分地区的资源配置得以均衡,而且中西部落后地区和广大农村地区的资源配置也逐步均衡。因此,当前义务教育均衡发展面临的主要矛盾不再是资源配置均衡,而在于如何更好地促进区域间和学校间教育质量和办学水平的均衡,满足人们对优质教育日益增长的需求。

事实上,在受教育权利和受教育条件得到全面保障之后,在生活水平和受教育程度得到大幅提高之后,人们不再囿于基本教育需求的满足,对高质量的教育需求更为强烈,对义务教育发展也提出了更高的要求。过去那种更多依靠教育投入,注重区域间和学校间的资源配置均衡,而不注重整体提高办学水平、促进教育质量均衡的发展方式在进一步推进义务教育均衡发展的进程中将举步维艰,对于2020年实现区域内义务教育发展基本均衡乃至最终实现教育公平、满足人们对优质教育需求的理想愿景几乎是不可能的。近年来,尽管国家三令五申要求各级政府采取各项措施,刹住社会愈演愈烈的"择校"之风,但就现实而言效果不甚理想。每到开学之际,传统的优势学校和贵族学校门庭若市,人满为患;而普通学校可谓门可罗雀,冷冷清清。很显然,造成这种反差的重要原因不在于学校间办学条件的差距,而在于教育质量和办学水平的差距。在资源配置基本均衡的背景下,正是由于各学校间的教育质量和办学水平存在较大差异,才

---

① 《马克思恩格斯选集》(第4卷),人民出版社1997年版,第239—240页。

导致了择校现象屡禁不止，也才造成了义务教育均衡发展目标难以实现。当前义务教育均衡发展的瓶颈不在于义务教育投入的多少，也不在于资源配置的进一步均衡，而在于如何整体提高义务教育质量，均衡区域间和学校间的办学水平。因此，提高教育质量和办学水平成为义务教育均衡发展面临的主要任务。任务的变化必然要求发展方式的转变，必须从注重资源配置均衡转向注重教育质量均衡。"在实现资源均衡配置之后，必须进一步转向教育质量的公平，把提升质量作为教育公平的核心和价值追求，以满足人民群众接受更加公平和更高质量教育的新要求，实现教育的优质均衡发展。"①

二 均衡发展的内在要求需要注重教育质量均衡

如前所述，由于教育均衡发展是一个后生概念，它是对其他学科均衡概念的移植，因此在教育均衡发展的界定及属性认识上，每一主体有所不同。尽管不少学者将均衡的对象或内容仅仅局限于教育资源，甚至有学者将义务教育均衡发展划分为两个阶段，即初级阶段和高级阶段；认为初级阶段在于均衡配置教育资源，高级阶段在于均衡教育质量和办学水平；但就教育均衡发展的本体意义或者活动的目标指向而言，这显然是不全面和不科学的。在《关于进一步推进义务教育均衡发展的若干意见》中，教育部明确指出，各级政府及教育行政部门除应积极采取各项措施以统筹区域内教师资源，缩小学校办学条件差距，还应建立有效机制，努力提高每一所学校的教育教学质量。在《关于深入推进义务教育均衡发展的意见》中，国务院也要求均衡合理配置教师、设备、图书、校舍等资源，全面提高办学水平和教育质量。由此可见，义务教育均衡发展至少包含了两个层面，一是资源配置的均衡；一是教育质量的均衡。资源配置均衡是教育质量均衡的基础和前提，没有资源配置的均衡，也就根本无法推进和实现教育质量的均衡；教育质量均衡是资源配置均衡的发展与深化，没有教育质量的均衡，义务教育均衡发展将是低层次的发展。

事实上，衡量义务教育发展有两个重要维度，一个是受教育权利的保障程度；另一个就是教育质量所达到的高度。对于受教育权利的保障，主要反映在两个方面，一个是受教育年限；一个是入学机会。在不同的国

---

① 冯建军：《义务教育均衡发展方式的转变》，《中国教育学刊》，2012年第3期。

家,实行着不同年限的义务教育。一般而言,年限越长,义务教育发展的水平越高。而不同国家在不同时期其义务教育的普及程度也是不一样的,普及程度越高,每一受教育者的入学机会越得到满足,义务教育的发展水平也就越高。2010年年底,尽管随着全国2856个县(市、区)全部实现"两基",我国"两基"人口覆盖率达到100%,每一适龄儿童的受教育权利得到了有效保障,但这时的不少地区和学校的办学水平和教育质量不高,因此义务教育整体发展水平还偏低。同理,衡量义务教育均衡发展水平也有两个重要维度,一个是资源配置的均衡;一个是教育质量的均衡。20世纪末期以来,为缩小地区之间、城乡之间和学校之间的教育发展差距,我国各级政府通过增加教育投入、改善办学条件等措施,特别是通过对落后地区和薄弱学校倾斜扶持,均衡了资源配置,有力地推进了义务教育均衡发展。当前,尽管县域内的义务教育资源配置基本均衡,但城乡之间和学校之间的教育发展差距依旧显著,教育质量和办学水平仍然参差不齐,学校办学特色不明显,学生的差异性和个性未能得到充分尊重,义务教育均衡发展水平仍然较低。因此,要深入推进义务教育均衡发展,提高义务教育均衡发展水平,我们就必须在均衡资源配置的同时,努力提高各地区、各学校的办学水平,尤其是农村地区和薄弱学校的办学水平,使各学校形成办学特色,促进教育质量的均衡。

三 世界教育改革的质量取向需要重视教育质量均衡

第二次世界大战结束后,世界教育进入了大发展和大改革时代。各国相继出台了一系列的教育改革法案,积极推行教育改革。如美国的《退伍军人法》、法国的《郎之万法案》,等等。到了20世纪60年代末期,许多国家的在校生数增加了一倍,教育经费也得到了快速增长。尤其是发达国家,它们均普及了12年义务教育,其高等教育毛入学率也超过了15%。然而,"似乎矛盾的是,危机的警钟正是在世界教育发展最兴盛的时候敲响的——这是二次世界大战结束后人们的希望和期待所带来的教育大发展"。[1] 正如威廉斯堡会议报告所指出的那样,尽管教育的发展和变

---

[1] [美]菲利普·库姆斯:《世界教育危机》,赵宝恒等译,人民教育出版社2000年版,第1页。

化比过去任何时期都快，但教育系统适应周围环境变化的速度却过于缓慢，导致教育系统与周围环境之间的各种形式的不平衡，而教育需求与教育供给的失衡是其主要形式之一，失衡的关键则是教育质量问题。"人人享受高质量的基础教育仍然是 20 世纪末的重大挑战之一。"①

为了主动应对日益激烈的国际竞争，为了积极回应日益高涨的提高教育质量的社会呼声，世界各国及社会组织采取多项措施加以应对。2001 年，美国总统布什签署《不让一个孩子掉队法》，强调政府和学校要努力提高所有学生的学业成绩，缩小同龄人之间的学业"鸿沟"，让每一个学生都平等地实现学业成就，认为降低对处于不利地位儿童的教育标准，就是对他们的歧视，对他们的一种无形的偏见。之后，美国又相继通过了《确保教育机会均等、促进全国教育卓越》《为有意义地促进技术、教育和科学卓越创造机会法案》等。2009 年，奥巴马政府出台了《美国复苏与再投资法》，计划在教育领域投入 100 多亿美元，全面提高美国从学前教育到高等教育的质量。英国早在 1997 年就颁布了《追求卓越的学校》，指出教育改革将着眼于大多数学生，宣布在学业成绩不良的地区开展"教育行动区"计划。国家设立了 73 个"教育行动区"，涉及 1000 多所学校。并第一次在全国范围内形成了统一的中小学课程标准，要求地方坚定不移地按照"国家课程"标准，提升基础教育质量。2005 年，英国政府颁布了《为了全体儿童：更高标准、更好的学校》，2007 年又建立了"全国教育卓越委员会"，以此进一步推进学校卓越发展，确保英国的教育竞争力。②③ 20 世纪 80 年代伊始，韩国就开始推行"义务教育平准化"，致力于提高教育质量。韩国政府将形成良好个性、追求优异、实现平等作为教育政策制定的方向，实施了一系列的教育改革措施。如 1995 年，韩国政府启动了一项综合教育改革，通过增强教育体系的弹性，使每一位学生都能根据自己的兴趣在任何时间、任何地点享受学习的乐趣，以培养每一个学生的能力和创造性；2002 年，韩国教育人力资源部出台了新的改革举措，通过进一步加强学生对国际社会的理解教育、为中小学聘

---

① 联合国教科文组织：《教育：财富蕴藏其中》，教育科学出版社 1996 年版，第 105 页。
② 张民选：《公平而卓越：世界教育发展的新追求》，《教育发展研究》，2008 年第 19 期。
③ 顾明远：《战后世界教育发展的历程和中外教育的比较》，《外国中小学教育》，2012 年第 2 期。

请大批英日中外籍教师等措施,以进一步提高韩国的教育质量和教育国际竞争力。①② 第二次世界大战结束后,日本也出台了一系列改革措施,以全面提高义务教育教育质量。如文部省统一审议和修订全国性教学大纲,其中规定了中小学教育内容的深度和广度以及全国范围内全体学生必须统一达到的教育课程的最低标准,以统一教育质量标准;一再修订《教师法》和《教师资格证书法》,改革教师培养和研训制度,增强大学在培养师资方面的责任和使命,形成在职教师培训体系,提高教师队伍的整体素质等。③

在世界各国为提高义务教育质量而如火如荼进行教育改革之际,2000年,联合国教科文组织通过了《全民教育行动纲领》,其中指出,向所有人提供受教育的机会虽然是一个"胜利",但如果不能向全民提供有质量的教育,所谓的全民教育只不过是一种"空洞的胜利"。因此,不仅要为"所有人提供教育",还要为"所有人提供高质量(优质)教育"。2004年,联合国教科文组织在日内瓦召开了第47届国际教育大会,会议的主题就是"面向所有青年的优质教育:挑战、趋势与优先",要求从平等的角度推进"高质量的全民教育"。④ 2005年,联合国教科文组织发布了《全民教育全球监测报告2005:提高教育质量势在必行》,对全民教育框架的教育质量问题作了系统论述,认为在扩大教育规模与促进教育公平之后,提高教育质量势在必行,以改变长期以来忽视教育质量的现象。⑤

在此背景下,我国也积极应对,将提高教育质量作为教育改革发展的重要内容和目标之一。1997年,前国家教委印发了《关于当前积极推进中小学实施素质教育的若干意见》,要求各级党政及教育行政部门干部、中小学校长和教师要以国家的教育方针为指导,牢固树立正确的教育观、人才观和质量观,改革人才培养模式,由"应试教育"转向素质教育,

---

① Shin – Bok Kim:《韩国教育模式的变革与发展》,《教育发展研究》,2005年第10期。
② 驻韩国使馆教育处:《韩国为提高教育国际竞争力出台新举措》,《世界教育信息》,2002年第12期。
③ 吴遵民、赖秀龙:《日本基础教育的质量保障机制及启示》,《外国中小学教育》,2009年第3期。
④ 谈松华、王健:《追求有质量的教育公平》,《人民教育》,2011年第18期。
⑤ 联合国教科文组织:《全民教育:提高教育质量势在必行——全民教育全球监测报告》,中国对外翻译出版公司2005年版,第234页。

全面提高学生素质和教育质量。1998年，教育部制订了《面向21世纪教育振兴行动计划》，提出要进一步加强教育督导工作，完善督导制度，保证"两基"的质量和素质教育的顺利实施，在2000年如期实现基本普及九年义务教育、基本扫除青壮年文盲的目标。2001年，国务院出台了《关于基础教育改革与发展的决定》，在强调坚持将普及九年义务教育和扫除青壮年文盲作为教育工作的"重中之重"、进一步扩大九年义务教育人口覆盖范围的同时，也要求占全国人口35%左右的大中城市和经济发达地区，高水平、高质量普及九年义务教育，进一步提高教育质量和办学效益。而《规划纲要》在把促进公平作为国家基本教育政策的同时，又提出要把提高质量作为教育改革发展的核心任务，以实现教育改革发展中公平与质量的统一。

由此可见，提高教育质量不仅仅是世界各国义务教育改革的目标，也是我国义务教育均衡发展的内在要求。我们应在保证教育资源配置基本均衡的基础上，努力提高各地区和学校的办学水平，促进教育质量的逐步均衡。

第三节 从依赖政府的被动发展转向学校主动发展

古人云："扶人先扶志。"在不断加强对落后地区和农村地区转移支付和倾斜扶持、促进区域间和学校间资源配置均衡的同时，落后地区学校、农村学校和薄弱学校办学水平依旧不高的现实让我们意识到，它们在办学条件薄弱的同时，更为根本的是精神薄弱。因此，在推进义务教育均衡发展进程中，我们不能仅仅停留在简单地对落后地区学校、农村地区学校和薄弱学校给予政策倾斜和资金支持，更为重要的是对它们给予精神上的扶持与引导，使它们彻底摆脱"等、靠、要"的依赖思想，摆脱输血、失血、再输血、再失血的怪圈，走出一条自我改造、自我发展的新路，从依赖政府的被动发展转向自我主动发展。

一 学校作为教育活动的基本场域要求注重其自主发展

教育作为人类一种特殊的社会实践活动，存在广义和狭义之说，广义的教育泛指一切有目的地影响人的身心发展的社会实践活动，狭义的教育则是指学校教育，它是教育者在一定的专门机构中，根据一定的社会要求，遵循受教育者的身心发展规律，有目的、有计划、有组织、有系统地引导受教育者获得知识技能、陶冶思想品德、发展智力和体力的一种活动。很显然，这里的专门机构就是指学校。

学校是专门的育人场所，学校教育具有严密的组织结构和制度，有经过严格选拔并经过专门训练培养出来的教师，有全面反映社会要求而系统组织起来的教育内容，有从事教育的完备的教育设施和专门的教学设备，其主要使命是培养人，培养塑造品学兼优、身心健康的社会人。学校教育的这些特点决定了学校是实现教育影响社会发展和个体发展功能的最主要场所，学校的发展状况影响着教育发展的质量，进而影响着国民素质和国家的综合实力。因此，无论哪一个时代，还是哪一个国家，都非常重视对学校的建设与控制，都赋予学校伟大而光荣的历史使命，都将学校教育置于关系国家兴旺和民族存亡的战略高度。正因为学校是开展教育活动的基本场域和基本组织，这就要求国家和社会保障学校的主体地位，重视学校的自主发展。

事实上，任何一个整体都是由各个部分所组成的，整体是相互联系、相互作用着的各个部分的有机统一体，没有部分就无所谓整体。尽管部分离不开整体，部分要服从和适合整体，部分只有在整体中才能发挥自己的潜能，但部分并非消极地服从和适应整体，它对整体起着积极的或消极的反作用。根据整体与部分的辩证关系，我们也可将区域教育、城乡教育与学校之间看作是整体与部分的关系。无论是发展区域教育，还是评估城乡教育，其最终的落脚点还在于学校。在推进义务教育均衡发展过程中，只有每一所学校都得到充分发展，只有学校间资源配置和办学水平基本均衡之后，才谈得上城乡间和区域间教育发展的均衡。离开了学校的发展，脱离了学校间教育质量和办学水平的均衡，城乡均衡、区域均衡乃至整个义务教育发展的均衡也就成为空中楼阁。

二 自主发展是学校发展的源泉和动力

唯物辩证法认为，事物的产生、发展和灭亡都是内因和外因共同作用的结果。内因指事物内部诸要素之间的对立统一，也就是内部矛盾；外因是事物与其他事物的对立统一，即外部矛盾，二者在事物发展中的地位和作用是不同的。内因是事物存在和发展的根据，是一事物区别于他事物的内在本质，是事物发展的源泉和动力，它规定着事物发展的方向；外因是事物存在和发展的外部条件，它必须通过内因而作用于事物，对事物的存在和发展起加速或延缓作用，但不能改变事物的根本性质和发展的基本方向。

学校作为开展教育活动的基本场所，其人、财、物的配置是影响学校发展的重要因素。既然学校的存在及其教育教学活动的顺利开展需要一定的人力、物力和财力，而学校教育的非物质生产性决定了它自身无法直接创造物质财富，所以它只能借助于外界社会资源的投入。一般而言，一国或一地区的经济发展水平和经济实力决定了教育资源投入的财力水平和物力水平，即所谓"衣食足，然后教育兴"。长期以来，我国经济基础总体薄弱，发展水平一直不高，国家财政收入有限，与发达国家有着相当大的距离。在穷国办大教育的背景下，教育部门还存在对国家有限财政支出的竞争和再分配。因此，我国义务教育投入一直处于不足状态，不少学校，特别是落后地区学校、农村学校和薄弱学校办学条件较差，严重影响了学校的建设和发展以及义务教育质量的整体提高，增加教育投入、改善办学条件也一直成为我国地方政府和学校的主要诉求之一。

然而，尽管外在的资源投入影响学校的生存与发展，但对学校发展起决定作用的还在于学校内部资源的优化配置、自我潜能和特色的挖掘与培育以及主体能动性的发挥。其中，主体的作用尤为重要。当前，在资源配置基本均衡的背景下，正是由于各个主体的自我发展意愿和发展能力不同，才导致了目前不同学校间的教育质量和办学水平仍然存在较大差异。毫无疑问，学校的举办及其教育活动的开展需要投入一定的人力、物力和财力，但教育质量和办学水平的提高不是一个单一的资源投入问题，也不是各要素的简单结合，而是以主体人为中心的资源优化问题，尤其是教师和学生的内在素质、参与教育活动的方式与态度以及资源的优化状况，这些对学校的建设与发展有着重要影响。然而，尽管学校场域中的每一个体都是主体，但其主体性却存在一定差异。有的个体的主体性较强，能积极思考和应对现实工作中遇到的各种困难和挫折，能积极主动地参与教育实践活动，能对现实环境进行创造性的改造；有的个体的主体性则较弱，消极怠工，满足现实，被动地接受外界的援助和听从上级的安排，不能结合自身实际创造性开展教育教学活动。因此，尽管各级政府及社会对学校的资源投入状况影响着学校的建设和发展，但这也仅仅是学校发展的外部条件。要使外界投入的各种资金及物化资源发挥应有的、最大的效用，就必须使之与学校中的人力资源优化组合，就必须充分激发教育活动主体的能动性、自主性和创造性，学校教育质量和办学水平提升的根本或者说内在条件在于学校场域中各主体的发展意识和发展能力的提高。

三 内生发展理论为学校自主发展提供了科学的学理基础

内生发展理论是20世纪中后期兴起的一种具有重要影响力的社会发展理论。在内生发展理论提出之前，社会发展主要依据于现代化理论、依附理论以及全球化理论等。这些理论从本质上都强调世界是一个有机整体，不同国家和地区乃至不同经济部门都是世界经济体系中不可分割的组成部分，任何国家和地区都能够通过大体相似的路径实现经济发展、社会变迁以及政治现代化。但在这些理论指导下的发展模式在给世界经济注入活力、提高了部分国家和地区的劳动生产率和生活水平的同时，其发展弊端也逐渐显露。由于西方发达国家在世界贸易组织、世界银行以及国际货币基金组织等国际组织中具有绝对的话语权，它们在世界发展过程中处于主导地位，广大发展中国家只能被迫追随和模仿西方发达国家发展模式，成为西方发达国家资本积累的对象，这不仅导致了一些国家和地区，特别是第三世界国家和落后地区的经济独立性丧失，给发展中国家或落后地区的社会文化造成破坏，而且也使国家和地区间的贫富差距愈加明显，整个世界经济社会发展停滞不前。正如美国马萨诸塞州大学政治学教授霍华德·威亚尔达所说："马克思和非马克思的模式，最终都基于西欧部分国家（德、法、英）和美国的特定发展经历。但到20世纪70年代已经很清楚，两者都不适合或者基本不适合第三世界。因此新生出对建构一种确能反映本土文化和本土制度的内生模式的兴趣。"在此背景下，人们开始对三大发展理论不断反思和解构，转向"以本身既有的和最近重新发现的价值与制度为基础，构建自己的政治、经济和社会组织系统，而不是盲目地、缓慢地模仿西方"，以寻求适合第三世界和落后地区自我为主、自我导向的发展模式，内生发展理论也就应运而生。①

内生发展理论的源头可追溯至1971年的联合国社会经济理事会针对不发达地区的项目开发所提出的五点共识，其中就蕴含了内生发展的思想。② 1974年，在联合国《关于建立国际经济新秩序的宣言》中延承了内生发展的理念，认为"每一个国家都有权实行自己认为最适合自己发展的经济和社会制度，而不因此遭受任何歧视"。③ 而正式提出"内生发展"这一概念则是1975年瑞典Dag Hammarskjo ld财团向联合国提交的一份关于"世界的未来"的报告，认为"如果发展作为个人解放和人类的全面发展来理解，那么事实上这个发展只能从一个社会的内部来推动"。④ 作为官方一个正式的政策概念，内生发展是在联合国教科文组织编制的《1977—1982年中期规划》中提出的，该规划的目标之一就是"研究符合不同社会实际和需要的内源与多样化的发展过程，它的社会文化条件、价值系统、居民参与这种发展的动机和方式"⑤。而后，联合国教科文组织推出的弗朗索瓦·佩鲁的《新发展观》一书中提出了内生发展理论，认为内生发展是指一个国家或地区合理开发与利用本地资源、提升内部力量和能力的发展。⑥ 之后，不少学者，如Vander Ploeg、Garofoli、Musto、Friedmann以及日本的鹤见和子、宫本宪一等深入探讨了内生发展模式，提出了诸多内生发展的理论构想，不断丰富和完善了内生发展理论。

虽然不同学者或组织对内生发展的概念界定不一，具体理解也存在差异，但我们仍然可以从中概括出内生发展的一般属性。所谓内生发展，就是指一个国家或地区以当地人为发展主体，以本地区的资源、技术、文化为基础，通过人文发展、技术进步、制度创新等措施培育自我发展能力，

---

① [美]霍华德·威亚尔达：《非西方发展理论》，董正华、昝涛译，北京大学出版社2006年版，第1—18页。

② 张环宙、黄超超、周永广：《内生式发展模式研究概述》，《浙江大学学报》（人文社会科学版），2007年第2期。

③ 联合国教科文组织：《内源发展战略》，社会科学文献出版社1988年版，第1—3页。

④ Nerfin, M. Another Development. Approaches and Strategies. Uppsala: Dag Hammarskjo ld Foundation, 1977.

⑤ 联合国教科文组织：《内源发展战略》，社会科学文献出版社1988年版，第1—3页。

⑥ [法]弗朗索瓦·佩鲁：《新发展观》，张宁、丰子义译，华夏出版社1987年版，第2—3页。

探索适合自己发展道路的一种发展模式。作为内生发展,它至少包含了以下几个方面的要义:①

1. 当地人是一国或一地区发展的主要实践主体

一个国家或者一个地区要发展,在一定程度上需要借助于其他国家或地区的资金、技术、人才以及信息的支持,但这些支持并不意味着它必须受制于外部世界的干涉,追随发达国家或地区的发展模式。恰恰相反,它必须以当地人作为发展主体,使当地人成为国家或地区开发的主要参与者和受益者,而不是外部力量的支配者和剥削对象,因为当地人更为了解本地的资源禀赋和风土人情,更能维护本地区的社会利益,从可持续发展角度积极参与地区开发与建设。"可以看一看最大的一个经济成功的奇迹。美国的发展就没有依靠外部强加的意识形态或是外来的专家。恰恰相反,它的发展显然是通过本土人民自己的努力、以他们自己的方式实现的。"②

2. 自我发展能力的培育是实现一国或一地区发展的关键

自我发展理论认为,一国或一地区发展要摆脱外部世界的干扰与束缚,使本地人成为自我发展的主导者,就必须通过区域、组织或个体内部来激发和培育自我生长能力,这种能力主要包括主体认识与分析问题的能力、科学规划与学习创新的能力、资源优化配置与内部挖潜的能力、适应社会及应对外界挑战的能力等。Vander Ploeg 和 Long 认为,内生发展的最终目的在于提升本地在技能和资格方面的能力。③ Garofoli 也认为,内生发展意味着提升基于本地层面的创新能力,包括转换社会经济系统的能力、应对外界挑战的能力、引进符合当地社会规则的能力等。④

3. 民主协商与全面参与是实现自我发展的必要保障

要使当地人成为真正的实践主体,就必须建立起一个能够体现当地人意志、表达当地人诉求的有效组织及实施机制,使当地人的主体权利得到

---

① 姚永强:《内生发展:薄弱学校改造路径选择》,《中国教育学刊》,2013 年第 4 期。
② [加] 亨利·明茨伯格:《发展的反思》,《IT 经理世界》,2007 年第 9 期。
③ Barke, M., Newton, M. The EU Leader Initiative and Endogenous Rural Development: the Application of the Program in Two Rural Areas of Andalusia, Southern Spain. Journal of Rural Studies, March 1997.
④ Sergio, B. Is There Room For Local Development in a Globalized World. Cepal Review, 2005, (86).

保障。由于内生发展是一种自下而上、由内至外的发展模式，因此传统的自上而下或者由外至内的发展模式已不能满足地方的发展需求，建立一个有效的基层组织及民主机制显然是必需的。民主协商和全面参与作为现代社会成员实现民主的主要形式，它要求政府或领导者在社会问题特别是在涉及与人民生活息息相关的重大问题方面要与社会成员进行协商，让社会中的每个成员平等、理性地参与，通过商谈和辩论在观点上达成一致。"我认为真正的领导者是'参与式的'：他们会以审慎和谦逊的态度与他人共事，因为他们自己也会全身心地投入所从事的事业，而不是去关注个人得失。"①

4. 区域文化的尊重与维护是内生发展的重要组成部分

文化既是一种社会现象，又是一种历史形态，是一定群体或者组织在共同的社会活动中所形成、为成员所共同认可并加以内化的价值观体系、行为准则、思想观念和行为方式的总和。文化决定着人们的思维方式和价值取向，在社会发展中起着重要作用。不同的国家和区域，总会蕴含一定的文化特质，形成相应的文化特征，从而构成整个世界的多元文化。内生发展在强调经济增长和生态环境改善的同时，也非常注重区域文化的保持与维护。只有将经济、社会、生态与文化的多元发展目标有机融合，一个国家或者一个地区才能真正实现可持续发展。正如日本社会学者鹤见和子所说，内生发展是指"不同地区的人们和集团适应固有的自然生态体系，遵循文化传统，参照外来的知识、技术和制度，自觉地寻求实现发展目标的途径，创造出理想的社会形态以及养成人们自觉的生活方式"。② 在2001年联合国教科文组织通过的《世界文化多样性宣言》中也指出："文化多样性是交流、革新和创作的源泉，对人类来讲就像生物多样性对维持生物平衡那样必不可少。从这个意义上讲，文化多样性是人类的共同遗产，应当从当代人和子孙后代的利益考虑予以承认和肯定。"③

尽管学校发展不同于经济社会发展，但内生发展理论对经济社会发展的积极作用为学校发展提供了有益借鉴。从内生发展理论出发，要实现学

---

① ［加］亨利·明茨伯格：《发展的反思》，《IT经理世界》，2007年第9期。
② 王志刚、黄棋：《内生式发展模式的演进过程》，《教学与研究》，2009年第3期。
③ 胡显章：《全球化背景下的文化多样性与文化自觉》，《清华大学学报》（哲学社会科学版），2007年第3期。

校最大程度的发展，就必须重视学校的主体地位，充分激发学校发展的内部活动，注重学校自主发展。自主发展既是学校持续发展和内涵式发展的需要，也是实现区域内义务教育均衡发展的根本。《中共中央关于全面深化改革若干重大问题的决定》指出，我们应深入推进管办分离，扩大学校办学自主权，完善学校内部治理结构。因此，我们必须把发展的主动权交给学校，使学校成为改革发展的真正主体，自主变革，自觉创新，走自主发展之路。

第四节 从一元发展转向多元发展

教育均衡发展的最终诉求在于实现教育公平，而公平不仅是权利的完全平等，更是个性差异的比例平等。无视差异，追求绝对平等不是公平的全部意义。多元发展既是教育公平的内在要求，也是对社会多元价值追求的回应，还是适应世界教育多元发展的趋势。

一 社会多元价值发展的要求

毫无疑问，我们生活在一个多样性的世界里，事物的多样性和差异性给我们提供了"世界是多元的"这一最质朴、最感性的认知。不同国家、不同地区居住着不同国籍、不同肤色、不同民族、不同宗教信仰的人。即使同一地区，人们所处的社会阶层、价值追求、行为习惯等也是不一样的。多样性不是现代社会才有的现象，它在过去已经存在，而且始终是人类社会历史的一部分。今天，多样性已经成为人类社会的一项基本特征，成为世界各国、各民族持续发展的一股重要力量。

社会的多元性主要体现在文化的多样性。文化是一种社会现象，是人们长期创造形成的产物，是指一个国家或民族的历史、地理、风土人情、传统习俗、生活方式、行为规范、价值观念等方面的有机统一。在多元文化的实践追求和理论探讨中，人们逐渐形成了多元文化主义。多元文化主义最早起源于美国，是源于美国少数民族对美国的盎格鲁—撒克逊种族中心理论和熔炉理论的批判而产生的。20世纪初，美国犹太裔学者霍勒斯·卡伦（Horace Kallen）提出了"文化多元论"（Cultural Pluralism）。1924年，他在《文化对民主》的新书中，正式提出并阐述了"文化多元论",首次使用了"文化多元主义"(Pluralism)一词。后来,伴随着多民族的美国、加拿大、澳大利亚等国解决民族问题而得到人们的广泛关注和深入探讨,其理论也得到进一步发展。特别是20世纪50年代后期至60年代,黑人领袖马丁·路德·金(Martin Luther King)发起了为美国少数群体争取民主权利的"民权运动",使多元文化理论与实践发展到了一个新的高度。"在美国,多元文化主义是民权运动的结果。正是对这种支撑着黑人民权运动的强烈而真挚的感情的理解,自由的美国人才逐渐懂得了,允许所有的美国公民拥有空间和机会去建立一个奠基于他们自己的文化传统的基础以维护自尊,那是很重要的。而在英国,这是一个奇异的经历,大量的来自世界各国的移民被视为'新的国民',他们中的大部分人遵守当地社会的法律和风俗,他们看来没有必要抛弃他们的宗教传统、饮食习惯和语言,这样就导致一个事实,同化不再是把移民融入当地社会的唯一方式,整合提供了一种更为实际的更为宽容的在道德上也更被接受的新方式。"① 在多元文化主义之下,要求人们尊重文化差异,反对同质化的文化霸权,特别是要求主流社会承认少数民族独特的文化及社会亚文化,赋予人们平等的公民权利,强调社会主体间的平等对话和协商合作等。由此可见,多元主义在西方有着坚实的理论基础和现实根基,它是近代以来西方社会生活的一个核心价值和基本特征,并将继续引导社会的发展。正如美国当代著名国际政治理论家萨缪尔·亨廷顿(Samuel Huntington)所说,我们不要做"普世文化"之梦,因为"未来不会出现一种普世皆准的文化,人类仍然生活在一个不同文化并存的世界"。② 我国学者庞朴教授也认为:"而事实上,文化是多元的,至少是世界大同、共产主义到来之前仍然是多元的……所以在今后相当长的一个阶段内,文化仍是多元的,而且多元还会得到发展,得到强调,得到补偿。"③

我国幅员辽阔,是一个多民族统一的国家,有着多元的民族文化,每一种文化都有着自身的独特性。从官方到民间,人们的诉求多种多样,甚至互相冲突,人们对于善恶、是非的价值判断也不再单一,而是

---

① [英] C. W. 沃特森:《多元文化主义》,吉林人民出版社2005年版,第7页。
② 吴富恒、狄其嗯:《面临挑战的文化建设》,《文史哲》,1994年第4期。
③ 庞朴:《文化的民族性与时代性》,中国和平出版社1998年版,第188页。

极度丰富，乃至在思想上也存在分歧的。随着社会民主进程的推进、城市化进程的加快和改革开放的深入，不仅国内各种文化交流日益频繁，而且与国外的文化交流也日益增多，各种文化和社会价值观相互作用，彼此影响，形成了多元发展的文化格局。同时，由于人们所隶属的民族不同，所处的社会地位不同，生产和生活实践的条件与样态不同，对社会资源支配的话语权不同，因而对同一问题和事物的立场与视角不同，进而其社会价值观也就必然存在差异。实际上，任何社会在一定时期都同时存在多种社会文化和社会价值观。在一个多元的社会里，每一民族都可以保留自己的宗教信仰和风俗习惯，每一个体都可以形成符合社会要求的、不同的世界观和价值观。多元文化的交流与碰撞能够为社会发展提供持续的动力。《中共中央关于深化文化体制改革，推动社会主义文化大发展大繁荣若干重大问题的决定》指出，文化是民族的血脉，是人民的精神家园，我们应始终把文化建设放在党和国家全局工作重要战略地位，坚持百花齐放，百家争鸣，为坚持和发展中国特色社会主义提供强大精神力量。

教育是培养人的社会活动，是整个社会大系统的一个子系统，它必然会受制于社会的发展，社会的多元价值必然会反映和作用于教育，对教育的价值观和教育内容产生重要的影响。教育要提高自身的活动效能，最大程度促进社会发展和人的发展，就必须适应社会和人的内在规定性，对社会多元价值发展做出积极反应。

二 教育公平的内在要求

均衡发展作为我国义务教育发展改革的路径选择，其最终诉求是实现教育公平。何谓教育公平？这在学界看法不一，可谓是仁者见仁，智者见智。"'公平'作为含有一个价值判断的'规范性概念'，比'平等'、'均等'更抽象，更具有道德意味、伦理性和历史性。"[1] 一般而言，公平是指公正而不偏袒，它是以人的平等的基本权利为准则对社会成员之间的利益关系的一种评价。平等既是公平的核心价值，也是衡量公平的尺度。但平等并不意味着人们所享有的待遇在种类和数量上完全相等，而只意味

---

[1] 杨东平：《中国教育公平的理想与现实》，北京大学出版社2006年版，第4—5页。

着他们在人格上的独立和享有与其贡献相称的待遇,真正意义上的平等不等于"平均"。亚里士多德认为平等有两种:"一类为其数量相等,另一类为比值相等。'数量相等'的意义是你所得的相同事物在数目和容量上与他人所得者相等;'比值相等'的意义是根据各人的真价值,按比例分配与之相衡称的事物。"①"依此义,公平乃成比例者,而不公平则其不成比例者也。不成比例,或由于过,或因不及。"② 英国思想家米尔恩(A. J. M. Milne)也认为,某种待遇在一定的场合是恰当的,那么在与这种待遇相关的特定方面是不相等的所有情况,必须受到不平等的对待,待遇的相对不平等必须与情况的相对不同成比例。③

现代意义上的公平包括权利公平、机会公平、过程公平和结果公平。据此,人们在阐述教育公平时也常常从教育权利公平、教育机会公平、教育过程公平和教育结果公平几个方面加以分析,这四者由低到高呈现出不同的公平程度和公平水平。随着义务教育经费的基本保障、办学条件的标准化以及教育制度的基本完善,人们对教育公平研究和关注的重点已逐渐从机会向过程和结果转移。过程公平和结果公平是公平程度最高,也是最难实现的教育公平。由于自然和社会的原因,每个个体的身体和能力、地位和收入、文化和职业、性别和年龄等方面都存在一定程度的差异,差异是人的本然状态。正因为人的个体差异性,所以他们所主张和适合的办学条件、教育内容和教育方式等则有所不同。提供整齐划一的同质性教育并非才是教育公平,差异性公平也是教育公平的重要组成部分。《学会生存——教育世界的今天和明天》一书明确指出:"给每一个个人平等的机会,并不是指名义上的平等,机会平等是要肯定每一个人都能受到适当的教育,而且这种教育的进度和方法是适合个人的特点的。"④ 因此,教育公平不仅仅是为每个受教育者提供同等的受教育机会与条件,更重要的是

---

① [古希腊]亚里士多德:《政治学》,吴寿彭译,商务印书馆1983年版,第234页。
② [古希腊]亚里士多德:《亚里士多德伦理学》,向达、夏崇璞译,商务印书馆1933年版,第103页。
③ [英]米尔恩:《人的权利与人的多样性——人权哲学》,夏勇等译,中国大百科全书出版社1995年版,第59页。
④ 联合国教科文组织、国际教育发展委员会:《学会生存——教育世界的今天和明天》,华东师范大学比较教育研究所译,教育科学出版社1996年版,第105页。

为每个受教育者提供适应其发展的教育机会与条件,真正的教育公平是建立在尊重每一个受教育者的差异性基础之上,并提供能够满足每一个个体不同教育需求的差异性教育。因此,要实现每个个体充分而又自由地发展,我们就必须承认受教育者存在的禀赋和能力差异,尊重学生的兴趣爱好和选择的自由,为每位受教育者提供"适切"的教育,包括办学条件、师资水平、课程设置、教育模式等。积极的教育公平不仅应提供同等的教育机会,更重要的是保证每一个个体都享有与自身需求相适应的获得任何知识、教育和自我发展的可能性。[1] "从本质上讲,教育公正与教育的个性化是高度一致的。教育公正问题,最终是实现教育的个性化,促使每个人的个性得到全面、自由、充分的发展。"[2]

当然,在强调基于个体差异而主张学校多元化、特色化发展的同时,我们还应认识到教育公平的另一相对性。"历史和现实一再昭示我们,公平只是一种相对的公平,它的实现往往是以牺牲一部分人的利益为代价,公平自身内在地蕴含着不公平,有差异的公平才是真正的公平,才是社会主义和谐社会的价值取向。"[3] 在现实社会中,由于每一地区的经济发展水平不同,每一学校的优质教育资源存量和所处地理及社会环境各异,每一受教育者的家庭背景和教育基础存在差异,因而他们享有社会资源的机会是不一样的。要使每一地区和学校为每一位受教育者提供相对均等的受教育条件,要使每一个体都能在平等的机会和条件下得到充分发展,我们就应采取补偿性措施,对那些落后地区学校和弱势学校给予倾斜和扶持,对社会经济地位处境不利的受教育者在教育资源配置上予以补偿。党的十八大报告提出,教育资源要"重点向农村、边远、贫困、民族地区倾斜",要"提高家庭经济困难学生资助水平",这说明国家为实现社会公平而对补偿性措施的认可与重视。尽管从某一角度而言这是不平等的,但却是实现教育公平所必需的。

---

[1] ФруминИ. Д. Основные подходы к проблеме равенства образовательных возможностей. Вопросы образования, 2006(2).
[2] 冯建军:《教育公正——政治哲学的视角》,福建教育出版社2008年版,第275页。
[3] 杨小明、张涛:《论有差异的公平》,《学术论坛》,2007年第3期。

三 义务教育均衡发展的必然选择

近年来,针对经济社会发展不平衡、城乡二元结构明显、学校资源投入和资源存量差异较大的现状,我国各级政府通过倾斜政策和学校标准化建设等措施,均衡配置教育资源,以此推进区域均衡和学校均衡。但在这一推进过程中,一些人将均衡发展简单地理解为平均发展,同一发展,认为千校一貌、千生一面才是真正的均衡。实际上,这是对义务教育均衡发展的最大误解。

就一般规定性而言,均衡发展决不是平均发展。它不是限制发达地区和高水平学校的发展,而是根据不同区域和学校的实际情况,分区规划、分步实施、分校发展,尽可能地把低水平教育的地区、学校扶上去。同时,均衡发展也决不是同一发展。它不是限制各地区、各学校的教育个性和办学特色,而是要鼓励不同地区、不同学校根据各自实际情况,创造性地探索有自己特色的发展道路,实现高水平、高层次的多元化和特色化发展。完全同质既不符合教育发展的客观规律,也会扼杀学校办学特色,只能导致义务教育的低层次、低水平均衡。正因如此,我国在推进义务教育均衡发展中历来非常重视学校办学特色化和学生发展个性化。《中国教育改革和发展纲要》指出,中小学要由应试教育转向全面提高国民素质的轨道,面向全体学生,促进学生生动活泼地发展,办出各自特色。《规划纲要》也指出,我们应树立以提高质量为核心的教育发展观,注重教育内涵发展,鼓励学校办出特色、办出水平。《国务院关于深入推进义务教育均衡发展的意见》再次强调,鼓励学校开展教育教学改革实验,努力办出特色、办出水平,为每位学生提供适合的教育。

事实上,义务教育均衡发展的目标不仅是促进地区之间、城乡之间和学校之间资源配置的均衡,而且要促进地区之间、城乡之间和学校之间教育质量的均衡。从教育质量的一般意义来看,其最终体现在培养对象的质量上。由于每一个受教育者的兴趣、爱好、价值观、知识水平、特长及潜能等都在客观上存在着诸多差异和分歧,因此他们所适合的教育环境、教学模式也就不一。要提高教育质量,就必须促进每一个体全面而又充分发展;要实现每一个体全面充分的发展,就必须为他们提供适合的教育。所谓适合的教育,那就是关注和尊重受教育者的差异性,为每一个个体提供个性化的教育环境和培养模式，创办特色化的学校，因材施教，实现每个学生的个性都获得充分而自由地发展。

教育发展要均衡，更要有特色，这既是满足学生个性化发展和全面发展的需要，也是提高教育质量和办学水平的需要，更是实现义务教育高位均衡和教育现代化的需要，教育的个性化和办学的特色化已经成为必然选择。特色是学校的内在品质与外显特征，它隐藏在学校的办学思想和办学目标之中，孕育于学校教育实践活动之中。有特色才会有优势，有优势才会有生命力和竞争力，它是学校找到自我、增强信心的基础，也是学校发展的主要依托。近年来，一些地区开始尝试通过创建特色学校等措施来推进义务教育均衡向纵深发展。2007年年初，重庆市就开始在推进义务教育均衡发展中，紧紧抓住特色学校建设这一关键举措，要求每一所学校要从本校的实际出发，形成独特的、稳定的、优质的办学思想和教育模式。2007年12月，重庆市教委还与中国教育学会联合举办了"全国中小学特色学校发展高峰论坛"，邀请了中国教育学会陶西平副会长等境内外知名教育专家和江苏洋思中学、北京一师附小等多所名校校长到会作专题发言，使全市中小学进一步明确了特色学校建设的意义和具体举措，为进一步推进特色学校建设奠定了坚实的基础。

四　多元发展的世界教育改革取向要求我国义务教育发展多元化

当今世界，各国政府都认识到教育在知识经济和全球化时代中的重要作用，并以期通过教育改革来提高国民素质，增强国家的国际竞争力。义务教育作为培养人才和提高国民素质的奠基工程，在教育改革中占有重要地位，多元而卓越成为新的历史时期各国义务教育发展的新追求。

英国是一个多民族、多文化、多信仰的国家，英国的历史和国情决定了他们对多元价值观的追求和多元社会实践活动形式的选择。20世纪50年代，随着移民的持续增加，人们逐渐接受和认同文化差异，政府开始关注移民教育并且制定多元文化教育政策。1977年，英国政府出台了《学校教育》，指出："我们的社会是一个多文化、多种族的社会，课程应该能够反映我们对组成这个社会的不同文化和种族的深刻理解。"1981年，政府又出台了《学校课程》，进一步阐明："学校里所教的内容以及教学方法都必须准确地反映我们社会的基本价值和观念……我们的社会已变成一个多文化社会，在学生和父母当中存在许多各异的个人价值观。"①
1988年，英国政府颁布了《教育改革法》，规定课程应"保持平衡并具有广泛基础"，强调学校应创造环境，为提升多元文化提供一些机会。并在《合格教师资格标准》中要求教师必须尊重学生的社会、文化、语言、宗教和种族背景，考虑学生的多样化需求，使每个学生都能获得较好的发展。之后，为提高教育质量，政府将教育多样化发展与特色学校建设结合起来。1992年，英国政府制定了《选择与多样化：学校的新框架》，要求建立更多富有特色的学校以促进教育的多样化发展，"特色学校计划"应运而生。1997年，英政府发布了教育白皮书——《追求卓越的学校教育》，提出了一系列的教育改革措施，其中主要内容之一就是扩大特色学校计划，鼓励更多学校成为特色学校，尤其是要求每个教育行动区内至少应有一所特色学校，使其在提高该地区教育质量方面成为重要力量。如作为特色学校形式之一的灯塔学校，于1998年开始试办。灯塔学校是经认定具有某种特色的学校，其特色不仅足以作为其他学校学习的成功范例，同时也必须将学校特色与其他学校分享。2001年，英国政府再次发布了教育白皮书——《学校：迈向成功》，继续倡导教育多样化，要求每所学校都要有自己的文化精神，并到2005年使全国50%的中学都建成特色学校。2003年，英国政府出台了《改革中等教育：一个新的特色体系》，该方案的主旨就是"每所学校都有与众不同的特征，每位教师都有教学特色，每位学生都受到特色教育"。② 2005年，教育和技能部颁布了《为了全体学生：更高的标准、更好的学校》教育白皮书，再次强调要加强学校合作，给学校更大的自由，强化特色学校对其他学校和当地社区所能做的贡献。③ 截至2009年底，特色学校总数已达2891所，占英国中等教育学校总数的93%以上。④

美国也是一个多元文化的国家，给学校最大的自主权，促进学校办学

---

① 王鉴、王明钏：《多元文化教育比较研究》，民族教育出版社2006年版，第138页。
② 常宝宁、高绣叶：《英国特色学校发展的绩效与启示》，《比较教育研究》，2012年第3期。
③ 王帅：《基于政府政策的英国特色学校发展及启示》，《外国教育研究》，2011年第11期。
④ 常宝宁、高绣叶：《英国特色学校发展的绩效与启示》，《比较教育研究》，2012年第3期。

形式的特色化和多样化是美国政府的一贯做法。早在20世纪70年代初，联邦政府就实施了磁石学校计划。磁石学校除训练学生的读、写、算等基本技能外，还针对儿童特殊兴趣爱好，开设富有特色的课程，如音乐、戏剧、计算机、科学及视觉艺术等。磁石学校以富有特色的课程和灵活的教学方法吸引不同地区、不同种族的学生前来就读，不仅推动了学校多元文化的融合，而且能够满足不同学生组群的特殊学习兴趣和需要。1982年，美国联邦政府为激励办学成功而提出了蓝带学校计划。蓝带学校计划的目的不仅在于确立和认可全国杰出的公私立学校，而且积极鼓励每一学校都要根据学校的社会文化环境和教育对象，设置具有个性化的教育计划，促进每一位学生的最大发展。2002年，美国联邦教育部颁布了《不让一个孩子落伍法》，该法案再次强调学校应重视基于自身的学校改进计划和学生评价方案的制订，要求每一学校环境都应有助于教师的专业成长和学生的全面而个性化发展。20世纪90年代，一些州通过立法设立特许学校。特许学校是众多公办民营学校中的一种学校类型，它是由有理想、有抱负的教师团体、家长、社区组织和其他非营利机构申请开办的学校。学校在课程开发、教学方法、人员聘用和行政管理等方面享有较大的自主权，并因其规模小而积极推行小班化教学，开展富有特色的教学活动。[①] 2012年，美国外交关系委员会发布《美国教育改革与国家安全》独立报告，强调要推动教育结构性改革，给予学生和家长更多选择学校的权利。因此，在考虑本地需求的情况下，政府可以设置更多特许学校、实验学校（Pilot Schools）等非传统的学校模式，为学生提供多样化的学习方式和方法。[②]

日本政府近年来也大力进行教育改革，改革的方向就是追求个性与多样化，培养有独立思考能力和创新精神的人才。自20世纪80年代，日本就开始追随美英奉行的新自由主义路线，不仅在经济领域里掀起了所谓私营化的改革浪潮，而且也在教育领域展开了新自由主义路线指导下的体制改革。在当时临时教育审议会提交的咨询报告中，就提出了"个性化"

---

① 曹大辉、周谊：《英、美二国特色学校初探》，《外国中小学教育》，2006年第4期。
② 肖龙海、韩青青：《美国教育改革的新动向——〈教育改革与国家安全〉报告解析》，《比较教育研究》，2013年第3期。

的教育改革指导原则，要求放宽制度限制以建立多样化、灵活化、弹性化的教育制度，扩大中小学校的权限及责任，促进学校自主性、多元化发展。1997年，日本中央教育审议会审议通过了《面向21世纪的我国教育发展的方向》，其核心思想就是对个性的尊重。1998年，文部省修订了《学习指导要领》，于2002年正式全面实施，其目标就是在宽松的环境下，培养学生的个性，推进特色学校创建和特色教学开展。政府希望通过创设综合学习课程、减少必修内容、缩短授课时数等措施，创设宽松的学习环境，以充分发挥学生的个性特长，培养学生的创新意识和创造能力，并促使学校向个性化、特色化的方向发展。2008年，日本政府颁布了新的《学习指导要领》，强调增加基础学科的教学内容和教学时数，尊重他人和不同社会的价值观并与之共处。[1][2][3]

此外，其他国家如意大利、新西兰、法国等也在普及义务教育之后把创办特色学校、实施特色教育视为重要课题，统筹协调教育发展的统一性与多样性，培养创新性、个性化的高素质人才，增强综合国力以及国际竞争力。

总之，均衡发展并非平均发展，而是基于个性的差异化发展，差异是实现义务教育均衡发展的重要途径。义务教育均衡发展必须把统一要求和个性化发展有机结合起来，既要强调统一性要求，又要重视差异性发展，从一元发展转向多元发展。

第五节 从过度规模发展转向适度规模发展

任何地区的教育和学校发展都有其规模的均衡点，过度强调规模经济、无限扩大学校规模的行为都会偏离教育的自身发展规律，给教育乃至社会带来负面影响，既导致资源配置失衡，又带来有限资源的浪费。要最

---

[1] 钟启泉：《新〈学习指导要领〉的理念与课题——日本教育学者梶田叡一教授访谈》，《全球教育展望》，2008年第8期。
[2] 李协京：《新自由主义和新保守主义路线指导下的日本教育改革》，《教育研究》，2005年第8期。
[3] 施雨丹：《教育个性化：日本教育改革的战略选择》，《外国中小学教育》，2003年第10期。

大程度提高区域教育效能,就必须从过度规模发展转向适度规模发展。所谓适度,就是指适合要求的程度,而适度规模则是指在一定的社会经济条件下,生产规模扩大而导致的规模报酬不变的一种状态。

一 学校适度规模的确定

近年来,学校规模问题一直是国内外学者研究教育微观领域的重要内容。范先佐教授认为,学校适度规模是基于规模经济而提出来的,它是指在教育的其他条件基本不变的情况下,学校拥有恰好可以使所有资源得以充分和恰当利用,并在不违背教育规律的前提下,保证培养规格、教育质量不受到影响的合理限额的班级数和学生数。[①] 王善迈教授认为,学校适度规模是指当学校的学生和教师(包括职工)及各项物质设备之间的比例构成处于最佳状态时,这时的规模就是这个学校的适度规模,它包括教师的适度规模、设备的适度规模以及学生的适度规模。[②] 学校的初始适度规模,可以用 U 形曲线来求解(见图 6.1)。

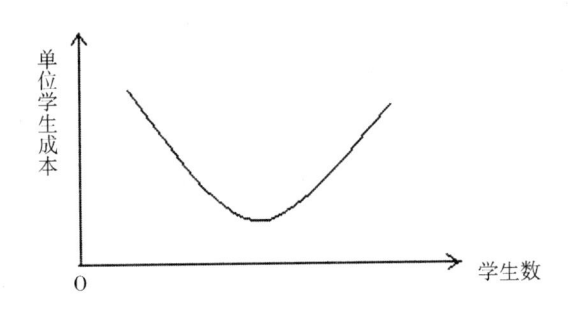

图 6.1 初始适度规模示意图

图 6.1 中的 U 形曲线顶点为学校规模经济和不经济的分界点,而它所代表的是学校最适当的规模学生数。但是随着初等教育的普及和受教育人口的增加,学校的规模是不断扩大的。资源获得充分利用后,如果继续投资,还可能出现规模经济效果,上边 U 形曲线所表现的只是学校最小的适度规模,或称第一级适度规模。实际上,学校可维持一个能充分并适当运用资源的稍大规模,单位学生的生均成本增减幅度与规模扩大在超过

[①] 范先佐:《教育经济学》,人民教育出版社 1999 年版,第 277 页。
[②] 王善迈:《教育经济学概论》,北京师范大学出版社 1989 年版,第 211 页。

一定规模后呈上下波动（见表6.2）。

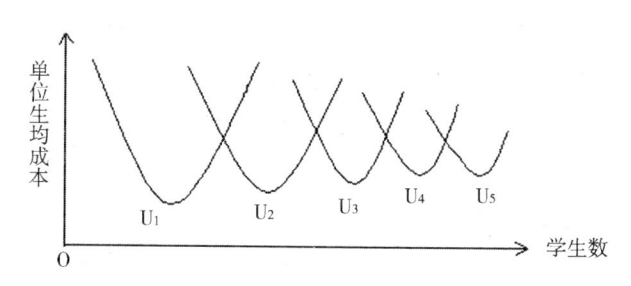

图6.2 学校规模经济变化图

图6.2中，U_1是开办学校时的U形曲线，单位学生经常成本随规模扩大而迅速减少；U_2至U_5是继续投入资源，因学生人数增加到一定数量后，增加的资源对单位学生平均成本的影响相对减少，遂使单位学生平均成本呈小幅度U形的向下波动。

对于学校规模多大才是适度的，不同学者得出的结论是不一样的。美国学者Juha B. Smith从多大规模的中学对学生学习最有效率、多大规模中学的学习资源能够被公正地分配、学校规模对整个中学阶段的影响是否持续三个假设出发，对学校规模与学生学习之间的联系进行了研究。结果表明，理想学校规模的学生人数应在600—900人之间。[1][2] 美国的里依（Riew）、科恩（Koln）、奥斯泊恩（Osbiim）等人对高级中学适度规模进行了研究，分别认为1675人、2244人及1850人是一所高中学校最为理想的规模。因此，在现有的教育条件下，美国高级中学的最佳学校规模在2000人左右。[3] 美国卡耐基基金会和国家中学校长联合会在一份联合声明中认为，高级中学的在校生适宜规模应在600人以下。[4] Howley认为，对于学校适度规模的确定，我们不能仅仅指向学生人数或经济指标，应综合

---

[1] Juha B. Smith, Educational Evaluation and Policy Analysis, Vol. 19, No. 3, pp. 205—208, Fall, 1997.

[2] 李进忠：《美国学校规模小型化：政策、研究与实践》，《全球教育展望》，2004年第2期。

[3] 曾满超：Cost Analysis for Educational Policy-making: A Review of Cost Studies in Education in Developing Countries. Review of Educational Research, Vol. 58, No. 2, 1988.

[4] 马晓强：《关于我国普通高中教育办学规模的几个问题》，《教育与经济》，2003年第3期。

考虑相关的多个方面因素,包括学校的年级数量、学校层次、所有制性质、地理位置以及课程类型等。[1] 美国学者麦格菲(Carroll W. McGuffey)也在研究中发现,不同层级的教育,其规模要求也不一样。如美国南部大城市的中学和小学在都达到规模经济时,其建筑设备的使用率是不同的。[2]

国内最早对学校适度规模开展实证研究的台湾学者林文达教授在1964年通过对台湾21所中学的学校规模资料进行研究分析,发现台北市中学的适度规模是2200—2400人,而整个台湾中学的适度规模则是1800—2200人。[3] 另一位台湾学者林淑贞在对1963年以前成立的全台北市46所中学的学校规模分析后认为,城市和郊区的学校规模是不同的,市区学校的平均规模明显大于城镇或郊区学校规模,当学校规模超过4000人时,学校都能够正常运作。[4] 1997年,大陆学者王玉昆教授对北京东城区的27所普通中学进行了调研,调研的27所普通中学中最大的学校为2195人,最小的学校为570人,学校平均规模为1316人。通过规模与办学效益的相关性分析,他认为学校规模与办学效益呈显著正相关。进而认为,在2195人以下的学校中,学校规模越大,办学效益越高。[5] 杨晓霞等通过对广州市黄埔区21所公办小学的生均教育成本、生均人员成本、生均公用成本、生均经常成本的实证研究,结合学校的相关性办学条件分析,认为广州市黄埔区公办小学的最适办学规模为1100人左右,最适班额约为46人。[6]

由此可见,学校适度规模是一个相对概念,"它要以一定的社会、经济、科技发展状况为条件,并且要为社会、经济与科技的发展服务。在研究确定我国各地区、各类型学校的最佳规模时,要考虑到我国当前的社会状况和经济社会发展对不同类型学校的需求。由于我国幅员辽阔,各个地

---

[1] ERIC Clearing house on Rural Education and Small Schools Charlesron WV. Onging Dilemmas of Schools Size: A Sport Story. Howley, Craig, 1996, p. 12.
[2] 靳希斌:《教育经济学》(第4版),人民教育出版社2009年版,第360页。
[3] 林文达:《教育经济学》,三民书局1984年版,第202页。
[4] 魏真:《学校规模经济研究述评》,《江苏教育研究》,2010年第15期。
[5] 王玉昆:《普通中学办学效益分析》,《中小学管理》,1997年第6期。
[6] 杨晓霞、郭万利:《最适办学规模分析——以广州市黄埔区为例》,《广州大学学报》(社会科学版),2010年第11期。

区在人口分布、生源多寡、经济和地理条件等方面都存在着较大的差异……这就客观上决定了在不同地区、不同性质的学校,其最佳规模的选择标准也就不同。"① 同时,学校的适度规模也决不能仅以经济的指标来加以衡量,它还涉及社会公平、区域文化等多个方面。学校规模太小,既难以合理配置各种教育资源,又不能充分和适当运用教育资源,产生单位学生成本偏高的不经济效果;而学校规模太大,又会衍生人际关系冷漠、行政僵化、参与决策与管理的机会减少、学生对短缺的教育资源的不充分享有、因材施教难以实施等经济后果。因此,学校规模过小或过大都不利于教育资源的合理与充分利用,也不利于学校功能的整体实现。

二 学校适度规模发展具有多元价值

纵观国内外关于学校规模的实证研究结论,学校规模对资源利用、学生发展以及组织运行等都有着深刻的影响,学校规模过大或过小,都不利于办学效益的提高、教育质量的提升和教育公平的实现。只有学校适度规模发展,才能促进教育资源效益的最大化和学校功能的有效实现。

(一)学校适度规模有利于资源效益最大化

实施学校布局调整、扩大学校规模的初衷在于优化资源配置,最大限度提高资源利用率。"追求效益是各级政府尤其是县级政府进行农村中小学布局调整的初始动力。"② 就其结果而言,通过布局调整扩大学校规模,看似节约了政府的教育投入,但实际经济效益并非得到明显改善。因为一是大量农村学校撤并之后,学校遗留校舍和设施缺乏管理,教育资源大量闲置和浪费,部分设施流失。如延安市延川县文安驿镇中心学校的两栋教学楼共 24 间教室,现今实际只使用了其中的 6 间。③ 二是学校布局调整后,政府不得不增加投入对一些学校进行改扩建以及新建学校,以及新增用于校车的费用。据了解,2012 年 7 月,西宁市政府决定实施二期教育布局调整工程,而二期教育布局调整工程主要涉及 10 所学校新建、7 所

---

① 范先佐:《教育经济学》,人民教育出版社 1999 年版,第 278 页。
② 范先佐:《农村中小学布局调整的原因、动力及方式选择》,《教育与经济》,2006 年第 1 期。
③ 孙强、刘海红:《走向空壳的乡村学校——乡村教育调查报告》,《华商报》,2009 年 11 月 9 日。

学校改扩建项目，项目总建筑面积约 32 万平米，计划总投资约 15 亿元。① 三是学校布局调整加重了人民教育负担。农村学校撤并后，一些学生被迫转校到更远的地方去上学，与之前相比，学生家庭需要增加交通费、伙食费、住宿费以及家长陪读而产生的相关费用等。而适度缩小学校规模，特别是保留必要的小规模学校和教学点，不仅可以充分利用现存的校舍及设施设备，减少教育资源的浪费与流失，而且可以使学生家庭节省住宿费、伙食费及交通费等费用，也可以使政府节约用于校车的费用。在对中西部六省区学生家长的问卷调查中，有 80.8% 的家长认为孩子在教学点就读能减轻家庭的经济负担。另据学者对陕西省南郑县黄官镇中心学校的学生的调查，如果学生在教学点上学，学生只需支付约 200 元/学期的伙食费，而住宿和交通的支出均为零；如果学生转到中心学校就读，家庭需要支出约 920 元/学期的伙食费、住宿费及交通费。如果家长陪读而在乡镇及城区租住房屋的话，其开支更大。②

(二) 学校适度规模有利于地方文化的传承与发展

学校的根本任务是育人，其实质就是对人类文化的传承与创新。没有文化，便没有学校，而离开了学校，文化也就难以有效地传递与改造。不同民族、不同种族、不同区域和不同阶层和组织又有着自身的特定文化，尽管其中存在糟粕，但每种文化也不乏精华。学校是不同社会背景人群的汇聚地，是各种文化交融的场所，也是地方区域文化的载体，在社会文化的传承与发展中有着不可替代的作用。正因如此，各个国家和地区都非常重视学校在文化建设中的作用，尤其重视学校对地方文化的传承与发展。学校布局调整使数量众多的农村中小学被撤并，原来"村村有小学，乡乡有初中"的格局被改变，有的地方已调整为一个乡镇只有一所中心校，这必然导致乡村文化交流与传承载体的缺乏，使地方民众失去了学习知识、提高文化素质的场所。学校适度规模发展，特别是发展一些小规模学校，保留部分教学点，不仅可以使学校内群体之间、个体之间交往更为频繁，不同文化之间交流的机会增加，彼此对对方文化更为了解和认可，而

---

① 《西宁二期教育布局调整新建、改扩建 17 所学校》，《青海日报》，2012 年 10 月 31 日。
② 赵丹：《农村教学点在义务教育均衡发展中的作用、问题与对策》，《华中师范大学学报》（人文社会科学版），2012 年第 5 期。

且更为重要的是，它为当地民众学习知识和文化交流提供了一个很好的场所。因为在广大民众心中，学校是文化的象征，是传授知识、培养人才的圣地。每所学校都配置了大量的科技文化书籍和报刊资料，通过特定人员的讲解和自我阅读，可以使广大民众了解和掌握国家的方针政策、科学知识、实用技术以及致富信息。同时，小规模学校的存在和教学点的保留使学生有充足的时间与上辈人接触，使他们能够充分了解和习得当地的社会习性和文化习惯，增进他们对地方文化的热爱感，使他们更多地且乐于去感受、发现、利用当地独特的文化资源，养成健全的人格，成为当地文化传播的使者。

（三）学校适度规模有利于教育公平的实现

由于我国地区之间、城乡之间和学校之间的资源配置存在较大差异，教育发展水平不平衡。因此，重视中小学教育的均衡发展就成为政府进行农村学校布局调整的直接动力。[①] 虽然学校布局缩小了学校之间的资源配置差距，促进了区域内中小学教育的均衡发展，也在一定程度上促进了教育公平，但同时也产生了新的教育不公平。如学校过于集中给居住分散的学生带来不便，尤其是农村学生，这不仅违背了"就近入学"原则，也增加了学生的经济成本、时间成本以及安全风险，使儿童失学、辍学的可能性增加；学校规模过大使学生的受关注度降低，教育过程公平也就难以实现等。因此，通过适度规模办学，发展小规模学校，一方面可以缩短学生求学路程，实现"就近入学"原则，保障适龄儿童的受教育权利，使原本就很脆弱的落后地区、农村地区的受教育意识基础得到夯实和加强，使人们的受教育愿望得到激发和提高。另一方面也有利于促进教育过程公平。因为学校教育中的每个个体是有明显差异的，学校规模和班级规模的缩小能够提高教师对每个学生的关注度，使教师能够充分、全面地了解和掌握学生的社会背景和个性特长，能够有针对性地采取教育措施，因材施教，促进每一个受教育者都能受到适切的教育，得到充分的发展。其中尤其是处境不利学生和问题学生。美国学者杰瑞·约翰逊（Jerry Johnson）通过对学生阅读和数学成绩差距的分析，发现在每所高中不足200人的学

---

① 范先佐：《农村中小学布局调整的原因、动力及方式选择》，《教育与经济》，2006年第1期。

区，家庭经济条件与成绩的相关度均为0.08；而在大规模学区，家庭经济条件与数学成绩的相关度为0.31，阅读为0.23。由此他认为，学校规模与贫富学生的成绩有较大相关性，小规模学校由于师生交流频繁，有利于贫困学生的学习，从而有利于缩小不同家庭经济条件学生的成绩差距。[①] 美国另两位学者李和史密斯（Lee & Smith）研究也发现，学校规模对那些社会经济地位较低或平时学习很努力学生的成绩影响较大，而对学习成绩不好而社会经济地位较高的学生，以及平时学习较好学生的成绩影响不大。因而他们认为，小规模的学校更公平，更有利于提高学生的成绩，尤其是那些社会经济地位较低的学生的成绩。[②]

（四）学校适度规模有利于学生的发展

过去，由于规模较小的乡镇学校及教学点办学条件较差，师资水平较低，教育教学质量低下，因此，追求质量的提高成为政府进行农村中小学布局调整的最终动力。[③] 但这也导致了一些教育问题，如寄宿制学校学生丧失了接受家庭教育的机会，低龄儿童长时间远离父母会引发心理上的偏差和行为上的失范，大规模学校中的学生难以接受到教师有针对性的教育措施，教师也难以开展多样化的教学模式等。而小规模学校和农村教学点能够拉近学生与家庭、家长的距离，使学生有更多的时间和机会与家庭成员交流，感受到家庭的温情，接受家庭教育，使家庭、学校和社会联系密切，教师与家长互动，形成强大的教育合力。即使是隔代教育，它也能对学校教育起到很好的辅助作用，因为再高水平、再高质量的学校教育和社会教育，都无法取代家庭教育在孩子成长中的作用。同时，小规模学校和农村教学点由于班级规模小，人与人之间交往频度高，有助于建立融洽的师生关系，激发学生学习的兴趣与热情，从而创造一个良好的学习氛围；也有利于教师准确把握学生的个性特点，增强对教学的调控能力，使他们能够采用灵活多样的教学方法，实施启发式教学，从而取得良好的教学效

---

① 谭春芳、徐湘荷：《大就好吗——美国小规模中小学校（学区）合并问题研究》，《外国中小学教育》，2009年第2期。

② 王鑫、章婧：《西方中小学学校规模的实证研究综述》，《浙江社会科学》，2010年第8期。

③ 范先佐：《农村中小学布局调整的原因、动力及方式选择》，《教育与经济》，2006年第1期。

果。有学者对陕西省农村小学布局调整情况的调查结果表明，合并学校与未合并学校学生成绩的差异并不显著，说明农村学校合并不一定能够提高农村的教育质量。① 还有学者在对广东、湖北等地中小学校的实地调研中也发现，教学点的学生不但学习成绩不差，相反，常常还要优于其他学校学生的学习成绩。②

三 美英日小规模学校运动的经验借鉴

美国地广人稀，中小学校规模在传统上都比较小。这些小规模学校在历史上被称之为微型学校，在美国的历史上存在了很长时间，它一般容纳350名学生或者更少的学生，有的学校甚至仅仅雇佣一个老师。③ 1959年，美国哈佛大学的校长科南特发表了一份《今天的美国中学》报告，认为小规模学校由于资源匮乏，不能提供高质量的教育，因而有必要对小规模学校进行合并，应发展学生数不少于400人的大型综合中学。科南特的这份报告在美国掀起了一场学校合并运动，大量简陋、低质的微型学校被关闭和合并，导致学校数量不断减少，学校规模不断壮大。1930年—2001年，美国公立学校从26.2万多所减少到9.1万所左右，而学校的平均规模则从127人增加到653人。④ 虽然学校合并运动缓解了教育经费紧张的局面，也在一定程度上提高了教育质量，但随着学校规模越来越大，其中存在的问题也越来越突出，如儿童获得的帮助越来越少，学生厌学情绪明显，校园暴力事件不断增加等。根据1998年的全国教育统计中心的调查，大型学校更有可能发生严重的暴力犯罪事件，33%的招生规模超过1000人的中学都发生过严重的暴力犯罪。相比之下，小型学校发生暴力案件的可能性则低得多。另一份调查表明，大型学校（招生规模超过

---

① 常芳、白媛媛：《农村小学布局调整对学生成绩影响的实证分析——以陕西为例》，《南方经济》，2008年第9期。

② 赵丹：《农村教学点在义务教育均衡发展中的作用、问题与对策》，《华中师范大学学报》（人文社会科学版），2012年第5期。

③ PatrieiaWasley, Linda C. Powell, Esther Mosak, Sherry P. King, Nicole E. Holland, Matt Gladden, Michelle Fine. Small Schools: Great Studies – A Study of New Small Schools in Chicago. Bank Street College of Education. 2000.

④ 杜屏、赵汝英：《美国农村小规模学校政策变化分析》，《教育发展研究》，2010年第3期。

1000 人）发生暴力案件的可能性是小型学校（少于 300 人）的 8 倍。①美国学者赛泽尔（Sizer）于 1984 年出版了关于美国大规模中学的研究成果——《贺拉斯的妥协：美国中学的困境》，通过虚构的中学教师贺拉斯的从教经历，深入、详尽地披露了美国中学人满为患的问题，并由此提出办学规模和课程设置的"少而精"原则，创建了精干学校联盟。② 针对大规模学校存在的问题以及提高教育质量的需求，20 世纪 90 年代以来，美国掀起了微型学校运动，缩小学校规模成为继小班教学、教育券、"蓝带学校"计划后教育改革的一个新动向。1989 年，由卡耐基基金会资助的报告《转折点》就指出，创造小型化的学校社区是应对大规模学校改革的一个不错建议。1996 年，由卡耐基基金会资助的另一份报告《打破序列》也建议，中学必须分解成不多于 600 多名学生的单元，以便教师和学生能更好地相互了解。③ 1999 年，美国联邦教育部颁布了《缩小班额计划》，以政府拨款的形式对缩小班级规模给予财政上和政策上的支持，预期之后的 7 年间提供 124 亿美元帮助各学区聘用 10 万名教师，并在全国范围内将低年级的班额减少到 18 人。④ 美国联邦政府为每所将要转变成小型学习团体的大型学校提供 5 万美元的资助，比尔·梅林达·盖茨基金会（The Bill Melinda Gates Foundation）也为缩小全国中学规模提供 25 亿多美元的资金。⑤ 2001 年，美国联邦政府颁布了《不让一个儿童落后》的教育改革法案，认为微型学校在缩小优等生和处境不利学生之间差距成效显著，因而有必要创建小型化、多元化的学校。为落实《不让一个儿童落后》法案中的"小型化学习型社区计划"，联邦教育部仅 2001 年就拨款 1.25 亿美元用于资助地方教育机构。⑥ 同时，全美各地方政府也对

---

① Michael Klonsky. How Smaller Schools Prevent School Violence. Education Leadership. February 2002.
② James Wetz. Human Scale Education – Relationships as springboard for learning. Website: www.hse.org.uk.
③ 梁彦清：《美国微型学校述评》，华东师范大学，硕士学位论文，2006 年。
④ 孙莉莉：《美国缩小班级规模研究回顾与启示》，《教育科学研究》，2000 年第 1 期。
⑤ 马健生、鲍枫：《缩小学校规模：美国教育改革的新动向》，《比较教育研究》，2003 年第 5 期。
⑥ 李进忠：《美国学校规模小型化：政策、研究与实践》，《全球教育展望》，2004 年第 2 期。

学校小规模化改革给予资助和支持。2000—2003年，为了帮助建设各种具有挑战性的小规模学校，纽约市政府投入了近7900万美元；2000—2003年，芝加哥市社区基金会共投资1970万美元用于帮助现有中学的改建和小规模学校建设；2003年，德克萨斯州投资3500万美元在德克萨斯与墨西哥交界处重新设计和改造了75—80所新型的小规模学校。①

与美国一样，20世纪80年代中期，2000名以上学生的综合中学在英国占到了大多数。虽然这些大规模学校扩大了适龄儿童的受教育机会，促进了学校的规模经济效益，但往往导致了孩子的待人冷漠和无所适从，他们的个性也在一定程度上受到限制。与之相比，小规模学校则在看重人际关系、尊重每个个体、形成团队精神三大指标方面远远胜过大规模中学。② 在此背景下，英国的一些教育工作者开始倡导旨在创建小规模学校或学习共同体的宜人教育。宜人教育倡导用人文尺度来衡量教育的得失，尤其看重学校规模对人际关系的影响，提出了学校规模宜人化和人际关系优先化这两大"宜人教育"原则，认为宜人化的学校是小规模学校或学习共同体，只有小规模学校才能将每名儿童、青少年培养为道德、智力、情感、创造性、社会性等方面充分且健康发展的"全人"。③ 对于学校规模的确定，"宜人教育"的倡导者认为小规模学校或学习共同体的学生应在250—300名，由教师组成的教学小队人数应为4—6名，其每周教授的学生不超过80—90名。④

在美英轰轰烈烈开展小规模化学校运动的同时，日本也对这种改革举措给予了积极的反应与认可。20世纪80年代，日本在基础教育改革方案中就要求拆分规模过大的学校。他们将班级的人数定为40—45人，而一所学校的最大班级数为30，由此推算，中小学校的规模应控制在1200—1400人。日本政府计划通过增加经费投入、划拨相应用地补助等措施，从1986年起用5年的时间逐渐消除大规模学校。据统计，日本大规模学

---

① 梁彦清：《美国微型学校述评》，华东师范大学，硕士学位论文，2006年。
② 方彤、王东杰：《英国宜人教育的学校规模观及其实践》，《外国中小学教育》，2013年第7期。
③ Mary Tasker. Human Scale Education——History, Values and Practice. Website：www.hse.org.uk.
④ Mike Davies. Human Scale by Design. Website：www.hse.org.uk.

校的比例从 1980 年的 7% 减少到 1987 年的 3.5%，拆分大规模学校的举措取得了明显的效果。①

总之，过度强调规模经济不仅违背了"就近入学"原则，弱化了教育的社会文化功能，而且也不利于学生交流和家校合力的发挥，因此，必须从过度规模发展转向适度规模发展。适度规模的确定是一个非常复杂的问题，涉及经济、文化、地理、教育等各个方面，我们在确定学校规模适度标准时，要充分考虑区域间和学校间的差异，避免简单化、"一刀切"。

第六节 从单一发展转向共同发展

共同发展既是国际发展的共同需求，也是一个国家的发展原则，其目的就是求同存异、平等互利、共同发展。过去，正是由于我们重城市和示范学校发展，轻农村和一般学校建设，将二者发展人为地分离开来，才导致了城乡间、学校间的发展差距无限扩大。因此，要促进义务教育均衡发展，就必须从单一发展转向共同发展。

一 教育共同体的价值认识

众所周知，同一个词语在不同学科或在同一学科的不同语境中的语意是不一样的。正如德国社会学家曼海姆（Karl Mannheim）所说："我们先从这样一个事实开始，即在大多数情况下，同样的词或同样的概念，当处境不同的人使用它时，就指很不相同的东西。"② 当前，"共同体"一词已被广泛运用于政治、经济、文化等领域，并衍生出诸如政治共同体、经济共同体、文化共同体等概念。

"共同体"一词源于 Community，由法国思想家卢梭提出。他认为，社会契约一旦形成，"就意味着每个人把自己的全部权利都转让给由人民结合成的集体，因此个人服从集体的'公意'，也就是服从自己，人民则是这个政治共同体的主权者"③。德国著名社会学家裴迪南·滕尼斯

---

① 杨海燕：《超大规模学校的现实困境与理想选择》，《教育发展研究》，2007 年第 17 期。
② [德] 曼海姆：《意识形态与乌托邦》，黎鸣等译，商务印书馆 2002 年版，第 278 页。
③ [法] 卢梭：《社会契约论》，商务印书馆 2003 年版，第 132 页。

(Ferdinand Tonnies)在其《共同体与社会》中,对"共同体"进行了全面、深入的阐释。他认为,共同体是具有共同的价值观念和共同目标、关系密切、相互之间富有人情味的各种主体的聚合体。在他看来,共同体的内涵与外延十分广泛,不仅包括地缘共同体,而且也包括血缘共同体和精神共同体。"血缘共同体作为行为的统一体发展为和分离为地缘共同体,地缘共同体直接表现为居住在一起,而地缘共同体又发展为精神共同体,作为在相同的方向上和意义上的纯粹的相互作用和支配。"① 波兰社会学家齐格蒙特·鲍曼(Zygmunt Bauman)把共同体定义为,"社会中存在的,基于主观上或客观上的共同特征(这些特征包括种族、观念、地位、遭遇、任务、身份等)(或相似性)而组成的各种层次的团体、组织"。并认为:"共同体意味着的并不是我们可以获得和享受的世界,而是一种我们将热切希望栖息、希望重新拥有的世界……失去共同体,意味着失去安全感;得到共同体,如果真的发生的话,意味着将很快失去自由。"② 后来,美国文化人类学家莱芙和温格(Lave and Wenger)在《情境认知:合法的边缘参与》一书中提出"实践共同体"这一概念,认为实践共同体就是"这样一个人群,所有成员拥有一个共同的关注点,共同致力解决一组问题,或者为了一个主题共同投入热情,他们在这一共同追求的领域中通过持续不断的相互作用而发展自己的知识和专长"。③ 由此可见,所谓共同体,就是两个及其以上的个体基于一定的共同特征而结成的团体或组织。它既包括小规模的社团组织,也可指更大规模、更高层次的民族或国家。任何形式和层次的共同体,其本质都是每一个体由于一定的利益关系,包括经济利益、政治利益、文化利益、心理利益等而形成的利益共同体。一方面,共同体是由个体所构成的,构成共同体的每一个体是相互独立的,有着各自的独立性;另一方面,构成共同体的每一个体又不是纯粹的独立个体,而是构成整体的要素。

教育共同体是在共同体的基础上派生出来的,而人们对教育共同体的研究是从学习共同体开始的。美国著名哲学家、教育家约翰·杜威(John

---

① [德]滕尼斯:《共同体与社会》,林荣远译,商务印书馆1999年版,第75页。
② [波]齐格蒙特·鲍曼:《共同体》,欧阳景根译,江苏人民出版2003年版,第4页。
③ Wenger, Etienne. Communities of Practice: Learning, Meaning and Identity. Cambridge University Press, 1998.

Dewey)在论述学校概念时认为,学校教育是一种人与人交往互动的社会活动,这种社会活动可以依"学习共同体"的形式展开。1995年,美国当代著名教育家欧内斯特·L.博耶尔(Ernest L. Boyer)发表了题为《基础学校:学习的共同体》报告,其中使用了"学习的共同体"这一概念。他认为,有效的学校教育首要的且最重要的是建立真正意义上的学习共同体,这一共同体人人平等,有共享的愿景和纪律的约束,成员间彼此交流,内部气氛快乐,等等。① 日本东京大学佐藤学教授在《学习的快乐——走向对话》一书中也对学习共同体有过论文。他认为,"学习,不仅引导我们从独白的世界走向对话的世界,而且通过这种对话性实践,为我们开辟了构筑起'学习共同体'——使我们恢复同事物与他人的关联、多样的人们基于差异的交响——的可能性。""作为'学习共同体'的学校,不仅是儿童们合作的相互学习的学校,也是教师们作为教育专家合作的相互学习的学校,还是家长和市民参与学校教育的、合作的相互学习的学校。"② 20世纪90年代以来,随着人们研究的深入,有学者对教育共同体这一概念进行了论述。林上洪认为,教育共同体就是基于一致的教育信仰,为了共同的教育目标,在培养人的社会实践活动中形成的有责任感的个体联合。形成教育共同体的关键在于本质意志,而继承惯例和集体活动记忆则是培育教育共同体的必要因素。同时他认为,现实中的教育共同体是交叉多层次的,宏观层次上的教育共同体表现为终身教育视野下的家庭、学校和社会的联合;中观层次上的教育共同体表现为学校教育者的联合,具体分为本校教师间的联合、横向同级别学校间的联合和纵向不同层次学校间的联合;微观层次上的教育共同体存在于以教师为主导、学生为主体的教学关系中。③ 翟楠认为,教育共同体是在教育的公共生活中建构起来的公共空间。在体制化的教育生活中,教育共同体可划分为国家教育共同体、学校教育共同体和班级教育共同体,它们构成了个体在制度化教

---

① 钟启泉:《基础学校:学习的共同体——新世纪基础学校的构图(之一)》,《上海教育》,1998年第8期。

② [日]佐藤学:《学习的快乐——走向对话》,钟启泉译,教育科学出版社2004年版,第101—105页。

③ 林上洪:《"教育共同体"刍议》,《教育学术月刊》,2009年第10期。

育中生存的基本空间。①

当前,"学习共同体"思想在教育中有了新的发展,研究者们提出了诸如"教育共同体""城乡教育共同体""区域性教育共同体""教师共同体""学校共同体""课堂共同体""教育科研共同体",等等。尽管人们对教育共同体的相关概念并不陌生,甚至已成为教育言论和新闻报刊使用频率较高的一个词汇。但不难发现,在不同的语境中,它们表达着不同乃至大相径庭的意义,整个教育共同体的概念体系还在不断地修正和完善,其内涵和外延也处于不断的变动和构建之中。但值得肯定的是,共同体概念的引入改变了教学只是教师的行为、教育只是学校的事情、区域教育只是简单的学校集结的传统观念,为我们分析教育问题提供了新的视角,为提高教育成效提供了新的路径。过去,正是由于我们缺乏共同意识和共同行为,一直没有将学校作为一个有机组织加以建设,也没有将区域教育作为一个系统的整体加以发展,不同教育主体间缺乏交流、协调与联合,才导致了我们教育发展的各自为政,彼此间发展不均衡甚至差距很大的局面。因此,基于学校差距、城乡差距和地区差距视角的教育共同体的构建能够使彼此间优势互补,互助互利,理念、资源、管理和成果共享,能够促进共同体内每一地区、每所学校的共同发展,实现区域间和学校间的均衡发展。

二 均衡发展本质属性决定了各区域和学校共同发展

教育均衡发展是基于地区之间、城乡之间和学校之间教育质量和小学水平不平衡而提出的一种理想愿景和行动策略,其实质是指一定教育系统的各构成要素在内外因素作用下保持协调一致的发展状态或者发展结果。因此,义务教育均衡发展的本质属性要求各区域和学校共同发展。②

(一) 教育均衡发展不是单一发展而是整体发展

教育是由若干要素所构成的,构成教育的各要素总是按照一定的内在机制结合成教育整体。整体性是马克思主义辩证法的主要范畴,马克思在

---

① 翟楠:《教育共同体的类型及其道德意蕴》,《教育理论与实践》,2012年第31期。
② 姚永强:《义务教育均衡发展科学意蕴之解读》,《现代中小学教育》,2013年第1期。

分析社会和物质世界时都采用了整体性方法。"整体性作为一种辩证的观察原则和分析方法,首先把一定的对象、存在看作为内容及其结构完整的有机体,在关于整体与部分的关系上,坚持整体对于部分的决定性的观点。"[①] 教育的整体性不仅体现在教育要素的构成上,同时也体现在教育的发展进程中。教育之所以能向前发展,就在于构成教育系统各要素相互联系和相互作用的结果,这种相互联系和相互作用构成了教育发展的动力和源泉。如果仅强调某一要素的发展,或者把某个要素从教育的发展过程中割裂出来,就会致使构成教育系统的要素间彼此力量悬殊和结构失衡,教育就难以保持自身应有的性质、作用和特征,导致教育停滞不前或畸形发展。如从教育类型看,既要发展普通教育,又要发展职业教育;从区域教育看,既要发展发达地区教育,又要发展落后地区教育;既要发展城市教育,又要发展农村教育。因此,教育均衡发展既不主张单一要素的发展,也不限制某一要素的发展,而是保持各个要素的共同发展,从而促进教育的整体发展。整体发展强调区域内各个单位、组织乃至个体不是一个个独立而又分散的元素,而是共生于一个系统的有机整体,要求城市学校与农村学校、优势学校与薄弱学校围绕共同的目标,合理配置和共享教育资源,促进共同发展,而这正是教育共同发展的应有之义。只有将县域内的教育行政部门及其所辖中小学校组成一个区域性教育共同体,整体规划和调控,尤其是把农村教育、薄弱学校作为区域教育整体的一个重要组成部分,才能有效推进县域内义务教育均衡发展,整体提高教育质量和办学水平。

(二) 教育均衡发展不是孤立发展而是协调发展

按照哲学和系统论的管线,教育是一个实践系统。教育系统的每一构成要素在自身内在矛盾的作用下按照自我规律加以变化和发展的同时,又不可避免受到系统整体的制约以及其他要素的影响与作用,各要素并非彼此绝对孤立,而是相互联系,相互依存,相互协调。"任何一个系统实际上是一种'联系之有',它只存在于要素与要素的相关性中。"[②] 正因为构

[①] 梁树发:《马克思主义整体性与基本原理体系的建构》,《教学与研究》,2007年第11期。

[②] 熊清明、贾从荣:《马克思主义哲学新编》,人民出版社1992年版,第100页。

成教育系统的要素彼此联系和相互依存,所以教育的发展并不是某一要素单一作用的结果,而是这些要素在相对独立的基础上相互协调、共同作用的结果。如学校教学质量的提高,不单单是办学条件的改善,也不单单是教师素质的提高,而应是整个教学资源的优化配置,包括办学条件、师资水平、学生个性、课程设置、文化环境等方面的有机协调。当前,教育发展之所以不平衡,就在于我们人为地将教育系统中彼此联系的各要素人为地割裂开来,只看到了要素的独立性,未能看到彼此之间的相关性,从而采取不合理的区别性措施加以发展。如城市与农村、重点学校与薄弱学校等。因此,教育均衡发展不是孤立发展,而是强调各要素在相对独立发展的基础上彼此协调,形成教育发展结构的有机统一、均衡一致,不存在所谓的教育冲突和教育差别。共同发展在强调教育发展整体性的同时,也非常注重区域教育和学校教育的统筹协调,强调在整体利益和共同目标的引导与制约下,相互沟通、彼此依托,减少矛盾与冲突,从而实现城乡教育和学校教育的协调发展。

三 教育改革要求城乡教育和学校教育共同发展

自 20 世纪 80 年代以来,随着经济社会改革的逐步深入,教育改革也随之全面展开,人们不断创新教育思想,更新办学理念,积极探索教育实践的有效模式,而区域教育、城乡教育共同发展便是改革所致力的重要目标。

早在 1993 年中共中央、国务院印发的《中国教育改革和发展纲要》中就指出,教育改革应坚持协调发展的原则,积极推进农村教育、城市教育和企业教育综合改革,县、乡两级政府要把教育纳入当地经济、社会发展的整体规划,分级统筹管理基础教育。《规划纲要》则要求进一步加大省级政府对区域内各级各类教育的统筹力度,整体部署教育改革试验,统筹区域协调发展,推进城乡义务教育均衡发展。

在统筹协调、共同发展思想的指引下,地方各级政府也积极探索区域教育整体发展的新模式,并积累出了一些成功经验。2003 年以来,成都市运用城乡统筹的思路和方法,形成了"全域视角,政府主导,一元标准,倾斜配置,优质共享"的城乡教育一体化"成都模式",以"全域成都"教育整体水平的提高为前提,通过城市教育和农村教育的良性互动与相互促进来有效保证城乡教育一体化发展的顺利推进,实现城乡教育的共同发展。2010年,"苏锡常区域整体联动推进义务教育优质均衡发展"国家教育体制改革试点项目正式启动。作为江苏省首批创建义务教育优质均衡改革发展示范区,苏州、无锡、常州三市在着力提高区域内义务教育的高位均衡水平的同时,将高层互动,三市共进,建立定期交流机制,制订共建方案,形成多样化、有特色、有统有分的推进机制,以实现义务教育发展在更大范围内均衡。2011年,北京市朝阳区区委教工委、区教委下发了《朝阳区普通中小学关于促进城乡学校共同体发展的实施意见》,分别结成了7对市区级示范小学和农村小学及7对市区级示范中学和农村中学发展共同体学校。发展共同体学校就是要通过探索管理一体化工作模式、形成教师融通流动机制、促进生源分布合理布局、构建促进城乡学校共同发展的保障机制等措施,扩大优质资源辐射作用,进一步缩小我区城乡之间、学校之间的差距,实现教育优质均衡协调发展。

四 国外对教育共同发展的有益探索对我国义务教育均衡发展的启示

为促进学校间、城乡间、区域间乃至国家间的交流、合作和互动,最大程度实现资源共享,提高教育质量和办学水平,世界各国都积极探索构建地区、城乡和学校共同发展机制,建立教育发展共同体。其中,美国要素学校联盟和欧盟教育共同体的有益探索和成功经验为我国义务教育均衡发展提供了良好借鉴。

(一) 美国要素学校联盟

20世纪中叶,苏联成功发射了世界第一颗人造地球卫星,这给称霸世界的美国重重一击,美国人不得不对自己的社会经济文化发展进行全方位审视和反思。他们认为,科学技术的落后在于教育的落后,而教育落后的根源在于教育理念存在问题,认为进步主义教育思想破坏了学校传授知识的完整性和结构性,学生没有很好地掌握科学技术知识。在此背景下,各种围绕着如何提高基础教育质量的改革主张与教育试验不断涌现,要素学校联盟也就应运而生。1979年—1984年,美国著名教育改革家西奥多·赛泽(Theodore R. Sizer)与其同事对美国中学进行了为期五年的调查，认为美国中学存在课程庞杂、教学内容缺少深度、教学手段和方法过于死板等问题。针对这些问题，赛泽基于进步教育的立场提出了自己的改革设想，希望学校在十项共同原则的理念指导下，结合各学校的处境与特色进行独有的学校改良重组。1984年，赛泽与六个州的11所自愿遵循十项共同原则进行改组的学校在布朗大学正式成立了教育改革协作组织——"要素学校联盟"。"要素学校联盟"刚一成立，就受到了全国一些公立或私立学校的欢迎，1986年从成立之初的11所增加到50所，2004年则达到了1000多所。同时，"要素学校联盟"还建立了庞大的组织与管理网络，不仅设有全国性的教育改革领导中心——"联盟办公室"，还在全美成立了26个要素学校联盟附属中心。

"要素学校联盟"是一个由教育专家发起、学校自愿加入的松散型民间组织，维系各联盟学校的纽带主要是赛泽提出的"十项共同原则"，包括运用自己的心智；少胜于多，精胜于杂；学校的目标应适合于所有的学生；实行个性化教学；学生是学习者，教师是辅导者；展示学习成果；形成礼貌、诚信的校园文化；致力于学校的整体发展；一切资源为了教与学；民主与平等。尽管"要素学校联盟"是以共同原则为信念而建立的，各校以及各地区附属"联盟中心"都需遵守前述的十大教育原则，在全国也建立了一个具有一定严密性的学校系统，但它毕竟属于一种松散型的联合性组织，因此它不为联盟学校提供具体的、整齐划一的办学模式，仅提供一些向导和成功的改革经验，各地区和学校可结合各所学校的特点选择如何进行改革，各学校改革试验的重点和方式也可不尽一致。例如，有的学校和地区"要素学校联盟中心"注重组织教师进行夏季学院集中培训，为不同学校教师的交流提供机会；有的则注重建立教师与学生一对一的辅导关系等。

"要素学校联盟"创建至今已有近30年，尽管成员学校良莠不齐，发展理念也与全国性的高标准考试相冲突，但它还是受到国内不少民众的认同，还曾一度与一些地方政府合作，引导其他学校的改革，并在学生学业评价方面取得了优异成绩。根据2001年的一项对全美范围内41所"要素学校联盟"成员学校的调查结果，"要素学校联盟"学校在大学入学比例、八年级学生数学考试通过率、学校安全以及标准化考试等4个指标方面都高于或好于全国平均水平。①②③

（二）欧盟教育共同体

欧盟，全称欧洲联盟，是由欧洲共同体发展而来的，是当今世界一体化程度最高、具有巨大影响力的区域政治、经济组织，是多个主权国家的联合体。它以1950年法国外交部部长罗伯特·舒曼提出的"舒曼宣言"为开端，在历经1952年的欧洲煤钢共同体、1957年的欧洲经济共同体和1967年的欧洲共同体之后，1993年，随着《马斯特里赫特条约》的生效，欧盟也正式成立。当前，欧盟已从单一的经济、货币联盟发展到包括政治、军事、文化在内的立体联盟。为了巩固联盟基础，促进欧洲整体发展，欧盟采取了一系列的政策和措施，包括实现关税同盟和共同外贸政策、建立政治联盟、实行共同的农业政策等。

在推进经济、政治和军事一体化的同时，"欧盟一直在致力于发展超国家层面的教育政策，试图通过对教育领域的介入来推动各成员国的教育变革，从而达到建构欧洲认同的目的。"④ 在1957年确立欧洲经济共同体的《罗马条约》中，几乎没有关于教育的条款，但为了各国经济和共同市场的和谐发展，相关条约也暗含或涉及了关于职业培训的内容，提出了欧洲经济共同体实施共同职业培训的跨国政策，并在1963年规定了欧洲经济共同体与各成员国的责任，确立了共同职业培训政策的基本原则，提出了共同职业培训的总体目标、实施方式。

20世纪70年代，严重经济衰退导致全欧洲范围内青年失业率的上升，这迫使人们开始重新考虑教育在国家层面和超国家层面的作用，认为教育是打造"未来新的欧洲公民"的桥梁。1971年，欧共体的法、意、德、比、荷、卢六个成员国总理首次提出关于职业培训的"行动计划"，拟订了"行动计划"的指导方针，希望借此加强各成员国之间的教育合

---

① 郑洁、洪明：《20世纪80年代以来美国"进步主义取向"的教育变革——"要素学校联盟"的理念与实践探析》，《比较教育研究》，2010年第8期。

② 洪明：《美国当代进步主义取向的学校变革——"要素学校联盟"的原则、实践基准和组织模式研究》，《比较教育研究》，2013年第1期。

③ 郑洁：《"要素学校联盟"的理念与实践研究——20世纪80年代以来美国进步主义取向的教育变革探究》，福建师范大学，硕士学位论文，2011年。

④ 李晓强：《超国家层面的欧盟教育政策：回顾与展望》，《全球教育展望》，2006年第8期。

作。1973年,受欧盟委员会的委托,比利时前教育部部长詹尼(Henri-Janne)在调研的基础上为欧盟提交了一份题为"关于共同体的教育政策"的研究报告,这为欧盟制定教育政策提供了重要的理论基础。为了鼓励教育领域的合作,1974年,在欧共体教育部长理事会上成立了由各成员国和欧共体委员会代表组成的教育委员会。1976年,欧共体出台了"联合学习计划",以促进校际协商和学生间的交流。并在1980年建立了欧洲教育信息网,以加强各成员国之间教育政策与结构的相互理解与沟通。

20世纪80年代中期,随着单一欧洲法案的签订和"欧洲维度的教育"理念的确立,人们逐渐认识到发展"欧洲维度的教育"有助于推动欧洲一体化建设。为此,欧共体在教育的各个领域和层次出台了相关教育与职业培训计划,以进一步促进欧共体内部的教育交流与合作。此后,欧共体相继出台了"欧共体教育、教学与培训计划""伊拉斯谟计划""Lingua语言计划""Tempus计划"等。

1992年,欧共体各成员国签署了《欧洲联盟条约》,为欧洲教育一体化提供了强有力的政策支持。该条约不仅继续关注职业教育和职业培训,而且还首次明确对普通教育作出规定,认为"共同体应该通过鼓励成员国间的合作,如有必要,通过支持和补充它们的行动,从而促进优质教育的发展……"1994年,欧盟提出了专门的职业培训行动计划——"达·芬奇计划",希望通过跨国合作的方式提高职业培训的质量,促进职业培训的变革;1995年,欧盟提出了综合性的"苏格拉底计划",以加强各教育活动之间的统筹与协调,提高教育行动的整体效益;同年,欧盟还启动了"夸美纽斯计划",以鼓励欧盟范围内地区间、学校间和其他教育培训机构间加强交流与合作,取长补短,促进整个欧盟跨境和跨地区的广泛教育合作。2002年,欧盟委员会通过了酝酿已久的欧洲教育和培训统一参考标准,以提高欧盟教育一体化程度,实现欧盟教育的标准化、国际化。

当然,在构建教育共同体的过程中,欧盟充分认识到各成员国在政治制度、经济和文化水平方面存在较大的差异。因此,在强化欧洲教育和培训统一参考标准的同时,也非常注重教育政策和标准的弹性化。1974年,欧共体教育部长理事会决议指出,教育合作必须充分考虑各国的传统和各自教育政策与制度的多样性。《欧洲联盟条约》第126条和第127条在强调合作的同时,也明确指出要充分尊重各成员国在教育组织、教育制度和教学内容上的自由权利及其语言、文化的多样性，成员国的教育与培训制度不需要作任何调整。当前，尽管欧盟已逐渐建立起较为完整的教育政策体系，但各成员国依然在教育制度和教学内容的组织安排上拥有充分的自主权。欧盟委员会也一再承诺，要保留教育制度和教学内容的多样性，认为完全的一致既是不受欢迎的，也是不可能的。

时至今日，尽管欧盟教育一体化政策的推行对民族国家教育体系带来一定的冲击，也在一定程度上导致了"教育趋同"现象的发生，但通过加强教育合作来推动教育发展、提升教育质量已成为欧盟各国的共识，并在整体提高区域教育发展水平上取得了实效。正如2002年的巴塞罗那欧盟首脑会议所指出的那样：教育是欧盟社会模式的基石之一，欧盟教育应当在2010年成为"世界质量的参照系"。[1][2][3]

总之，义务教育均衡发展方式转变是一个长期的系统过程，涉及的因素、层面很多。因此，我们首先必须准确把握国际教育发展改革趋势、国内经济社会转型的时代背景以及义务教育均衡发展中的问题，明确义务教育均衡发展方式转变的方向、路径，也才能提出行之有效的行动策略。

---

[1] 欧阳光华：《一体与多元——欧盟教育政策述评》，《比较教育研究》，2005年第1期。
[2] 芮国星、袁祖社：《欧盟教育标准框架研究——基于"一体"与"多元"的视角》，《东北师大学报》（哲学社会科学版），2012年第4期。
[3] 李晓强：《超国家层面的欧盟教育政策：回顾与展望》，《全球教育展望》，2006年第8期。

第七章 我国义务教育均衡发展方式转变的对策

通过问题呈现和原因分析,我们获得了一个义务教育均衡发展方式转变的理论框架和改革思路。但义务教育均衡发展方式的转变不仅是一个理论问题,更是一个实践问题。要实现从以资源配置为中心、依赖政府力量驱动、强调过度规模发展、侧重同质发展和单一发展的均衡发展方式转变为以质量提升为中心、依赖学校自我发展驱动、突出适度规模发展、注重多元发展和共同发展的均衡发展方式,我们就必须采取切实可行的具体措施,确保义务教育均衡发展的顺利推进。

第一节 创新发展观念,厘清发展思路

要实现义务教育均衡发展方式的有效转变,我们首先就必须扫除一切意识障碍和思维成见,创新发展理念。创新发展理念就是要在义务教育均衡发展推进中营造一种创新的文化氛围,引导人们不断向过去义务教育均衡发展的思维方式和行为模式进行质疑和挑战,改变保守、过于求稳的想法,注入求变精神、创新精神和挑战精神。

一 树立主动发展理念

主动发展是相对于被动发展而言的,它是指在国家教育方针政策的规范指导下,学校应有主动发展意识和自我发展需要,能最大限度调动自我发展的内在动力,充分发挥学校的主观能动性,通过自主分析、自主选择、自主规划和自主实践达到自身发展的一种发展理念。主动发展是一种符合教育规律和时代潮流的发展理念。过去,由于受计划经济体制、传统

思维模式和僵化管理体制的影响，不少人认为发展教育是政府的责任，地方和学校等、靠、要的依赖思想强烈，导致了政策出台不少、教育经费投入较多、学校改进不大、办学水平差距仍然明显的局面。因此，要有效解决区域内教育发展不平衡问题，首先就必须转变教育发展思想，树立主动发展理念。

主动发展理念的关键在于地方和学校自我发展意识的形成，地方和学校要有追求更高目标、实现自我的意愿和动力。自我意识是意识的一种，它包括自我观察、自我监督、自我评价、自我体验、自我教育和自我控制等内容，它在地方和学校的发展中有着非常重要的作用。联合国教科文组织认为："发展越来越被看作是一种唤醒的过程，一个激发社会大多数成员创造性力量的过程，一个释放社会大多数成员个体作用的过程，而不是被看成是一个由规划者和学者从外部解决问题的过程。"地方和学校有了自我发展意识，也就意味着他们意识到自己是教育发展和变革的主体，认识到地方教育和学校发展是自己的事情，就会客观地评价和正视自身的优缺点，积极挖掘自身潜力，主动谋划自身的发展；就会千方百计抓住各种发展机遇，利用一切可以利用的资源，增强社会声誉和教育竞争力；就会积极应对外界各种挑战，积聚各种变革力量，推动自身不断向前发展。

二 制定科学发展规划

创新发展理念不仅是一种思维活动，更是一个实践过程，它来源于实践，同时又指导实践。要将发展理念转化为实践指导，关键在于各主体要对义务教育均衡发展政策的实践程序、应用环境、评价机制等不断反思，要在总结经验的基础上对认知结构进行修订，构建起一个动态的义务教育均衡发展思维框架，制定出科学的发展规划。

发展规划是对一定社会活动或事业发展做出的比较全面而长远的发展计划，是在对未来整体性、长期性、基本性问题深入思考和科学预测的基础上所设计出的行动方案。一个科学的行动规划能够使社会成员预见将来所能达到的目标和实现这一目标的步骤措施，可以起到鼓舞人心、指明方向、调动人们参与社会实践积极性的作用。义务教育非均衡发展是在各种因素长期作用下的结果，具有较强的内在动能和稳固的社会根基，削弱乃至消除其影响并非易事。正如萨缪尔·亨廷顿所说："一个拥有百年历史的旧有组织再延持一年的可能性要比一个仅有一年历史的组织再延持一年的可能性——这当然是高度假设的——或许要高出一百倍。"① 因此，转变义务教育均衡发展方式将是一个长期的、艰巨的过程，这就需要我们在国家总的方针政策指引下，结合各地地域特点、经济发展水平和义务教育均衡发展现状，制定出一个可行性高、科学性强的行动规划。一是要正确理解和全面把握义务教育均衡发展的指导思想和发展目标，特别是要认真领悟和贯彻国家关于推进义务教育均衡发展的一系列方针政策。② 二是要深入基层和学校调研，加强对义务教育均衡发展状况的督导和监测，对行动规划所涉及的工作条件，包括地理空间、社会环境、资源存量和教育发展现状等方面进行全面认识和深入分析，为行动规划制定提供翔实可靠的事实基础。三是提出区域义务教育均衡发展的总体目标和阶段性目标，制定出推进义务教育均衡发展的"总框架""时间表"和"路线图"，研究制定出切实可行、操作性强的配套政策，包括经费投入、组织机构、政策制度、责任主体、督导机制等方面。特别是要针对发达地区、优势学校与落后地区、薄弱学校的现实基础和发展方向，提出不同的实施方案、具体措施和阶段性目标。

三　提高均衡发展政策的社会认同感

从制度变迁的方式看，我国义务教育均衡发展制度并非教育自身演化的结果，主要体现为一种强制性制度变迁，它是为了应对社会发展和民众愿望对义务教育提出的要求所进行的由政府主导、自上而下实施的一种制度选择。因此，要使义务教育均衡发展政策得到全面贯彻执行并取得实效，就必须获得社会的广泛认同，夯实政策实施的社会基础。"从个体策略选择的行动路径中，我们可以得出作为一种改进的教育制度模式要想替

---

① ［美］萨缪尔·亨廷顿：《变化社会中的政治秩序》，生活·读书·新知三联书店1989年版。

② 参见教育部《关于进一步推进义务教育均衡发展的若干意见》（2005年5月25日）；教育部《关于贯彻落实科学发展观进一步推进义务教育均衡发展的意见》（2010年1月4日）；国务院《关于深入推进义务教育均衡发展的意见》（2012年9月5日）；《国家中长期教育改革和发展规划纲要（2010—2020年）》（2010年7月29日）；《中华人民共和国义务教育法》（2006年6月29日）等。

代原先的教育制度模式、实现教育制度的变迁受制于整个社会个体选择的策略集,或者说教育制度的变迁首先是必须取得相对多数的支持。"① 杨令平等人对西部县域义务教育均衡发展现状的问卷调查表明,仅有38.6%的乡村校长对率先在县域内实现义务教育均衡发展目标充满信心,有69%的农村教师认为义务教育均衡发展的目标"不可能实现"。② 这表明,广大中小学校对均衡发展目标缺乏信心,政策认同度偏低,这也为非均衡发展惯性继续发挥作用提供了空间。

要提高义务教育均衡发展政策的社会认同度,首先必须加强政策宣传。通过人员培训、政策宣讲等多种途径和手段,对均衡发展政策的重要意义、主要内容及成功经验进行大力宣传,对政策实施过程中社会关心的热点、焦点问题进行针对性地释疑解惑,为有效实施政策形成良好的社会环境。其次要发挥评价的引导作用。在对地方政府绩效、学校办学水平、教师绩效和学生发展水平进行评价时,要将义务教育均衡发展思想及主要内容贯穿于整个指标体系,引导和激励人们积极参与义务教育均衡发展。最后要建立健全依法决策、公民有序参与的协商机制。在义务教育均衡发展政策及具体措施出台前,决策者应广泛听取来自各方的意见,使大多数人的利益诉求得到表达和实现。"单独的政府不能满足公众的社会政策提供和公共管理的需求,市民社会正在复兴。传统的政府'指令和控制模式'正在向'社会—政治治理'转变,政府和社会之间的相互协作更能促进公共事务的发展。"③

第二节 改革教育管理体制,保障学校主体地位

政府是国家公共行政权力的象征、承载体和实际行为体,而学校是开展教育活动的组织机构,二者有着紧密的联系。我国《教育法》第十四

---

① 陈彬、李明星:《教育制度变迁中路径依赖的成因及对策》,《教育科学》,2012年第3期。

② 杨令平、司晓宏:《西部县域义务教育均衡发展现状调研报告》,《教育研究》,2012年第4期。

③ Kooiman J. Modern Governance: New Government – Society Interactions. London: SAGE. Cooper, 1995.

条规定:"国务院和地方各级人民政府根据分级管理、分工负责的原则,领导和管理教育工作。中等及中等以下教育在国务院领导下,由地方人民政府管理。"第十五条规定:"国务院教育行政部门主管教育工作,统筹规划、协调管理全国的教育事业。县级以上地方各级人民政府教育行政部门主管本行政区域内教育工作。县级以上各级人民政府其他有关部门在各自职责范围内,负责有关的教育工作。"由此可见,中央政府基于教育主权统一领导全国各级各类学校,具体由教育部负责管理权的行使,地方各级政府及其教育行政部门负责管理相应级别的学校。由此可见,我国教育实行的是统一领导下的分级管理,县级以上人民政府及其教育行政部门对中小学校行使管理权限,二者是领导与被领导的隶属关系。在计划经济体制下,由于传统思想的束缚和管理体制的僵化,政府与学校只是一种单纯的隶属关系,学校是政府的附属机构,政府对学校管得过多,统得过死,地方和学校的办学积极性没有得到有效激发,办学效率低下。因此,要激发地方和学校的办学积极性,提高办学效益,就必须理顺政府与学校之间的关系,明确二者的职责,构建起科学的义务教育管理体制。《关于贯彻落实科学发展观进一步推进义务教育均衡发展的意见》明确指出:"要进一步发挥学校党组织的政治核心作用,积极推进依法治校,完善校长负责制和教师代表会议制度,探索学生家长和社会有关人士参与学校管理的途径,健全学校管理制度,建立学校依法、依章自我管理、自我约束、自主发展的机制。"

一 科学定位政府角色

义务教育是国家必须予以保障的公益性事业,我国实行国务院领导,省、自治区、直辖市人民政府统筹规划实施,县级人民政府为主管理的体制,从而确立了政府在发展义务教育中的权力与义务。尽管县级以上人民政府是中小学校的举办者和管理者,但它不能代替学校在教育实践活动中的主体作用,政府的资源投入和政策法规仅是学校发展的外在条件,但不是根本。要激发学校的自我发展意识,提高学校的办学积极性,就必须转变政府在推进义务教育均衡发展中的职能,使政府更多的是掌舵而不是划桨。"政府应该对公共事务进行治理,它掌舵而不划桨,不直接介入公共事务,只介入负责统治的政治和负责具体事务的管理之间,它是对于以韦伯的官僚制理论为基础的传统行政的替代。"① 党的十八大报告指出，我们应深化行政体制改革，继续简政放权，推动政府职能向创造良好发展环境、提供优质公共服务、维护社会公平正义转变。《规划纲要》明确指出，教育管理体制改革应以转变政府职能和简政放权为重点，深化教育管理体制改革，提高公共教育服务水平。因此，在强化经费投入、政策保障、监督评估和信息服务等职责的同时，政府应改变传统的对学校实行全方位、全过程的管理方式，变指令性学校管理为指导性学校管理，赋予学校以更多的办学自主权，使学校具有实质性的用人权、经费支配权以及内部事务的自我管理权，学校能够公正、合理地运用所享有的权利。例如英国为改造薄弱学校实施了教育行动区计划，这一计划打破了以往地方教育当局主导学校的管理体制，薄弱学校与地方教育局不再是被领导与领导的关系，而是合伙人关系，薄弱学校在经费使用、课程教学、人事制度、资源开发与管理等诸方面享有较多的自主权。② 在给学校放权的同时，还应建立行之有效的民主参与机制和沟通交流机制，在出台政策措施、制订发展计划时，应广泛收集各学校及其教职员工提供的信息，充分尊重他们的观点和意见，使学校的利益诉求得到表达和实现。

二 构建义务教育均衡发展保障体系

义务教育是我国国民教育体系的重要组成部分，义务教育均衡发展是我国当前教育改革与发展的首要任务，它需要各级政府站在贯彻落实科学发展观、建设社会主义和谐社会和促进教育公平的高度，从立法、政策、监管、经费等方面入手，全面构建义务教育均衡发展保障体系。一是建立健全相关法律法规，依法推进义务教育均衡发展。为保障每个公民享有优质教育的权利和机会平等，世界各国无不制定和健全相关法律法规，以法的强制形式保障义务教育健康发展。如20世纪60年代以来，美国相继出台了《初等和中等教育法》《2000年目标：美国教育法》《不让一个孩子掉队法》等，以强制性的立法程序促进教育机会均等，实现教育公平；

---

① 毛寿龙：《西方政府的治道变革》，中国人民大学出版社1998年版，第7页。
② 汪利兵：《公立学校私营化：英国"教育行动区"案例研究》，《比较教育研究》，2001年第1期。

日本自20世纪中期以来也相继颁布了《教育基本法》《学校教育法》《偏僻地区教育振兴法》等，努力实现教育的实质公平与平等，以提供适应不同个体发展的教育。我国虽然也出台了《教育法》《义务教育法》等法律法规，并在2006年新修订的《义务教育法》中将均衡发展作为我国新时期义务教育发展改革的首要目标，但与国外相比，这些法律法规的可操作性较差，一般只从国家层面进行原则性规定，缺少相应配套的行政法规和地方性法规，尚未形成一个完整统一的法律体系。二是出台义务教育均衡发展相关政策，注重政策的完备性、持续性和可操作性，从政策层面加以调控和引导。在制定义务教育均衡发展政策时，我们应注重政策的针对性和彼此之间的协调性，相互之间不能矛盾和脱节，并在每一政策中明确规定一定历史时期内我们应该达到的目标、遵循的行动原则、教育实践的方式、采取的一般步骤和具体措施等。三是强化政府职能，完善义务教育管理体制和监督机制。针对当前我国的教育管理还存在着管理观念落后和管理失当、各级政府责任划分不明确、管理手段单一等现象，我们应明确各级政府的教育管理责任，转变政府管理职能，由对学校的直接行政管理转变为通过法律、经费、政策指导等手段进行宏观间接管理；深化人事制度改革，按照"按需设岗、平等竞争、择优聘任、科学管理"的原则，依法实施教师资格制度、人员聘任制度和教师流动制度；健全义务教育均衡发展督导评估制度，定期对各县域义务教育均衡发展状况进行评估，将评估结果向社会公布，接受社会监督，以此评价教育管理部门和学校教育工作。四是增加教育经费投入，提高省级以上财政的义务教育经费分担比例，减轻各县市义务教育均衡发展的过大财政压力，平衡县市之间义务教育经费投入；加大中央转移支付力度，形成以一般性转移支付为主、专项性转移支付为辅的义务教育财政转移支付制度，并根据经济发展水平和财政收入差异实行不同的配套资金比例转移支付方式。

三 加强县级以上人民政府的统筹力度

所谓统筹，就是统一筹划，它既是经济社会发展不可缺少的一种调控手段，也是保障教育公平、促进区域教育整体发展的必要措施。我国义务教育实行国务院领导，省、自治区、直辖市人民政府统筹规划实施。《规划纲要》要求，中央政府统一领导和管理国家教育事业，整体部署教育改革试验，统筹区域协调发展；省级政府要统筹管理义务教育，推进城乡义务教育均衡发展，依法落实发展义务教育的财政责任。

（一）加强地区统筹

区域教育协调发展是一项巨大的系统工程，它既要符合国家的教育发展方向，又要切合地区的实际情况；既要重视教育规划、教育投入的协调，又要重视教育布局、教育结构的合理。针对当前义务教育地区间生均公用经费与教职工人均年收入、生均教学仪器设备值和建网学校比例、高水平（高学历、高职称）教师队伍配置等发展性指标存在较大差距的状况，我们一是要科学界定中央、省（市、区）及县（区）的事权和财权的划分，明确各级政府的权责，特别是加强省级政府的统筹力度，提高省财政的义务教育经费分担比例，减轻各县市义务教育均衡发展的过大财政压力，平衡县市之间义务教育经费投入；二是要制定义务教育最低生均经费标准，对低于生均经费标准的，应由中央和省级政府自上而下通过转移支付或专项补助给予经费支持，形成以一般性转移支付为主、专项性转移支付为辅的义务教育财政转移支付制度。并保证各级财政的转移支付资金及时足额拨付到位，避免出现"挤出效应"。三是要合理配置教育资源，教育资源的增量投入应向革命老区、边远贫困地区和民族地区倾斜，以保障优质师资的培养、教学仪器设备的购置与完善以及教学信息化建设等，使有限的教育资源能发挥最大的效益。

（二）加强城乡统筹

统筹城乡教育发展，推进城乡教育一体化，是教育适应经济建设和社会发展的客观需要，是缩小城乡差别、加快农村发展的重要措施，也是教育均衡发展的内在要求。城乡统筹作为"五个统筹"的重要组部分，强调发挥城市对农村的带动作用和农村对城市的促进作用，从根本上消除城乡二元结构，形成以城带乡、城乡联动、整体发展的格局。义务教育均衡发展既不是城市教育的优先发展，也不是农村教育的单一发展，而是城乡教育共同发展，实现城乡教育一体化。从当前城乡义务教育发展现状的比较看，城乡义务教育差距依旧明显，主要反映在办学条件、师资水平、学校布局以及教育质量等方面。但要改变"恶性循环"的状况，就不能平均用力，而应采用"大涨落"的办法。① 世界各国经验也表明，要改变城乡义务教育发展失衡的局面，就必须采用倾斜性公共政策。作为义务教育管理的主体，政府不仅需要结合地域特点、经济发展水平、人文环境、区域教育及学校发展现状科学规划，制定出具有较强针对性和适应性的区域教育及学校发展对策，而且更为重要的是要逆非均衡发展而行，在遵循异质平等原则的基础上，借鉴经济学的梯度推进和反梯度推进理论，结合义务教育均衡发展现阶段存在的问题以及目标指向，加强县级政府统筹，实行"扶贫扶弱"政策，以教育资源的补偿促进城乡义务教育均衡发展的深入推进，使有限的公共资源做到"雪中送炭"而不是"锦上添花"。第一，应加大对农村教育的投入，新增教育经费主要用于农村，特别是生均公用经费要城乡一致，基本建设费要全力保障。第二，实施农村中小学校标准化建设，努力改善农村办学条件，特别是要不断完善和更新教学仪器设备，提高农村教育信息化的普及水平和应用水平。第三，加大农村教师的培训力度，逐步提高农村中小学校高职称高学历教师的比例，新增音体美专业教师要优先满足农村学校。第四，努力改善农村教师的工作生活条件，提高农村教师待遇，全面实施并不断完善教师绩效工资制度。第五，根据农村经济文化发展的特点，选择适合农村义务教育的发展模式，而不是机械套用城市的教育手段、教学内容和方法，发挥农村教育的特色和个性，促进城乡间义务教育的良性互动。

（三）构建学校发展共同体

学校是开展教育活动的基本组织，义务教育均衡发展的关键在于学校均衡，而构建学校发展共同体是促进学校均衡发展的有效途径。所谓学校发展共同体，就是指在县（区）政府的统筹协调和主导下，以学校共同发展为愿景和获得共同进步为目标，由不同发展水平学校构成的组织机构。构建学校发展共同体，一是要求共同体内部学校地位平等。虽然共同体内各学校办学水平参差不齐，教育质量有高有低，但相互间并无高低贵贱之分，它们在共同体内地位平等，享有同等的权利，担负同等的义务。二是要求政府统筹协调。由于构建学校发展共同体的目的在于整体拉动区域教育水平，因而它需要县级政府及其教育行政部门根据区域教育发展规

---

① 查有梁：《建立教育的"良性循环"》，《新华文摘》，1987年第4期。

划及特点,以及各校的区域分布及实际情况,对区块内所有学校进行合理规划。同时,学校发展共同体的运行,需要政府出台相关配套制度和保障机制,组建组织机构,组织、规划和协调共同体的各项工作,协助各共同体开展教育教学活动,保障各共同体的有效运行。三是要加强学校间的相互学习。本着"优势互补、资源共享、相互促进、共同发展"的原则,通过集体调研、相互听课、经验交流,集体会诊、联席会议等方式,促进干部、教师的交流学习,促进教师之间、教研组之间、年级组之间的交流学习,在教育理念、管理方法、教育教学模式、师资队伍建设等方面做到信息互通,资源共享,优势互补,共同思考、研究各成员校取得的成就和存在的问题,提出改进方案,实现每所学校最大限度发展。四是要做到"同而不和,和而不同"。学校合作机制的理解和应用需要超越差距合作的传统思维,实现从"差距合作"向"差异合作"转变,教育行政部门要引导和协助各共同体及其下属学校充分挖掘自身的资源优势和发展潜力,准确定位发展目标,实现"一体一景,一校一品"的错位发展局面。五是要强化目标责任。各共同体要对内部成员校设置分阶段目标任务和总体性目标任务,出台共同体目标任务完成情况评定方法和奖励办法,使各成员单位进一步明确责任,强化共同体建设目标意识。

四 实行校长负责制

中小学实行校长负责制是新时期我国教育改革的一项重要举措,旨在理顺学校与政府及教育行政部门之间的关系,校长全权代表学校,被赋予决策权、指挥权、人事权和财务权,负责处理学校的日常教学科研活动。但调查发现,在推行校长负责制的过程中,由于对校长负责制理解不透彻,运行机制还不够完善,缺乏有力的民主监督机制,导致教育行政部门对学校内部管理干涉过多,学校的办学自主权没有得到全面落实,校长在学校管理中还存在这样或那样的问题。"政府权力过度(政府垄断)会导致低效、浪费和腐败,使各种制度显现动脉硬化症,引发制度危机,造成政府失灵。"[①] 因此,要真正贯彻实施校长负责制,我们首先应转变政府职能,减少行政干预,保障学校的自主办学地位。作为中小学管理的职能

---

① 褚宏启:《政府与学校的关系重构》,《教育科学研究》,2005年第1期。

机构，教育行政部门在保障教育投入，实施宏观调控，提供信息服务的前提下，要放手让学校自主经营，独立发展，使学校在人事管理、学校经费使用、课程设置、学生管理、教师职务评定等方面有充分的自主权，使各级政府及教育行政部门由直接管理为主向间接管理为主转变，由行政指令为主向以经济和法律手段为主转变，由宏观和微观都直接调控向局限于宏观调控转变，由过程管理为主向目标管理为主转变，积极保护学校的合法权益。其次要严格依法依规落实校长准入条件①，实行校长聘任制。在选拔中小学校长时，严格规范校长选拔程序，在严把政治表现和意识形态关的同时，更应注重专业素质、管理理念和实践经验的考核，将社会优秀人才聘用到校长岗位上来，并实行任期制，破除终身制。最后要实行校长问责制。校长问责制是为了规避校长滥用职权而采用的一种监督机制，是在赋予校长权力的前提下，对校长实施权力时所产生的责任加以追究。《国家中长期教育改革和发展规划纲要（2010—2020年）》也一再强调，要加强教育监督检查，完善教育问责机制。教育行政部门和广大教师学生都应该对校长工作不作为、领导不力、管理不善、办学水平低下、对社会造成不良影响的校园事件等进行问责，以保证校长正确行使权力，恪尽职守，带领全校师生提高教育质量和办学水平。

五 提高学校自我发展能力

随着资源配置的基本均衡，义务教育均衡发展的重心也必须由外向内转移，注重发挥学校的主体作用，培育学校的自我发展能力。"可以看一看最大的一个经济成功的奇迹。美国的发展就没有依靠外部强加的意识形态或是外来的专家。恰恰相反，它的发展显然是通过本土人民自己的努力、以他们自己的方式实现的。"② 费孝通先生也谈道："内地欠发达地区确实需要外力的帮助才比较容易发展起来。为了加速这种过渡，看来不能没有外力的帮助。固然没有内在活力，外力要帮也帮不上；但是即使有了内在活力，没有外助经济也难启动起来。因此，我认为这类少数民族地区

---

① 参见《中华人民共和国教育法》（1995年3月18日）；《中华人民共和国义务教育法》（2006年6月29日）；《全国中小学校长任职条件和岗位要求（试行）》（2008年6月20日）等。

② ［加］亨利·明茨伯格：《发展的反思》，《IT经理世界》，2007年第9期。

首先还是要培育内在活力。"① 因此，政府在继续加大教育投入和改善办学条件，特别是在加强对落后地区学校和薄弱学校政策倾斜和经费援助的同时，应更多地授之以"渔"，着力培育学校的自我发展能力。教育管理部门要引导学校在自我评价和自我分析的基础上，通过横向比较和纵向比较，找准自己的优势与不足，以优势和特色为突破口，厘清发展思路，制定科学的发展规划和实施方案，提高独立解决问题以及应对外界挑战的能力。

自我发展能力培育的重点是人力资源的开发与培养，主要涉及领导能力的培养和师资水平的提高。在加强中小学校长和教师交流、选派优秀的师范院校毕业生到学校任教的同时，我们更应注重本土培养，提高学校领导和教师的专业素质及业务能力，因为他们才是学校的真正主人，他们更熟悉学校的教育资源禀赋和人文环境，更有亲如自家的感情。我们可以通过在岗培训、经验交流和外出进修，改良学校领导的管理作风和管理方式，提高教师的职业道德水平、科学文化素养和教育教学技能；通过课题研究、团队合作和自我反思，促进学校领导和教师专业成长。

第三节　优化资源配置，提高资源利用率

教育活动是一种社会实践活动，教育活动的非物质生产性决定了教育改革与发展对社会资源的依赖，充足的教育经费和完备的物质资源是保证教育活动正常开展的必要前提。要使有限资源发挥最大效益，就必须对投入到教育活动中的各种资源优化配置。

一　调整资源配置结构

当前，虽然义务教育经费投入得到了快速增长，办学条件得到了较大改善，但由于原有物质条件基础薄弱，存量较为有限，现实状况与义务教育均衡发展方式转变所需经费之间还有较大缺口。因此，适度增加教育经费投入是实现义务教育均衡发展方式转变的前提。对投入到义务教育中的经费，我们应统筹安排，对原有的资源配置结构进行调整。一是要重点保

---

① 费孝通：《论西部开发与区域经济》，群言出版社2000年版，第319页。

障教师工资和各项福利待遇，落实《义务教育法》中关于"教师的平均工资水平应当不低于当地公务员的平均工资水平"以及"民族地区和边远贫困地区工作的教师享有艰苦贫困地区补助津贴"的要求，使义务教育既能吸引人才，又能够留住人才。根据笔者对蓬安、阆中、合川等区县的调查，被调查的所有教育行政部门负责人及93%的中小学校长和教师都认为，要实现义务教育均衡发展，留住优秀师资，保证教师有序流动，激发骨干教师交流热情，政府就必须大力提高教师的经济待遇和社会地位，特别是农村教师和下派交流教师的物质待遇。二是要不断缩小人员经费额度，扩大公用经费额度，确保中小学特别是农村中小学正常运转所需要的公用经费。三是要确保学校标准化建设及危房改造所需资金，优先加强农村学校和薄弱学校的校舍及活动场所改建、扩建，实现城乡学校硬件资源达到国家规定的最低标准，并逐年提高。四是结合义务教育均衡发展方式转变要求，逐渐转移经费投入重点，加大对设备完善与更新、教师进修学习、课程开发、网络教育平台建设、贫困群体的资助与救助、交通条件的改善等方面的投入力度。

二　健全资源管理机制

随着对学校教育经费和物质资源的持续投入，资源的使用效率问题也越来越突出。如何加强对学校经费和固定资产使用的监管，提高资源利用效率，是当前我国在深入推进义务教育均衡发展中必须解决的重要课题。第一，我们应利用多种途径和手段，深入持久地对学校教职员工，特别是资产管理人员进行节约意识的宣传和教育，使他们养成勤俭节约、珍惜资源的习惯，树立"节约光荣，浪费可耻"的观念。并通过相关知识的学习、丰富的现实案例讲解和实践体验，增强设施设备使用主体的操作技能理解，提高教职员工设施设备的应用能力和资产管理人员的管理水平。第二，建立健全各种规章制度和激励机制。现代社会是法治社会，资产管理必须有法可依。要防止国有资产流失和教育资源浪费，提高教育资源利用率，就必须不定期抽查资产使用状况及完好率，建立各种完善的规章制度，包括奖惩制和责任追究制。第三，完善监督机制。应在坚持内部监督与外部监督相结合、奖励与惩罚相结合、预防与堵漏相结合的原则基础之上，实施全方位、多层次的监督，建立起一个较为完善的学校资产监督体系。第四，统筹安排，盘活资产存量。校内资产要统一管理、统一使用、资源共享、减少闲置，要求设备使用人员做好设备的维护保养与利用，对资产利用率低、长期闲置的部门，要追究负责人的责任；对非正常原因损坏或丢失资产，要按责任程度负责赔偿。特别是对在布局调整中被撤并学校的资产在国家政策许可范围内，通过变卖、置换、租赁等途径进行处理，所得资金全部用于保留学校或新建学校的建设及公用经费使用，保证调整后的资产不流失。

三 动态调整学校布局

按照"实事求是、稳步推进、方便就学"的原则①，各地应根据本区域地理环境和经济社会发展状况、学龄人口分布和流动趋势，结合城区改造与城镇化建设规划，在确保教育资源不流失的前提下，制定本区域义务教育学校新一轮布局调整规划，合理配置城乡教育资源，实现教育公平与规模经济的有机统一。"并非凡有利于一方的因素就必然有害于另一方，但有时，为了平等就不惜牺牲一些效率；为了效率，又不得不影响到平等，因为平等和经济效率之间的冲突是不可避免的，这也许是他们互相需要的原因——在平等中放入一些合理性，在效率里添加一些人性。"② 一是明确调控主体，设计动态调整方案，做好长远科学规划。各级政府必须根据人口分布状况和变动趋势，结合城镇化进程以及地域特点、交通网络、行政区划和学校存量等因素，在深入论证和科学预测的基础上，制定出本地区学校布局调整的长远规划和实施方案。二是在满足"就近入学"的前提下有计划、有步骤地"撤、迁、并、转"部分规模小、质量低、效益差的薄弱学校，加强保留学校的建设，充分挖掘学校内部潜力，其硬件不仅要达标，而且在师资素质、科研能力、管理水平、教学效率等软件方面也应得到大幅提升。三是进一步加强寄宿制学校的建设和管理。按照国家和省定标准建设校舍和生活设施，严格寄宿制学校的管理，确保学生在校的安全，妥善解决好寄宿学生的教育、生活问题。四是科学规划，分步

---

① 参见教育部《关于实事求是地做好农村中小学布局调整工作的通知》（2006年6月9日）；国务院办公厅《关于规范农村义务教育学校布局调整的意见》（2012年9月6日）等。

② ［美］阿瑟·奥肯：《平等与效率》，四川人民出版社1988年版，第156页。

实施，积极推进义务教育学校标准化建设，努力提升学校教学设备及器材的现代化水平和文化建设品位，使每一所学校都具有大体相当的办学条件和优美的育人环境。

四 优化师生比例

教师和学生作为教育活动中人的要素，是教育活动的主体，其数量和质量状况对提高教育劳动质量起着决定性作用。在数量方面，我们首先需要保障充足的教师从事教育活动，但对教师数量的现实需求总量又与学生数量有着紧密的联系，二者呈正向相关。按照国家有关部门关于中小学教职工编制标准的规定[①]，省级机构编制部门应结合本地实际，加强统筹协调，按照总量控制、城乡统筹、结构调整、有增有减的原则，调整和使用本地区中小学教职工编制，完善中小学教职工编制动态管理机制。但从所调研数据看，各省调整后的标准变化不大，并且存在着城市和农村师生比倒挂的不合理现象。特别是随着农村学龄人口减少和务工子女进城求学数量增加，农村学校规模将进一步缩小。在此背景下如果继续按照国家及各省市师生比标准配备教师，将导致大量农村学校教师，特别是学时较少的音体美等专任教师配备不足。因此，为了吸纳更多的优秀人才充实教师队伍，应整体适度提高师生比。

事实上，学生人数的减少并不意味着教师数量也要减少，当前世界上的许多国家和地区，包括美国、英国、日本、澳大利亚、中国香港等为改善传统班级授课制存在的缺陷和不足，都在进行着小班化改革，以保障偏远山区学校、农村地区学校和薄弱学校教育活动的有效开展而整体提高教育质量，实现教育过程公平，促进学生个性化和全面发展。我们应根据不同区域乃至不同学校的学生数量动态调整师生比，逐渐推广小班化教学模式。

第四节 加强学校管理，提高教育质量

教育质量是对教育活动过程及结果满足教育消费者和社会需要预期的

---

① 参见中央编办、教育部、财政部《关于制定中小学教职工编制标准的意见》（2001年10月11日）；教育部、财政部《关于进一步落实〈国务院办公厅转发中央编办、教育部、财政部关于制定中小学教职工编制标准意见的通知〉有关问题的通知》（2009年3月12日）等。

度量，它以学生为载体，形成于具体的教学实践过程之中，是学校的生命线，其高低主要取决于学校管理质量和教师专业实践质量。

一 健全学校内部治理结构

由于教育活动的基本组织是学校，因此我们在改革教育管理体制、给学校放权的同时，应重点加强学校管理改革。在学校管理方面，我国进行了一些大胆改革，提出了校本管理、人本管理、绩效管理等管理思想，实施了校长负责制，在一定程度上促进了我国学校管理的科学化。但在现实中，传统的管理思想还未完全改变，不少学校自我管理能力不足，监督机制和激励机制还不完善。因此，一是要提高管理者的领导能力和个人魅力，使其能够对学校发展目标进行合理定位，能够对学校管理进行科学决策。人们常说的"一个名校长能造就一所名校"不无道理，学校办学水平在一定程度上依赖于管理者的个人素质。当然，管理者管理学校需要的不仅仅是权力，更重要的是思想、理念和人格魅力。二是要完善决策程序，实现民主决策和民主管理。"校长负责制"并不是"校长一个人说了算"，教职员工和学生既是学校的主人，在一定意义上也是学校的管理者，因此学校管理者要想方设法引导他们积极主动参与学校决策与管理。《教育法》规定："学校及其他教育机构应当按照国家有关规定，通过以教师为主体的教职工代表大会等组织形式，保障教职工参与民主管理和监督。"只有全体师生参与、利益诉求全面表达并得以实现的发展决策及管理制度才会得到师生的认同，才会在教育教学活动中得以贯彻执行。三是要建立健全管理制度，提高制度的执行力。学校管理制度是学校全体人员日常工作的基本规范，是实现学校管理制度化、规范化和科学化的重要保障。我们在进一步推进学校管理制度建设，形成完善的制度体系，包括校长负责制、教职工代表大会制度、监督反馈制度、校务公开制度等的同时，要加大制度的执行力度，使各项管理制度能落实到位。当然，在制度的执行过程中，我们不应仅仅将制度作为约束人、限制人、惩罚人的工具，而应作为规范教育教学活动、提高教学质量和办学水平的重要手段。特别是在当前学校推行人事制度和绩效工资制度改革的背景下，一定要建立起激励型的学校内部分配制度和竞争型的学校内部人事制度，激发教师工作积极性。

二　强化教学过程质量控制

教学工作是教育活动的重要组成部分，提高教学质量是提高教育质量的关键。而教学是教师有目的、有计划、有组织地引导学生积极自觉地学习，以掌握科学文化知识和实践技能，促进学生全面发展的活动过程，因此，要提高教育质量，就必须在改善办学条件、加强师资队伍建设的基础上，强化教学过程的质量管理。一是在借鉴 ISO 9001 质量管理体系的基础上，建立科学规范的教学质量管理体系，以确定教学工作应遵循的程序，规范教学过程中与教学质量相关的每项活动或每个环节，实现工作规范化、程序化。并在各个关键环节上借助有效的活动记录予以佐证和检查验证，加强对教学质量活动的全过程控制，以保障教学质量的持续提高。二是实行教学督导制度。教学督导是学校内部对教学质量的监督、控制、评估、指导等一系列活动的总称，是教学质量检查与控制的重要组成部分。教学督导的重点在于成立教育督导组，教育督导组应是由一批教学经验丰富的优秀退休教师和在职老教师组成，其主要任务就是对教师的课堂教学进行监控，对学校和教师的教学改革进行调研，对教师教学成果进行评比等。三是实行学生评教制度。学生既是教育的对象，又是教学活动的主体，还是教育质量的最终体现者，他参与了教学活动的全过程，在教学过程中与教师接触最多，对教师的评价具有较强的全面性、客观性和针对性。我们可在对进行学生专门培训和指导的基础上，通过课堂信息记录、教学问卷调查和意见反馈等途径，让学生积极参与教学评价，使教师全面、准确地了解学生的心声，及时地调整教学方式与策略，实现教学在师生互动中不断改进。四是积极鼓励和引导教师改革教学手段，灵活运用各种教学方法。教师要将教育内容有效地作用于学生，就必须借助于一定的物质设备，采用一定的教学方法。教学手段和教学方法的运用状况影响着教学工作各个环节的质量与效率，对于同一教学对象和教学内容，不同的教学手段和方法将会产生不同的效果。我们应要求教师在教学过程中对现代教学手段的应用，加强对教师和学生，尤其是落后地区学校、农村学校师生运用现代教育技术的培训，提高他们运用现代教学手段的能力。同时，我们还应让每一位教师认识到，每一种教学方法都有着自己的优点与不足，世界上没有最好的教学方法，只有适用于特定主体、特定客体、特定时空和特定内容的教学方法，也就是所谓的教学有法，但无定法，关键得法。教师应结合教学对象、教学内容、教学情境、教学设施以及自身实际情况选择相应的教学方法。教师尤其应根据不同的教育群体和学生个体已有的知识基础、非智力因素和个性特长，确定教学内容的难度和广度，选择不同的教学进度安排，提出不同的教学目标和教学要求，以最大限度调动每一学生的积极性，促进每一个个体充分而又全面地发展。

三 实施学校绩效管理

近年来，随着改革的不断深入，绩效管理逐渐进入我国教育领域并积极应用于学校管理。按照经济学的观点，绩效管理就是指管理者与员工之间为了达到组织目标，通过一系列的控制技术和考核方法，以提高工作绩效的管理方法。学校绩效管理则是指学校领导者采用一定的管理策略，激励学校员工持续改进业绩，推动学校整体质量提高，实现学校发展目标的一种管理活动。

早在20世纪末期，西方一些国家就开始将绩效管理思想引入教育管理领域，绩效管理不仅成为了理论研究的热点，同时也成为教育改革的主要内容之一。2000年，英国政府颁布了《中小学绩效管理》，要求英格兰各地公立中小学根据政府提出的新的绩效管理系统对原有的教师评价进行全面的修订，并于2001年公布了新的教师评价制度——绩效管理系统。之后又相继出台了《教育规章2006：学校教师绩效管理》《校长和教师绩效管理的指导方针》等，对学校绩效管理的主体、指标、程序、方法等进行了明确的规定和详细的说明。1994年，美国通过了《目标：2000年美国教育法》，强调应开发挑战性学业标准和评估工具，加强学校绩效责任；1999年，联邦政府提出《学童教育卓越法》，对当时的中小学教育法进行检讨，并明确列出了教育绩效责任的相关条文；2001年，美国联邦政府颁布了《不让一个儿童落后法》，要求州政府在全州范围实施涉及所有公立学校和学生的绩效责任制度，衡量绩效责任的主要标志是学生的考试结果，2006年，美国战略规划委员会制定了《2007—2012年战略规划》，鼓励地方学区改革教师薪酬制度，并建立诸如加薪或分红利的奖励机制；2009年，奥巴马政府设立了"力争上游基金"，奖励提高学生学业成绩的教师和校长，并力推教师绩效工资，支持以绩效为基础的教师工资制度,等等。①②

　　自 2009 年 1 月 1 日起,我国开始在义务教育阶段试行绩效工资制度改革。义务教育学校教师绩效工资制度改革,要求教育部门要制定绩效考核办法,学校要完善内部考核制度,根据教职员工的岗位职责和工作任务实行绩效管理。绩效管理的目的在于激发教职员工的工作热情,提高教职员工的工作素质和工作能力,以提高学校的办学绩效。与此同时,地方政府教育局和中小学校也纷纷出台了教职员工绩效考核方案,如《重庆市义务教育学校教职工绩效考核实施办法(试行)》《成都市义务教育学校教师绩效考核试行办法》《成都市金牛区五月花学校教师绩效考核方案》等。但就现实而言,由于绩效政策的不完善性、管理者与被管理者的利益诉求差异以及绩效标准的不科学性等问题,学校绩效管理实践还不能有效实现管理目标。绩效管理既是学校管理的重心,也是当前学校管理的大势所趋。

　　要做好学校绩效管理,重点需要从以下几个方面入手:一是制定出科学可行的战略规划和目标体系。在深入调研和广泛征求教职员工意见和建议的基础上,根据学校所处的内外部环境、资源禀赋和能力状况,制定出学校的战略发展规划,提出战略发展目标。并将学校整体目标加以分解,针对不同岗位和个人设计不同的绩效指标,包括数量化指标和描述性指标,通过实现层层绩效目标来确保学校战略目标的最终实现。绩效管理目标体系要易于理解,便于操作,体现价值取向的多元化。二是要做好绩效考核工作。绩效考核是绩效管理的重要内容和关键环节,是考核人员根据学校制定的指标体系和标准体系,结合各考核对象具体工作的完成情况,通过分析和判断,对考核对象的工作业绩进行考核。绩效考核要坚持公开、公正、民主的原则,最大限度提高绩效考核的透明度,切忌暗箱操作,考核标准、考核方法、考核程序对同一岗位教职员工应一视同仁。三是充分发挥绩效管理的改进功能。"绩效管理并不只是向教师要'教育绩效',推行绩效管理还有一个非常重要的使命,就是为教师取得更好教育

---

① 蒲蕊:《学校绩效管理研究现状与发展动态分析》,《华中师范大学学报》(人文社会科学版),2010 年第 2 期。

② 付卫东:《我国义务教育学校教师绩效工资制度改革研究》,华中师范大学,博士学位论文,2012 年。

绩效提供帮助，并在获得教育绩效的过程中提高教师取得教育绩效的能力。"① 我们不应将绩效考核结果仅仅作为确定教职员工薪酬、奖惩、晋升或降级的依据，更重要的是不断改进教职员工的能力和持续提高教职员工的绩效水平。通过绩效考核，可以获得教职员工在工作中的全部信息，将这些信息反馈给教职员工，能够让他们知晓自己的优缺点和需要改进的方向，作为帮助他们提出具有价值的绩效改进意见和取得更大成就的重要资源。四是绩效考核应是多主体参与。单一的考核主体（主要是学校领导或主管领导）对教职员工进行考核，很难真实地反映教职员工的工作绩效和多元化的价值取向，导致考核主观化和考核结果的信度降低。实施多元主体绩效考核制度，就是要以教职员工自评为主，学生评教、同行绩效评价、领导评议、家长参评与专家绩效考核相结合。尤其应重视教职员工的主体地位，让教职员工全程参与绩效考核，充分了解学校的绩效管理的目标、标准、方法和程序，清楚自身工作职责、存在的问题和今后努力的方向，使他们成为学校绩效管理的主体。

第五节 实施多元评价，鼓励学校特色发展

义务教育均衡发展并非同一化发展，而是在办学条件、师资水平相对均衡基础上的多元化、特色化发展。教育多元化、办学特色化不仅是国际教育发展的大趋势，也是实现义务教育较高水平均衡发展的要求和体现。

一 树立多元发展观

长期以来，我国学校发展比较强调一致性和同一性，许多学校的办学理念和教学模式都表现出单一、雷同的特点，学校缺乏自己的特色。即使在大力实施教育改革、深入推进义务教育发展的今天，由于受传统思想的影响和对教育公平理解的偏差，一些人担心实施多元化发展有违教育公平，对推进教育多样性发展心存怀疑甚至抵制，分班、分层教学的合理性被否定，因材施教受忽视，学校特色化发展受到阻碍，教育同质化甚至被进一步强化。很显然，在经济全球化、价值多元化、文化多样化的今天，

---

① 周彬：《学校绩效管理的困境与出路》，《中国教育学刊》，2010年第11期。

这种教育发展格局很难适应社会的发展需要。

其实,教育公平不是搞平均主义,更不是一个模式办学,千篇一律、千校一面,而是每所学校要办出自己的特色,鼓励出名校、出名师、出名人。学校办学有特色、教师教学有特色、学生发展有特长已经成为教育界的共识。特色的重点在于其与众不同,有着自己的独特风格。学校特色不是凭空产生的,也不是简单的模仿与移植,它是在长期的教育教学实践中,经过自我认识和优化本身独特资源而生长起来的,基于学校,同时又发展于学校。特色是学校的办学思想、办学目标、办学风格、学校管理、校园文化建设、教学模式等方面的综合反映,它是学校办学水平的重要标志,对促进义务教育高位均衡发展,整体提高教育质量,满足社会多元化的教育需求是非常重要的。竞争优势理论的创立者、哈佛大学商学研究院迈克尔·波特(Michael E. Porter)教授认为,在行业竞争中,蕴含着三类基本的成功型战略思想,即低成本战略、差别性战略和专一化战略。[①]借鉴竞争优势理论,学校提高自身的竞争力和社会吸引力的最有效途径就是坚持差异化、特色化发展。英国政府为了鼓励学校办出特色,规定每一个教育行动区内至少应有一所特色学校,学校可以自主设计课程。经过几年的发展,不少学校,特别是薄弱学校形成了技术类、语言类、运动类、艺术类等多种类型的特色学校,大大提升了学校的办学实力和社会吸引力。[②]

在强调学校办学特色的同时,我们还应重视教学对象的差异性。人之不同,各如其面。世界上没有完全相同的两片树叶,学校里没有完全相同的两个学生。由于每个学生的先天素质和后天影响存在事实上的差别,这种差别必然会作用于他的学习兴趣、学习动机、学习方法和学习能力等方面。作为教师,就必须承认学生的差异,并根据学生的差异创造与之相应的教学环境,采取差异的教学对策,使不同特点和个性的学生得到最大限度的发展。美国学者汤姆林森(Carol Ann Tomlinson)认为:"差异教学的核心思想是将学生个别差异视为教学的组成要素,教学从学生不同的准

---

① [美]迈克尔·波特:《竞争战略》,华夏出版社2005年版,第38—44页。
② 李均、郭凌:《发达国家改造薄弱学校的主要经验》,《外国中小学教育》,2006年第11期。

备水平、兴趣和风格出发来设计差异化的教学内容、过程与结果,最终促进所有学生在原有水平上得到应有的发展。"① 另一美国学者戴安·赫克斯(Diane Heacox)认为:"实施差异教学意指教师改变教学的速度、水平或类型,以适应学习者的需要、学习风格或兴趣。"② 教师应尊重学生的人格,关注个体差异,满足不同学生的学习需要,使每个学生都能得到充分发展。

因此,我们应积极引导和鼓励每一学校根据自身的历史文化底蕴、所处的社会和地理环境、所拥有的教育资源状况,因校制宜,树立不同的发展理念,选择适宜的发展模式,凸显自身的发展优势和发展特色,做到"人无我有、人有我精";每一位教师应树立因材施教理念,在教学设计上考虑学生差异,在教学过程中关注学生差异,在学习方式上尊重学生差异,使每一位学生都能得到充分发展。

二 构建多元评价机制

目前,我国中小学教育仍以应试教育为主,学校以考试成绩评价学生和教师,政府和社会以考试成绩和升学率评价学校。这种评价方式导致了严重的后果,它不仅压抑了学生创造能力的发展和创造个性的形成,而且也阻碍了学校特色发展和教育质量的整体提高。因此,应根据培养目标和人才理念,建立科学、多样的评价标准,探索促进学生发展的多种评价方式;鼓励教师和校长在实践中大胆探索,创新教育思想、教育模式和教育方法,形成教学特色和办学风格。所以,要促进义务教育均衡发展,提高教育质量和办学水平,就必须构建起科学、多元的评价机制。

首先,就学生评价而言,尊重学生的个体差异和多样化发展,采用不同的教育方法和评估标准。人们常说:"多一把衡量的尺子,就会多出一批好学生。"学生评价的过程就是学生智能挖掘、才华展示的过程,评价得当,能够促进学生的个性发展和持续进步。学校和教师在对学生进行评价时,除提出共同性要求外,还应充分关注学生在特色项目学习和活动中

---

① [美]汤姆林森:《多元能力课堂中的差异教学》,刘颂译,中国轻工业出版社2003年版,第2—3页。
② [美]戴安·赫克斯:《差异教学使每个学生获得成功》,杨希洁译,中国轻工业出版社2004年版,第3页。

的表现，获得学生兴趣爱好、天赋特长等方面的信息，采取针对性的措施加以培养。学校应提倡教师根据实际情况对学生提出"较高要求""一般要求"和"最低要求"，把原来统一的教学内容变为不同层次的教学内容，让不同层次的学生自主选择适宜自己的目标要求和学习方式，并给予相应的评价。同时，还应让学生在学校特色课程的学习和活动中，通过评价找到一条自主发展特长及个性的途径。

其次，就学校评价而言，在强化统一办学标准，确保每一所学校都能达到国家统一要求的基础上，还应注重办学标准的灵活性，给予学校自主发展的空间，便于学校根据本地、本校的实际情况建设和发展学校。地方政府和教育督导、管理部门在对学校进行督导评估时，应在全面领悟义务教育均衡发展实质的基础上，科学把握本地区义务教育发展整体状况和各学校发展的师资力量、生源状况、教学设施、培养目标等实际情况，制订出切实可行的评估方案。在评价体系中应降低学生成绩在评价地方教育发展水平、学校办学水平和学生发展水平中的比重，提高特色指标、个性指标的权重比例，积极引导学校基于自身发展的"差异"打造特色，发挥督导评估的导向作用，引导学校多元特色发展。

三 打造特色校园文化

校园文化是指学校所具有的、特定的精神环境、文化氛围以及行为特征，它包括物质文化、精神文化和制度文化，是学校教育不可缺少的重要组成部分。健康的校园文化，能在无形中统摄全体师生的灵魂，积极影响、熏陶、启迪和规范全校师生的思想和行为，形成良好的行为习惯、工作作风、精神特征及相对稳定的学校氛围，促进学生健康成长。校园文化是学校教育的重要组成部分，是全面育人不可或缺的重要环节，良好的校园文化以鲜明正确的导向引导、鼓舞学生，以内在的力量凝聚、激励学生，以独特的氛围影响、规范学生，对学生起着潜移默化而又深刻的影响。优势学校的重要特征之一就是具有鲜明而浓厚的校园文化。作为学校的领导者和管理者，必须充分认识校园文化的重要性，注重加强校园文化建设，打造特色校园文化。一是要加强校园物质文化建设。物质文化建设是校园文化建设的重要组成部分和重要的支撑，优美的校园环境、完善的设施以及富有特色的建筑和场所，能够陶冶师生情操，对学生起到潜移默化的感染、熏陶和暗示作用。"孩子在他周围——在学校走廊的墙壁上、在教室里、在活动室里——经常看到的一切，对于精神面貌的形成具有重大的意义。这里的任何东西都不应当是随便安排的。竭力使孩子所看到的每幅画，读到的每句话，都能启发他去联系自己和同学。"① 二是要加强校园精神文化建设。精神文化建设是校园文化建设的核心内容，主要包括学校发展的历史积淀和全校师生认同的价值观、文化观和生活观等，是一所学校本质和个性的集中体现。校园精神文化建设应立足本校，充分开发学校在长期办学过程中所形成的文化特质，积极利用教室、橱窗、校园网等设施及媒介，开展丰富多彩的主体活动和课外活动，宣传学校办学思想和办学理念，着力营造一种浓郁、厚实的学校特色文化，形成优良的校风、教风、学风、班风和校园人际关系。三是要加强制度文化建设。制度文化作为校园文化的内在机制，是维持学校正常秩序必不可少的保障系统，它主要包括学校的规章制度。"没有规矩，不成方圆"，只有建立起科学、完善的规章制度，才能规范师生的行为，也才能形成良好的学风、教风、校风和人际环境。在制定规章制度时，要结合学校的实际，尊重广大师生的意见和建议，提高制度的执行力和约束力，使规章制度能促进校园氛围和谐，能真正为学校发展服务。四是学校文化建设在立足本校的同时，要充分利用区域文化和社区文化，通过学校与校外有关单位的紧密联系和多方位合作，将区域文化和社区文化引入学校，积极推动校园文化建设。同时，学校还应根据社会文化的变迁和青少年心理发展的需要，不断赋予学校文化新内容、新要求和新特色。

四 加强地方课程和校本课程开发

所谓课程，是指学校学生所应学习的学科总和及其进程与安排；地方课程则是指地方各级教育主管部门根据国家课程政策和地方经济、政治、文化的发展水平，充分利用地方课程资源而开发、设计、实施的课程；校本课程则是指以学校为本位、由学校自己确定的课程。当前，就整体而言，我国现行的课程计划、课程结构、课程模式及配套教材基本上是一个以应试教育为中心、以基础知识为本位的课程体系，对国家课程、地方课

---

① ［苏］苏霍姆林斯基：《苏霍姆林斯基选集》，教育科学出版社 2001 年版，第 135 页。

程和校本课程的性质及相互关系整体把握不够，地方课程和校本课程开发不足，课程计划未能得到全面执行。同时，就个体而言，由于各地区、各学校的办学理念、办学条件、师资构成等存在差异，因而他们在国家课程计划执行和地方课程、校本课程开发及实践方面也有所不同。基于以上两方面，政府在督促各地区、各学校开足开好课程，严格执行国家课程计划的同时，应进一步提高它们在课程选择、课程开发和课程应用的能力，积极鼓励它们在借鉴其他地区和学校课程改革的成功经验的基础上，根据师资、生源、硬件设施、地方文化等实际情况开发出体现自身特色和优势、具有较强操作性和实效性的地方课程和校本课程，并动态调整课程体系和课程结构。

当然，各地区、各学校在加强显性课程开发和应用的同时，也应注重隐性课程资源的建设与利用。所谓隐性课程，是指那些难以预期的、伴随正规教学内容随机出现的、对学生起潜移默化作用的教学内容。[1] 隐性课程主要涉及校园文化建设的各种要素。如前所述，校园文化具有价值导向功能、行为规范功能和情感陶冶功能，蕴含着显性课程所不能替代的重要作用，因而受到越来越多研究者的关注和课程开发者的重视。由于隐性课程涉及物质环境、制度环境、文化环境等，因此各学校应在标准化建设的基础上，根据各自的实际情况，树立不同的办学理念，修建体现校园文化特色的设施，优化学校建筑设施、自然环境、班级教室等物质环境，开展丰富多彩的校园文化活动，形成平等、民主、和谐的制度文化和人际关系环境。

总之，义务教育均衡发展方式转变是一个复杂的系统工程，涉及发展理念、教育投入、资源配置结构、管理体制、课程设置、教学方法、校园文化建设等诸多要素，我们必须准确把握各要素的相互关系及优化方法，力争更好更快地推进我国义务教育均衡发展。

---

[1] 李秉德：《教学论》，人民教育出版社1991年版，第169—170页。

结 束 语

深入推进义务教育均衡发展，全面提高义务教育质量，对于推动教育事业科学发展，促进教育公平，构建社会主义和谐社会，具有重大的现实意义和深远的历史意义。《规划纲要》提出，要切实缩小学校差距，加快缩小城乡差距，努力缩小区域差距，到2020年基本实现区域内义务教育均衡发展。经过各级政府和社会各界的共同努力，我国义务教育均衡发展取得了巨大成就，实现了区域内资源配置的基本均衡。但资源配置的基本均衡并非义务教育发展基本均衡的全部，由于资源存量、价值取向、自我发展能力等方面的差异，区域内的教育质量和办学水平仍然参差不齐，城乡之间、学校之间仍然存在较大差距。由此可见，过去那种更多依靠政策引导和资源投入，强化同一发展而不注重每一微观办学主体的自身实际情况，不注重培育地方和学校自我发展能力的发展方式，在进一步推进义务教育均衡发展的进程中将举步维艰，对于2020年实现区域内义务教育发展基本均衡乃至最终实现教育公平、满足不同受教育者选择适宜自身发展的优质教育需求的理想愿景几乎是不可能的。因此，要更好更快推进义务教育均衡发展，整体提高教育质量和办学水平，最终实现教育公平，我们就必须尽快转变义务教育均衡发展方式。

本研究通过对现有的相关文献分析和对四川、重庆等省市的实证调研，对我国义务教育均衡发展的阶段性特征，现阶段我国义务教育均衡发展方式主要特征、存在的问题及原因，以及今后义务教育均衡发展方式的路向进行了全面、深入的探讨。研究结果表明：义务教育均衡发展表现出一定的阶段性，由于不同阶段的主要任务和发展目标不同，因而其所要求和适应的发展方式也就存在差异。随着义务教育均衡发展主要任务的变化和阶段性目标的推移，义务教育均衡发展方式必然应发生转变。在公共产品理论、公平理论和规模经济理论的指导下，我国义务教育均衡发展方式表现出注重政策法规的制定与政府主体作用的发挥，强调教育投入的增加和保障机制的建立，重视对贫困地区学校、农村学校和薄弱学校办学条件的改善，重视对农村地区和落后地区师资队伍的充实和在职培训，注重对贫困地区和农村地区的转移支付，强调通过规模化办学提高教育质量等特征。当前，受义务教育均衡发展理念的偏差、相对集中的教育管理体制、经济学思维运用的不科学、精英教育的惯性、办学条件等同于办学水平的错误观念以及偏重共性的评价指标和评价标准等因素的影响，我国义务教育均衡发展方式还存在诸多问题，主要表现为重教育经费投入，轻资源有效利用；重外在条件改善，轻内在质量提升；重政府外在推动，轻自我内在驱动；重规模经济效应，轻教育自身规律；重同质发展，轻特色办学；重城市和示范学校发展，轻农村和一般学校建设。针对现行义务教育均衡发展方式存在的问题，确保 2020 年实现区域内义务教育发展基本均衡，整体提高区域教育质量和办学水平，现行义务教育均衡发展方式就必须从注重教育资源投入转向资源优化配置与有效利用，从注重资源配置均衡转向教育质量均衡，从依赖政府的被动发展转向学校的主动发展，从一元发展转向多元发展，从过度规模发展转向适度规模发展，从单一发展转向共同发展，需要创新发展观念，厘清发展思路；改革教育管理体制，保障学校主体地位；优化资源配置，提高资源利用率；加强学校管理，提高教育质量；实施多元评价，鼓励学校特色发展。

　　发展方式转变既是当前义务教育均衡发展的迫切需求，也是未来义务教育改革发展的方向。经过几年的调研、思考与分析，本人对义务教育均衡发展方式转变进行了初步的系统研究，提出了一些个人见解，其创新之处主要表现在：1）从全新的视角来认识义务教育均衡发展的问题，认为教育资源配置的基本均衡并未根本改变教育质量和办学水平的不均衡，当前义务教育均衡发展的瓶颈不在于资源配置的不均衡，而在于现行发展方式不适应现实需求和目标要求。2）在全面分析公平理论、内生发展理论、适度规模经济理论、资源优化配置理论等基础上，借鉴其理论精髓，详细阐释了义务教育均衡发展方式转变的理论依据，为义务教育均衡发展改革提供了科学的理论指导。3）在政策分析和实证调研的基础上，比较全面地阐述了当前义务教育均衡发展方式的主要特征及存在的问题，深化了对义务教育均衡发展方式转变迫切性的认识。4）通过对我国现行义务教育均衡发展方式发展过程的梳理，提出了三个阶段的发展理论，认为由于不同时期义务教育均衡发展面对的主要矛盾和主要目标不同，因此其所要求和适应的发展方式也应存在差异。5）结合现存问题、理论依据以及国外义务教育改革走向，廓清了当前义务教育均衡发展方式转变的理论研究思路，大致勾勒出了我国义务教育均衡发展方式转变的路向。

由于义务教育均衡发展方式转变是一项复杂的系统工程，涉及的因素很多，范围广，这都需要研究者具备深厚的理论功底、较强的实践创新能力和高瞻远瞩的眼光。限于本人的理论功底、研究能力和实践阅历，本研究对义务教育均衡发展方式转变的研究尚存一些不足之处。如理论基础还不够全面、研究的视角还有一定的局限、分析问题的高度还不够等。因此，本研究仅是我对义务教育均衡发展方式转变研究的一个开端，以此为起点，我会在今后的研究中正视自己的不足，将义务教育均衡发展方式转变研究不断深入进行下去。

参考文献

一 中文著作

1. 中国大百科全书出版社编辑部：《中国大百科全书（教育）》，中国大百科全书出版社1985年版。
2. 中国大百科全书出版社：《简明不列颠百科全书》（第3卷），中国大百科全书出版社1985年版。
3. 梁小民：《西方经济学导论》，北京大学出版社1986年版。
4. 国家教育发展与研究中心：《发达国家教育改革的动向和趋势》，人民教育出版社1987年版。
5. 何晏、皇侃：《论语集解义疏》，上海古籍出版社1987年版。
6. 厉以宁：《教育经济学研究》，上海人民出版社1988年版。
7. 王善迈：《教育投资与财务改革》，北京经济学院出版社1988年版。
8. 张念宏：《教育百科辞典》，中国农业科技出版社1988年版。
9. 姜文闵、韩宗礼：《简明教育辞典》，陕西人民出版社1988年版。
10. 亚当·斯密：《国民财富的性质和原因的研究》（下卷），商务印书馆1988年版。
11. 杨葆焜：《教育经济学》，华中师范大学出版社1989年版。
12. 王善迈：《教育经济学概论》，北京师范大学出版社1989年版。
13. 吴文侃、杨汉青：《比较教育学》，人民教育出版社1989年版。
14. 曾满超：《西方教育经济学流派》，北京师范大学出版社1990年版。
15. 叶澜：《教育概论》，人民教育出版社1991年版。
16. 黄高智等：《内源发展》，中国对外翻译出版公司1991年版。

17. 丁胡森：《国际教育百科全书》（第四卷），贵州教育出版社 1991 年版。

18. 李秉德：《教学论》，人民教育出版社 1991 年版。

19. 熊清明、贾从荣：《马克思主义哲学新编》，人民出版社 1992 年版。

20. 史忠良、肖四如：《资源经济学》，北京出版社 1993 年版。

21. 杨葆焜、范先佐：《教育经济学新论》，江苏教育出版社 1995 年版。

22. 靳希斌：《从滞后到超前——20 世纪人力资本学说·教育经济学》，山东教育出版社 1995 年版。

23. 黄育云、李承武：《现代教育经济学》，广西师范大学出版社 1995 年版。

24. 王善迈：《教育投入与产出研究》，河北教育出版社 1996 年版。

25. 华民：《公共经济学教程》，复旦大学出版社 1996 年版。

26. 联合国教科文组织：《教育：财富蕴藏其中》，教育科学出版社 1996 年版。

27. 靳希斌：《教育经济学》，人民教育出版社 1997 年版。

28. 裴娣娜：《教育研究方法导论》，安徽教育出版社 1997 年版。

29. 世界银行：《1997 年世界发展报告：变革世界中的政府》，中国财政经济出版社 1997 年版。

30. 王玉昆：《教育经济学》，华文出版社 1998 年版。

31. 靳希斌：《市场经济大潮下的教育改革》，广东教育出版社 1998 年版。

32. 顾明远：《教育大辞典》，上海教育出版社 1998 年版。

33. 毛寿龙：《西方政府的治道变革》，中国人民大学出版社 1998 年版。

34. 范先佐：《教育经济学》，人民教育出版社 1999 年版。

35. 范先佐：《筹资兴教——教育投资体制改革的理论与实践问题研究》，华中师范大学出版社 1999 年版。

36. 南京师范大学《教育学》编写组：《教育学》，人民教育出版社 1999 年版。

37. 李宝元：《人力资本与经济发展》，北京师范大学出版社 2000 年版。

38. 陈东琪、李茂生：《社会主义市场经济学》，湖南人民出版社 2000 年版。

39. 杜育红：《教育发展不平衡研究》，北京师范大学出版社 2000 年版。

40. 陈向明：《质的研究方法与社会科学研究》，教育科学出版社 2000 年版。

41. 檀传宝：《教师伦理学专题》，北京师范大学出版社 2000 年版。

42. 刘森林：《发展哲学引论》，广西人民出版社 2000 年版。

43. 曲恒昌、曾晓东：《西方教育经济学研究》，北京师范大学出版社 2000 年版。

44. 王善迈：《教育经济学简明教程》，高等教育出版社 2000 年版。

45. 费孝通：《论西部开发与区域经济》，群言出版社 2000 年版。

46. 钱源伟：《基础教育改革研究》，上海科技教育出版社 2001 年版。

47. 樊勇明，杜莉：《公共经济学》，复旦大学出版社 2001 年版。

48. 房剑森：《高等教育发展论》，广西师范大学出版社 2001 年版。

49. 范国睿：《多元与融合：多维视野中的学校发展》，教育科学出版社 2002 年版。

50. 王英杰等：《亚洲发展中国家的义务教育》，人民教育出版社 2003 年版。

51. 陈振明：《政策科学——公共政策分析导论》，中国人民大学出版社 2003 年版。

52. 翁文艳：《教育公平与学校选择制度》，北京师范大学出版社 2003 年版。

53. 朱家存：《教育均衡发展政策研究》，中国社会科学出版社 2003 年版。

54. 范国睿：《学校管理的理论与实务》，华东师范大学出版社 2003 年版。

55. 陈共：《财政学》，中国人民大学出版社 2004 年版。

56. 卢现祥：《新制度经济学》，武汉大学出版社 2004 年版。

57. 褚宏启：《中国教育管理评论》，教育科学出版社 2004 年版。

58. 孙彩平：《教育的伦理精神》，山西教育出版社 2004 年版。

59. 高如峰：《农村义务教育财政体制研究》，人民教育出版社 2005 年版。

60. 转型时期中国重大教育政策课题组：《缩小差距——中国教育政策的重大使命》，人民教育出版社 2005 年版。

61. 王斌华：《教师评价：绩效管理与专业发展》，上海教育出版社 2005 年版。

62. 易钢等：《公共财政学理论与实践》，上海人民出版社 2005 年版。

63. 吴敬琏：《中国增长模式抉择》，上海远东出版社 2005 年版。

64. 刘峥颢：《标准及标准化》，中国计量出版社 2005 年版。

65. 唐娟：《政府治理理论》，中国社会科学出版社 2006 年版。

66. 赵中建：《学校经营》，华东师范大学出版社 2006 年版。

67. 徐云霄：《公共选择理论》，北京大学出版社 2006 年版。

68. 杨东平：《中国教育公平的理想与现实》，北京大学出版社 2006 年版。

69. 柳海民、杨兆山：《我国义务教育均衡发展问题研究》，东北师范大学出版社 2006 年版。

70. 厉无畏、王振：《转变经济增长方式研究》，学林出版社 2006 年版。

71. 王鉴、王明钥：《多元文化教育比较研究》，民族教育出版社 2006 年版。

72. 吴遵民：《基础教育决策论》，华东师范大学出版社 2006 年版。

73. 雷万鹏：《中国农村焦点问题实证研究》，华中科技大学出版社 2007 年版。

74. 陈燕：《公平与效率》，中国社会科学出版社 2007 年版。

75. 苏君阳：《公正与教育》，北京师范大学出版社 2008 年版。

76. 周黎安：《转型中的地方政府：官员激励与治理》，格致出版社 2008 年版。

77. 樊继达：《统筹城乡发展中的基本公共服务均等化》，中国财政经济出版社 2008 年版。

78. 李祥云：《我国财政体制变迁中的义务教育财政体制变革》，北京大学出版社 2008 年版。

79. 王晋堂：《教育：从均衡走向公平》，北京师范大学出版社 2008 年版。

80. 王景英：《农村义务教育整体办学模式与评价》，北京大学出版社 2008 年版。

81. 翟博：《教育均衡论——中国基础教育均衡发展实证分析》，人民教育出版社 2008 年版。

82. 谢维和等：《中国的教育公平与教育发展（1990—2005）》，教育科学出版社 2008 年版。

83. 王道俊、郭文安：《教育学》，人民教育出版社 2009 年版。

84. 范先佐：《中国中西部地区农村中小学合理布局结构研究——基于对中西部地区 6 省区 38 个县市 177 个乡镇的调查与分析》，中国社会科学出版社 2009 年版。

85. 杜育红、孙志军：《中国义务教育财政研究》，北京师范大学出版社 2009 年版。

86. 杨秀芹：《教育资源利用效率与教育制度安排》，华中师范大学出版社 2009 年版。

87. 周满生：《教育宏观政策比较研究》，教育科学出版社 2009 年版。

88. 吴遵民：《教育政策国际比较》，上海教育出版社 2009 年版。

89. 范国睿：《教育政策观察》，华东师范大学出版社 2009 年版。

90. 孙大廷：《美国教育战略的霸权向度》，吉林大学出版社 2009 年版。

91. 黎民：《公共管理学》，高等教育出版社 2009 年版。

92. 靳希斌：《教育经济学》（第 4 版），人民教育出版社 2009 年版。

93. 周谷平、戴嘉敏：《全民优质教育均衡发展的区域探索——基于宁波市江东区的实践》，山东教育出版社 2009 年版。

94. 简新华：《中国经济结构调整和发展方式转变》，山东人民出版社 2009 年版。

95. 卢晓中：《现代高等教育发展研究》，中国海洋大学出版社 2009 年版。

96. 张人杰：《国外教育社会学基本文选》，华东师范大学出版社 2009 年版。

97. 叶澜：《中国基础教育改革发展研究》，中国人民大学出版社 2009 年版。

98. 范先佐：《教育经济学新编》，人民教育出版社 2010 年版。

99. 顾明远、石中英：《国家中长期教育改革与发展纲要》，北京师范大学出版社 2010 年版。

100. 中央教育科学研究所教育督导评估研究中心：《义务教育均衡发展报告（2010）》，教育科学出版社 2010 年版。

101. 孟引变：《当代世界基础教育发展研究》，山西人民出版社 2010 年版。

102. 黄秀华：《发展与公平——中国社会发展的历史抉择》，中国社会科学出版社 2010 年版。

103. 郭庆旺、赵志耘：《公共经济学》，高等教育出版社 2010 年版。

104. 黄秀华：《中国社会发展的历史抉择》，中国社会科学出版社 2010 年版。

105. 瞿瑛：《义务教育均衡发展政策问题研究：教育公平的视角》，浙江大学出版社 2010 年版。

106. 孟繁华等：《学校发展论》，教育科学出版社 2011 年版。

107. 王海燕：《实践共同体视野下的教师发展》，重庆大学出版社 2011 年版。

108. 鲍传友：《教育公平与政府责任》，北京师范大学出版社 2011 年版。

109. 赵素文、黄家骅：《基础教育发展研究》，厦门大学出版社 2011 年版。

110. 张钰、张振助：《中国义务教育公平推进实证研究》，教育科学出版社 2011 年版。

111. 李敏：《义务教育非均衡发展动力机制研究》，中国社会科学出版社 2011 年版。

112. 邵光华等：《基础教育优质均衡发展研究》，浙江大学出版社 2011 年版。

113. 联合国教科文组织总部：《教育——财富蕴藏其中》，教育科学出版社1996年版。

114. 联合国教科文组织国际教育发展委员会：《学会生存——教育世界的今天和明天》，华东师范大学比较教育研究所译，教育科学出版社1996年版。

115. 联合国教科文组织：《全民教育：提高教育质量势在必行——2005年全民教育全球监测报告》，中国对外翻译出版公司2005年版。

116. ［古希腊］亚里士多德：《亚里士多德伦理学》，向达译，商务印书馆1933年版。

117. ［美］R. 纳克斯：《不发达国家的资本形成》，谨斋译，商务印书馆1966年版。

118. ［苏格兰］亚当·斯密：《国民财富的性质和原因的研究》（上卷），商务印书馆1972年版。

119. ［美］保罗·A. 萨缪尔森：《经济学》（上册），商务印书馆1980年版。

120. ［苏］斯·尔·科斯塔年：《国民教育经济学》，孙夏南等译，吉林人民出版社1981年版。

121. ［英］马歇尔：《经济学原理》（上卷），商务印书馆出版，1981年版。

122. ［英］J. 希恩：《教育经济学》，郑伊雍译，教育科学出版社1981年版。

123. ［美］西奥多·W. 舒尔茨著：《教育的经济价值》，曹延庭译，吉林人民出版社1982年版。

124. ［古希腊］亚里士多德：《政治学》，吴寿彭译，商务印书馆1983年版。

125. ［美］理查德·D. 范斯科德，理查德·J. 克拉夫，约翰·D. 哈斯：《美国教育基础——社会展望》，教育科学出版社1984年版。

126. ［美］菲利普·G. 阿特巴赫：《比较高等教育》，文化教育出版社1985年版。

127. ［美］加里·S. 贝克尔：《人力资本》，梁小民译，北京大学出版社1987年版。

128. [印] 塔斯帕·马久姆达：《新教育经济学导论》，王铁生译，中国财政经济出版社1987年版。

129. [美] 威廉·K. 弗兰克纳：《善的求索：道德哲学导论》，黄伟合等译，辽宁人民出版社1987年版。

130. [法] 弗朗索瓦·佩鲁：《新发展观》，张宁、丰子义译，华夏出版社1987年版。

131. [美] 阿瑟·奥肯：《平等与效率——重大抉择》，四川人民出版社1988年版。

132. [美] E. 科恩：《教育经济学》，王玉昆等译，华东师范大学出版社1989年版。

133. [英] M. 布劳格：《教育经济学导论》，韩云等译，春秋出版社1989年版。

134. [德] 赫尔巴特：《普通教育学·教育学讲授纲要》，李其龙译，人民教育出版社1989年版。

135. [美] 亨廷顿：《变化社会中的政治秩序》，生活·读书·新知三联书店1989年版。

136. [美] 詹姆斯·E. 安德森：《公共政策》，华夏出版社1990年版。

137. [美] 乔·萨托利：《民主新论》，冯克利等译，东方出版社1993年版。

138. [美] 伯顿·克拉克：《高等教育系统——学术组织的跨国研究》，杭州大学出版社1994年版。

139. [英] 米尔恩：《人的权利与人的多样性——人权哲学》，夏勇等译，中国大百科全书出版社1995年版。

140. [法] 卢梭：《社会契约论》，商务印书馆1997年版。

141. [英] 边沁：《政府片论》，商务印书馆1997年版。

142. [美] 约翰·罗尔斯：《正义论》，何怀宏等译，中国社会科学出版社1998年版。

143. [美] 戴维·波普诺：《社会学》，中国人民大学出版社1999年版。

144. [美] 保罗·A. 萨缪尔森：《经济学》，华夏出版社1999年版。

145. 〔德〕滕尼斯：《共同体与社会》，林荣远译，商务印书馆 1999 年版。

146. 〔美〕斯蒂格利茨：《经济学》（第二版），梁小民等译，中国人民大学出版社 2000 年版。

147. 〔日〕藤田英典：《走出教育改革的误区》，张琼华等译，人民教育出版社 2000 年版。

148. 〔美〕菲利普·库姆斯：《世界教育危机》，人民教育出版社 2001 年版。

149. 〔美〕沃尔特·惠特曼·罗斯托：《经济成长的阶段——非共产党宣言》，郭熙保、王松茂译，中国社会科学出版社 2001 年版。

150. 〔美〕B. 盖伊·彼得斯：《政府未来的治理模式》，中国人民大学出版社 2001 年版。

151. 〔苏〕苏霍姆林斯基：《苏霍姆林斯基选集》，教育科学出版社 2001 年版。

152. 〔法〕P. 布尔迪厄、J. C. 帕斯隆：《再生产——教育系统理论的要点》，商务印书馆 2002 年版。

153. 〔美〕C. E. 林德布鲁姆：《市场体制的秘密》，耿修林译，江苏人民出版社 2002 年版。

154. 〔德〕曼海姆：《意识形态与乌托邦》，黎鸣等译，商务印书馆 2002 年版。

155. 〔英〕杰夫·惠迪、萨莉·鲍尔、大卫·哈尔平：《教育中的放权与择校：学校、政府和市场》，马忠虎译，教育科学出版社 2003 年版。

156. 〔古希腊〕亚里士多德：《尼各马科伦理学》，苗力田译，中国人民大学出版社 2003 年版。

157. 〔古希腊〕亚里士多德：《政治学》，颜一等译，中国人民大学出版社 2003 年版。

158. 〔美〕德尼·古莱：《发展伦理学》，高銛等译，社会科学文献出版社 2003 年版。

159. 〔英〕齐格蒙特·鲍曼：《共同体》，欧阳景根译，江苏人民出版社 2003 年版。

160. 〔美〕汤姆林森：《多元能力课堂中的差异教学》，刘颂译，中国轻工业出版社 2003 年版。

161. [日] 佐藤学:《学习的快乐——走向对话》,钟启泉译,教育科学出版社 2004 年版。

162. [英] 安迪·格林:《教育与国家的形成:英、法、美教育体系起源之比较》,王春华译,教育科学出版社 2004 年版。

163. [美] 戴安·赫克斯:《差异教学使每个学生获得成功》,杨希洁译,中国轻工业出版社 2004 年版。

164. [英] C.W. 沃特森:《多元文化主义》,吉林人民出版社 2005 年版。

165. [美] 迈克尔·波特:《竞争战略》,华夏出版社 2005 年版。

166. [美] 霍华德·威亚尔达:《非西方发展理论》,董正华、昝涛译,北京大学出版社 2006 年版。

167. [美] 小弗恩·布里姆莱:《教育财政学——因应变革时代》,中国人民大学出版社 2007 年版。

168. [美] 卡拉汉:《教育与效率崇拜:公立学校管理的社会影响因素研究》,马焕灵译,教育科学出版社 2011 年版。

169.《马克思恩格斯全集》(第 1 卷),人民出版社 1956 年版。

170.《马克思恩格斯全集》(第 18 卷),人民出版社 1965 年版。

171.《马克思恩格斯全集》(第 20 卷),人民出版社 1971 年版。

172.《马克思恩格斯全集》(第 32 卷),人民出版社 1979 年版。

173.《马克思恩格斯选集》(第 1 卷),人民出版社 1995 年版。

174.《马克思恩格斯选集》(第 3 卷),人民出版社 1995 年版。

175.《马克思恩格斯选集》(第 4 卷),人民出版社 1995 年版。

176.《资本论》(第 1 卷),人民出版社 1975 年版。

177.《列宁全集》(第 4 卷),人民出版社 1984 年版。

178.《列宁全集》(第 38 卷),人民出版社 1986 年版。

179.《毛泽东选集》(第 1 卷),人民出版社 1991 年版。

180.《毛泽东选集》(第 5 卷),人民出版社 1977 年版。

181.《毛泽东选集》(第 6 卷),人民出版社 1977 年版。

182.《邓小平文选》,人民出版社 1983 年版。

183.《邓小平文选》(第 2 卷),人民出版社 1994 年版。

184.《邓小平文选》(第 3 卷),人民出版社 1994 年版。

二 中文期刊

1. 王化文、郭向凡:《农村职业教育发展的"模式"与原则》,《教育与经济》,1987 年第 2 期。

2. 查有梁:《建立教育的"良性循环"》,《新华文摘》,1987 年第 4 期。

3. 傅兴国:《论我国高教发展模式的转变》,《高等教育研究》,1988 年第 2 期。

4. 王端庆:《外国高等教育发展模式的比较和启示》,《高等教育研究》,1988 年第 3 期。

5. 吴宪如:《经济惯性规律初探》,《当代财经》,1989 年第 10 期。

6. 樊安群:《我国高等教育运行状态的宏观分析》,《高等教育研究》,1990 年第 3 期。

7. 苌景州:《建立有利于义务教育均衡发展的资金保障体系》,《贵州社会科学》,1994 年第 1 期。

8. 李风圣:《论公平》,《哲学研究》,1995 年第 11 期。

9. 房剑森:《论我国高等教育的补偿性增长》,《高等教育研究》,1996 年第 4 期。

10. 陈培瑞:《我国教育发展方式亟待转变》,《求是》,1996 年第 7 期。

11. 周贝隆:《关于转变我国教育发展方式的思考》,《上海高教研究》,1996 年第 3 期。

12. 邓启惠:《关于规模经济理论的几个问题》,《求索》,1996 年第 3 期。

13. 叶文梓:《论高等教育的增长方式》,《上海高教研究》,1997 年第 4 期。

14. 王玉昆:《普通中学办学效益分析》,《中小学管理》,1997 年第 6 期。

15. 吴恒山:《教育均衡化政策的提出及其实践意义》,《大连教育学院学报》,1998 年第 1 期。

16. 余秀兰：《追求高等教育均衡发展的理想》，《上海高教研究》，1998年第12期。

17. 钟启泉：《基础学校：学习的共同体——新世纪基础学校的构图（之一）》，《上海教育》，1998年第8期。

18. 厉以宁：《关于教育产品的性质和对教育的经营》，《教育发展研究》，1999年第10期。

19. 王善迈：《关于教育产业化的讨论》，《北京师范大学学报》（人文社科版），2000年第1期。

20. 孙莉莉：《美国缩小班级规模研究回顾与启示》，《教育科学研究》，2000年第1期。

21. 康永久：《教育制度：最重要的教育资源》，《教育与经济》，2001年第3期。

22. 汪利兵：《公立学校私营化：英国"教育行动区"案例研究》，《比较教育研究》，2001年第1期。

23. 顾明远：《教育均衡发展是教育平等的问题，是人权问题》，《人民教育》，2002年第4期。

24. 于建福：《教育均衡发展：一种有待普遍确立的教育理念》，《教育研究》，2002年第2期。

25. 翟博：《教育均衡发展：现代教育发展的新境界》，《教育研究》，2002年第2期。

26. 文喆：《促进基础教育均衡发展》，《教育科学研究》，2002年第6期。

27. 周峰：《试论基础教育均衡发展的若干问题》，《教育研究》，2002年第8期。

28. 朱永新、许庆豫：《论基础教育均衡发展》，《中国教育学刊》，2002年第6期。

29. 万明钢：《"积极差别待遇"与"教育优先区"的理论构想——西部少数民族贫困地区教育发展途径探索》，《教育研究》，2002年第5期。

30. 唐龙：《从"转变经济增长方式"到"转变经济发展方式"的理论思考》，《当代财经》，2002年第12期。

31. 赵中建：《从教育蓝图到教育立法——美国〈不让一个儿童落后法〉评述》，《教育发展研究》，2002年第2期。

32. 国家教育发展研究中心专题组：《实现基础教育均衡发展的现状分析及对策选择》，《人民教育》，2002年第5期。

33. 韩清林：《基础教育均衡发展方略的政策分析》，《国家高级教育行政学院学报》，2002年第4期。

34. 驻韩国使馆教育处：《韩国为提高教育国际竞争力出台新举措》，《世界教育信息》，2002年第12期。

35. 叶玉华：《教育均衡化的国际比较与政策研究》，《教育研究》，2003年第11期。

36. 王善迈、袁连生、刘泽云：《我国公共教育财政体制改革的进展、问题及对策》，《北京师范大学学报》（社会科学版），2003年第6期。

37. 王斌泰：《着力推进基础教育均衡发展》，《求是》，2003年第19期。

38. 袁振国：《建立教育发展均衡系数切实推进教育均衡发展》，《人民教育》，2003年第6期。

39. 施雨丹：《教育个性化：日本教育改革的战略选择》，《外国中小学教育》，2003年第10期。

40. 马晓强：《关于我国普通高中教育办学规模的几个问题》，《教育与经济》，2003年第3期。

41. 马健生、鲍枫：《缩小学校规模：美国教育改革的新动向》，《比较教育研究》，2003年第5期。

42. 王艳玲：《"教育行动区"计划——英国改造薄弱学校的有效尝试》，《全球教育展望》，2004年第9期。

43. 王毓珣：《美国中小学教师队伍建设新动向》，《上海教育科研》，2004年第9期。

44. 陈敬朴：《教育政策城市偏向的要害及其特点》，《当代教育科学》，2004年第20期。

45. 李进忠：《美国学校规模小型化：政策、研究与实践》，《全球教育展望》，2004年第2期。

46. 李协京：《新自由主义和新保守主义路线指导下的日本教育改

革》，《教育研究》，2005 年第 8 期。

47. 洪明、徐红敏：《改革美国公立学校的新尝试——爱迪生学校的新发展》，《外国中小学教育》，2005 年第 7 期。

48. 姚永强：《关于基础教育资源优化配置的理论思考》，《西华师范大学学报》（哲学社会科学版），2005 年第 2 期。

49. Shin－Bok Kim：《韩国教育模式的变革与发展》，《教育发展研究》，2005 年第 10 期。

50. 欧阳光华：《一体与多元——欧盟教育政策述评》，《比较教育研究》，2005 年第 1 期。

51. 褚宏启：《政府与学校的关系重构》，《教育科学研究》，2005 年第 1 期。

52. 刘伟：《经济发展和改革的历史性变化与增长方式的根本转变》，《经济研究》，2006 年第 1 期。

53. 谢仁业：《中国高等教育内涵发展：价值、问题及趋势》，《教育发展研究》，2006 年第 7 期。

54. 王晓辉：《法国新世纪教育改革目标：为了全体学生成功》，《比较教育研究》，2006 年第 5 期。

55. 路宏：《关于学校规模经济研究的综述》，《中国农业教育》，2006 年第 3 期。

56. 任运昌：《西部农村寄宿制学校给农民家长带来了什么》，《当代教育科学》，2006 年第 18 期。

57. 范先佐：《农村中小学布局调整的原因、动力及方式选择》，《教育与经济》，2006 年第 1 期。

58. 翟博：《教育均衡发展：理论、指标及测算方法》，《教育研究》，2006 年第 3 期。

59. 孙亚蜀：《应试教育对素质教育的惯性影响及应对》，《中国成人教育》，2006 年第 4 期。

60. 国家教育督导团：《国家教育督导报告（2005）》，《教育发展研究》，2006 年第 5A 期。

61. 曹大辉、周谊：《英、美二国特色学校初探》，《外国中小学教育》，2006 年第 4 期。

62. 李晓强：《超国家层面的欧盟教育政策：回顾与展望》，《全球教育展望》，2006 年第 8 期。

63. 李均、郭凌：《发达国家改造薄弱学校的主要经验》，《外国中小学教育》，2006 年第 11 期。

64. 黄泰岩：《转变经济发展方式的内涵与实现机制》，《求是》，2007 年第 18 期。

65. 林毅夫、任若恩：《东亚经济增长模式相关争论的再探讨》，《经济研究》，2007 年第 8 期。

66. 范国睿、李树峰：《内涵发展：教育均衡发展的新趋向》，《上海教育科研》，2007 年第 7 期。

67. 王爱学、赵定涛：《西方公共产品理论回顾与前瞻》，《江淮论坛》，2007 年第 4 期。

68. 杨海燕：《超大规模学校的现实困境与规模选择》，《国家教育行政学院学报》，2007 年第 8 期。

69. 郑丽娜：《大学变革中的组织惯性分析》，《浙江师范大学学报》（社会科学版），2007 年第 6 期。

70. 张环宙、黄超超、周永广：《内生式发展模式研究概述》，《浙江大学学报》（人文社会科学版），2007 年第 2 期。

71. ［加］亨利·明茨伯格：《发展的反思》，《IT 经理世界》，2007 年第 9 期。

72. 胡显章：《全球化背景下的文化多样性与文化自觉》，《清华大学学报》（哲学社会科学版），2007 年第 3 期。

73. 杨小明、张涛：《论有差异的公平》，《学术论坛》，2007 年第 3 期。

74. 梁树发：《马克思主义整体性与基本原理体系的建构》，《教学与研究》，2007 年第 11 期。

75. 郑友训、冯尊荣：《义务教育高位均衡发展的理性解读》，《江南大学学报》（教育科学版），2008 年第 4 期。

76. 朱汉明：《以质量创新推进义务教育高位均衡发展》，《湖北教育》，2008 年第 4 期。

77. 姜健力：《辽宁经济发展与发展方式的转变》，《沈阳工业大学学报》（社会科学版），2008年第1期。

78. 高峰：《国外转变经济发展方式体制机制经验借鉴》，《世界经济与政治论坛》，2008年第3期。

79. 李伟：《助推经济发展方式转变的价格政策选择》，《价格月刊》，2008年第1期。

80. 刘瑞：《中国经济增长（发展）方式转变的客观性与艰难性》，《北京行政学院学报》，2008年第3期。

81. 蒋伏心：《经济增长方式转变：内涵的讨论与路径的选择——以长三角和珠三角为例的研究》，《经济学家》，2008年第3期。

82. 唐龙：《转变经济发展方式关键在于政府改革》，《经济体制改革》，2008年第6期。

83. 张泰：《对转变经济发展方式的若干思考》，《经济研究参考》，2008年第20期。

84. 李承先、贺武华：《"特许学校"重建美国公立学校探析》，《比较教育研究》，2008年第8期。

85. 宋梓铭：《我所经历的"国家贫困地区义务教育工程"》，《中国财政》，2008年第16期。

86. 黄正平：《英国中小学教师的培养及其启示》，《外国中小学教育》，2008年第9期。

87. 范先佐：《农村学校布局调整与教育的均衡发展》，《教育发展研究》，2008年第7期。

88. 胡咏梅、杜育红：《中国西部农村小学资源配置效率评估》，《教育与经济》，2008年第1期。

89. 王颖、杨润勇：《新一轮农村中小学布局调整后的负面效应——调查反思与对策分析》，《教育理论与实践》，2008年第12期。

90. 张民选、朱兴德、吕杰昕、闫温乐：《公平与卓越：世界教育发展的新追求》，《教育发展研究》，2008.

91. 钟启泉：《新〈学习指导要领〉的理念与课题——日本教育学者梶田叡一教授访谈》，《全球教育展望》，2008年第8期。

92. 常芳、白媛媛：《农村小学布局调整对学生成绩影响的实证分析——以陕西为例》，《南方经济》，2008年第9期。

93. 石中英：《教育学研究中的概念分析》，《北京师范大学学报》（社会科学版），2009年第3期。

94. 周培植：《以教育生态理论促进区域教育现代化——杭州市下城区"高位均衡、轻负高质"教育发展路径探析》，《教育研究》，2009年第10期。

95. 杨小微：《义务教育内涵式均衡发展路径分析》，《教育发展研究》，2009年第5期。

96. 沈有禄、谯欣怡：《基础教育均衡发展：我们真的需要一个均衡发展指数吗?》，《教育科学》，2009年第6期。

97. 司晓宏：《优化教育资源配置 促进西部农村义务教育优质发展》，《教育研究》，2009年第6期。

98. 陈孝兵：《论制度创新与经济发展方式的转变》，《理论学刊》，2009年第8期。

99. 楼世洲、宁业勤：《学校内涵式发展评价准则的构建》，《教育科学》，2009年第1期。

100. 刘萍：《学习实践科学发展观转变职业技术教育发展方式》，《湖北社会科学》，2009年第8期。

101. 白治堂、方彤：《美国中部地区教师教育机构农村师资问题的解决策略》，《外国教育研究》，2009年第4期。

102. 姜峰、刘丽莉：《澳大利亚促进民族地区教育均衡发展政策研究——土著民族教育（目标援助）法案述评》，《民族教育研究》，2009年第5期。

103. 王贤：《博弈论视角下城乡义务教育均衡发展中的效率与公平关系》，《现代教育管理》，2009年第2期。

104. 姚永强：《基于规模经济视域下的农村中小学布局调整》，《现代教育科学》，2009年第6期。

105. 于海波：《农村学校布局调整要警惕辍学率反弹》，《求是》，2009年第16期。

106. 吴遵民、赖秀龙：《日本基础教育的质量保障机制及启示》，《外国中小学教育》，2009年第3期。

107. 王志刚、黄棋：《内生式发展模式的演进过程》，《教学与研究》，2009 年第 3 期。

108. 谭春芳、徐湘荷：《大就好吗——美国小规模中小学校（学区）合并问题研究》，《外国中小学教育》，2009 年第 2 期。

109. 林上洪：《"教育共同体"刍议》，《教育学术月刊》，2009 年第 10 期。

110. 刘新成、苏尚锋：《义务教育均衡发展的三重意蕴及其超越性》，《教育研究》，2010 年第 5 期。

111. 熊川武、江玲：《论义务教育内涵性均衡发展的三大战略》，《教育研究》，2010 年第 8 期。

112. 刘国荣：《关于推进长三角义务教育高位均衡发展的思考与建议》，《上海教育科研》，2010 年第 11 期。

113. 关松林：《基础教育均衡发展：理念与策略》，《中国教育学刊》，2010 年第 6 期。

114. 吴亮奎：《优质均衡发展：现实矛盾及理论思考》，《教育发展研究》，2010 年第 18 期。

115. 范从来、赵永清：《内源发展与外源发展：苏州模式和温州模式的比较》，《阅江学刊》，2010 年第 6 期。

116. 齐建国：《用科学发展观统领经济发展方式转变》，《财贸经济》，2010 年第 4 期。

117. 王彬霞：《转变经济发展方式研究综述》，《云南财经大学学报》（社会科学版），2010 年第 6 期。

118. 刘伟：《转变经济发展方式的根本在于人才优先发展》，《中国人才》，2010 年第 6 期。

119. 夏东民：《自主创新与经济发展方式转变》，《毛泽东邓小平理论研究》，2010 年第 3 期。

120. 白津夫：《加快发展方式转变的重点与主要任务》，《红旗文摘》，2010 年第 13 期。

121. 钟清流：《推动经济发展方式转变的动力机制分析》，《理论学刊》，2010 年第 4 期。

122. 孙刚：《关于加快我国教育发展方式转变的思考》，《国家行政学院学报》，2010 年第 4 期。

123. 张守祥：《深化高中新课改的关键——转变教育发展方式》，《基础教育参考》，2010年第9期。

124. 阎广芬、邵长兰：《美国基础教育改革：以教师分层为视角的分析》，《外国教育研究》，2010年第7期。

125. 冯大鸣：《奥巴马的修法计划及对美国教育行政的影响》，《教育发展研究》，2010年第18期。

126. 王泉：《发展理论视域下的科学发展观》，《社会主义研究》，2010年第1期。

127. 黄家骅：《义务教育均衡发展的公平、效率和质量——兼析择校行为的引导与规范》，《教育发展研究》，2010年第18期。

128. 何克抗：《推进义务教育优质均衡发展的新思路》，《基础教育参考》，2010年第4期。

129. 张源源、邬志辉：《美国乡村学校布局调整的历程及其对我国的启示》，《外国中小学教育》，2010年第7期。

130. 侯龙龙、张鼎权、卢永平：《西部五省区农村学校布局调整与学生发展》，《教育学报》，2010年第6期。

131. 褚宏启、高莉：《义务教育均衡发展评估指标与标准的制订》，《教育发展研究》，2010年第6期。

132. 万明钢、白亮：《"规模效益"抑或"公平正义"》，《教育研究》，2010年第4期。

133. 李沿知：《国外基础教育教师绩效工资改革中的主要争议》，《外国中小学教育》，2010年第7期。

134. 王潼：《经济惯性论与中国改革开放》，《河北经贸大学学报》，2010年第1期。

135. 骆志平：《从文化惯性看体制创新的障碍》，《长沙通信职业技术学院学报》，2010年第4期。

136. 魏真：《学校规模经济研究述评》，《江苏教育研究》，2010年第12期。

137. 杨晓霞、郭万利：《最适办学规模分析——以广州市黄埔区为例》，《广州大学学报》（社会科学版），2010年第11期。

138. 杜屏、赵汝英：《美国农村小规模学校政策变化分析》，《教育发展研究》，2010 年第 3 期。

139．王鑫、章婧：《西方中小学学校规模的实证研究综述》，《浙江社会科学》，2010 年第 8 期。

140．郑洁、洪明：《20 世纪 80 年代以来美国"进步主义取向"的教育变革——"要素学校联盟"的理念与实践探析》，《比较教育研究》，2010 年第 8 期。

141．蒲蕊：《学校绩效管理研究现状与发展动态分析》，《华中师范大学学报》（人文社会科学版），2010 年第 2 期。

142．周彬：《学校绩效管理的困境与出路》，《中国教育学刊》，2010 年第 11 期。

143．杨启亮：《转向兜底：义务教育优质均衡发展的重心》，《教育研究》，2011 年第 4 期。

144．范梅青：《区域义务教育高位均衡发展的策略研究》，《基础教育参考》，2011 年第 3 期。

145．范梅青：《优质均衡：义务教育均衡发展的更高追求》，《教育测量与评价》，2011 年第 8 期。

146．刘耀明：《论义务教育内涵性均衡发展的边界》，《华东师范大学学报》（教育科学版），2011 年第 1 期。

147．钟平：《共生视野下桂林市义务教育的内涵式均衡发展》，《社会科学家》，2011 年第 8 期。

148．冯建军：《优质均衡：义务教育均衡发展的新目标》，《教育发展研究》，2011 年第 6 期。

149．吕寿伟：《从均衡到优质均衡：义务教育均衡发展目标的转换》，《教育导刊》，2011 年第 12 期。

150．尹后庆：《上海基础教育转型发展的责任担当与现实使命》，《教育发展研究》，2011 年第 18 期。

151．杨建朝：《关系正义视域下教育优质均衡的发展图景》，《教育均衡发展》，2011 年第 12 期。

152．李星云：《义务教育优质均衡发展保障研究——以江苏省为例》，《教育与经济》，2011 年第 1 期。

153．褚宏启：《论教育发展方式的转变》，《教育研究》，2011 年第

11 期。

154. 李秉中：《关于转变基础教育发展方式的若干思考》，《教育研究》，2011 年第 4 期。

155. 《人民教育》理论室：《着力转变基础教育发展方式——学习胡锦涛总书记重要讲话六人谈》，《人民教育》，2011 年第 10 期。

156. 谢仁业：《从外延扩张转向内涵建设——我国高等教育发展方式及发展战略转变的回顾与展望》，《教育发展研究》，2011 年第 1 期。

157. 褚宏启：《教育发展方式转变与校长培训改革》，《中小学管理》，2011 年第 11 期。

158. 辛涛、李珍、姜宇、崇伟峰：《美国教育标准化改革现状及其启示》，《清华大学教育研究》，2011 年第 6 期。

159. 马焕灵：《美国公立学校教育问题研究》，《教师教育研究》，2011 年第 2 期。

160. 林炊利：《瑞典的教育券计划述评》，《外国中小学教育》，2011 年第 7 期。

161. 朱建康：《关于区域义务教育优质均衡发展的实践与思考》，《教书育人》，2011 年第 7 期。

162. 邬志辉、史宁中：《农村学校布局调整的十年走势与政策议题》，《教育研究》，2011 年第 7 期。

163. 张旺、郭喜永：《城乡一体化背景下乡村义务教育学校布局调整问题研究》，《教育探索》，2011 年第 11 期。

164. 任春荣：《县域义务教育均衡发展评估指标的选择方法》，《中国教育学刊》，2011 年第 9 期。

165. 谈松华、王健：《追求有质量的教育公平》，《人民教育》，2011 年第 18 期。

166. 王帅：《基于政府政策的英国特色学校发展及启示》，《外国教育研究》，2011 年第 11 期。

167. 张源源、邬志辉：《美国学校布局调整的标准、结果及其改进原则》，《外国教育研究》，2011 年第 3 期。

168. 韩占兵：《我国经济发展方式研究理论综述及其展望》，《沈阳工业大学学报》（社会科学版），2012 年第 1 期。

169. 贾继娥、褚宏启：《教育发展方式转变的三条路径》，《教育发展研究》，2012 年第 3 期。

170. 张益德：《转变高职教育发展方式的思考》，《中国科教创新导刊》，2012 年第 2 期。

171. 卢伟、甘琼英：《教育发展方式转变与教育培训改革》，《教育科学研究》，2012 年第 3 期。

172. 冯建军：《内涵发展：推进义务教育优质均衡的路向选择》，《南京社会科学》，2012 年第 1 期。

173. 冯建军：《义务教育均衡发展方式的转变》，《中国教育学刊》，2012 年第 3 期。

174. 乔雪峰：《断裂还是承接？——芬兰基础教育改革的路径选择及其启示》，《外国教育研究》，2012 年第 1 期。

175. 傅添：《论 NCLB 法案以来美国教育行政管理体制的改革趋势》，《外国教育研究》，2012 年第 2 期。

176. 张杰、赵峰：《基于多层次灰色理论的基础教育资源配置效果测评研究》，《河南社会科学》，2012 年第 6 期。

177. 姚永强：《教育政策主体的利益冲突与整合》，《国家教育行政学院学报》，2012 年第 3 期。

178. 王定华：《关于我国农村义务教育学校布局调整的调查与思考》，《华中师范大学学报》（人文社会科学版），2012 年第 6 期。

179. 李旭：《学校声誉制度：学校同质化的制度根源》，《中国教育学刊》，2012 年第 4 期。

180. 顾明远：《战后世界教育发展的历程和中外教育的比较》，《外国中小学教育》，2012 年第 2 期。

181. 常宝宁、高绣叶：《英国特色学校发展的绩效与启示》，《比较教育研究》，2012 年第 3 期。

182. 赵丹：《农村教学点在义务教育均衡发展中的作用、问题与对策》，《华中师范大学学报》（人文社会科学版），2012 年第 5 期。

183. 翟楠：《教育共同体的类型及其道德意蕴》，《教育理论与实践》，2012 年第 31 期。

184. 芮国星、袁祖社：《欧盟教育标准框架研究——基于"一体"与

"多元"的视角》,《东北师大学报》(哲学社会科学版),2012年第4期。

185. 陈彬、李明星:《教育制度变迁中路径依赖的成因及对策》,《教育科学》,2012年第3期。

186. 杨令平、司晓宏:《西部县域义务教育均衡发展现状调研报告》,《教育研究》,2012年第4期。

187. 姚永强、冯文全:《义务教育均衡发展科学意蕴之解读》,《现代中小学教育》,2013年第1期。

188. 周兴国:《义务教育均衡发展:从资源配置到资源激活》,《教育发展研究》,2013年第2期。

189. 姚永强:《论义务教育均衡发展方式的转变》,《教育研究》,2013年第2期。

190. 姚永强:《内生发展:薄弱学校改造路径选择》,《中国教育学刊》,2013年第4期。

191. 姚永强:《非均衡推进:义务教育均衡发展的战略选择》,《当代教育科学》,2013年第6期。

192. 肖龙海、韩青青:《美国教育改革的新动向——〈教育改革与国家安全〉报告解析》,《比较教育研究》,2013年第3期。

193. 洪明:《美国当代进步主义取向的学校变革——"要素学校联盟"的原则、实践基准和组织模式研究》,《比较教育研究》,2013年第1期。

三 报纸网络

1. 日本时事通讯社:《内外教育》,1998年2月5日。

2. 翟博、刘帆、时晓玲:《世纪的承诺——来自中国实现"基本普及九年义务教育和基本扫除青壮年文盲"的报告》,《中国教育报》,2001年4月9日。

3. 储召生:《中央大力扶持西部和贫困地区教育发展,学校对口支援工作取得显著成效》,《中国教育报》,2003年2月15日。

4. 余冠仕、谭南周:《办好让家长放心的初中校——厦门市政府主导十年电脑派位破解择校难题的启示》,《中国教育报》,2007年10月29日。

5. 孙强、刘海红:《走向空壳的乡村学校——乡村教育调查报告》,

《华商报》，2009年11月9日。

6. 张茂聪：《教育均衡发展：素质教育实施的保障》，《中国教育报》，2010年4月6日。

7. 教育部：《2010年全国教育事业发展统计公报》，《中国教育报》，2011年7月8日。

8. 李丽辉：《我国6年累计投入义务教育相关经费近5500亿元》，《人民日报》，2012年12月26日。

9. 张灵：《中国农村学校每天消失63所》，《京华时报》，2012年11月18日。

10. 赵静：《西宁二期教育布局调整新建、改扩建17所学校》，《青海日报》，2012年10月31日。

11. 赵鹏：《农村中小学撤并致辍学人数增1.1倍，教育支出增加》，《京华时报》，2013年5月4日。

12. 吴俊等：《名校集团化办学勿过速》，《瞭望》，2012年12月10日。

13. 新郑市教育体育局：《让更多学生公平地享受优质教育资源——河南省新郑市推进义务教育均衡发展情况回顾》，全国义务教育均衡发展研讨会，安徽铜陵，2006年。

14. 《区域推进教育均衡化发展的实践和思考》，http：//www.nbjiangbei.gov.cn/art/2007/12/21/art_6111_173104.html.

15. 《关于进一步推进义务教育均衡发展的工作意见》，http：//www.fujian.gov.cn/zwgk/gzjh/sjgzjh/200710/t20071011_38236.htm.

16. 《河南省人民政府关于推进义务教育均衡发展的意见》，http：//www.henan.gov.cn/zwgk/system/2007/01/26/010021244.shtml.

17. 《湖南省人民政府办公厅关于推进义务教育均衡发展的意见》，http：//www.hdjyw.cn/Html/information/pjg/144633697.html.

18. 《我省创新五大机制推动义务教育均衡发展》，http：//www.jxedu.gov.cn/zwgk/jcjyxb/xbgzdt1/2012/05/20120531031136230.html.

19. 《河南省财政厅持续加大资金投入，保障义务教育均衡发展财力》，http：//henan.people.com.cn/news/2012/10/16/647510.html.

20. 《绥芬河市：加大政府投入 促进义务教育均衡发展》，http：//

www. moe. gov. cn/publicfiles/business/htmlfiles/moe/s5203/201107/122755. html.

21. 《全国中小学危房改造工程》，http：//www. mof. gov. cn/preview/mof/zhuantihuigu/2006ysbgjd/mcjs/200805/t20080519_ 23239. html.

22. 《寄宿制学校应加强投入因地制宜》，http：//www. sxgov. cn/comment/comment_ content/2009－04/14/content_ 68456. htm.

23. 《中央财政两年投350亿元改善农村办学条件》，http：//news. cntv. cn/18da/20121113/107139. shtml.

24. 《江西实施中小学校舍安全工程改善办学条件》，http：//news. cnr. cn/gnxw/201105/t20110516_ 508000055. shtml.

25. 《国家贫困地区义务教育工程》，http：//www. china. com. cn/guoqing/2008—08/20/content_ 23803754. htm.

26. 《重庆市加大投入化解农村义务教育经费难题》，http：//learning. sohu. com/20080919/n259651498. shtml.

27. 《强化政府责任　大力推进义务教育均衡发展》，http：//jjh. gsedu. cn/zlhbzw/sc. htm.

28. 《河北省政府办公厅关于进一步调整中小学布局的意见》，http：//www. 110. com/fagui/law_ 209652. html.

29. 《陕西省人民政府关于加快中小学布局调整和优化教职工队伍确保农村义务教育投入的意见》，http：//www. chinalawedu. com/news/1200/22598/22615/22794/2006/4/li7451523716460021925—0. htm.

30. 《中共湖北省委办公厅、湖北省人民政府办公厅关于调整优化农村中小学布局结构的意见》，http：//www. chinalawedu. com/news/1200/22598/22615/22792/2006/4/ch9955464472615146002920—0. htm.

31. 《中国教师年龄结构优化　中青年成中小学教师主体》，http：//www. chinanews. com/edu/2011/09－06/3309470. shtml.

32. 《中央财政累计安排194亿元支持农村学校食堂改造》，http：//www. gov. cn/gzdt/2012－11/29/content_ 2277867. htm.

33. 《山西11.8亿改造48县市农村学校，留守儿童引关注》，http：//www. chinanews. com/edu/2012/04－25/3845803. shtml.

34. 《广西将投近10亿改造农村薄弱学校，注重"内涵建设"》，ht-

tp：//gx. people. com. cn/n/2012/0207/c179430 – 16726740. html.

35. 《广西柳州拉莲藕车"客串"校车严重超载》，http：//news. xinhuanet. com/local/2011 – 11/18/c_ 122299584. htm.

36. 《农村校车安全重责谁来担》，http：//society. people. com. cn/GB/8217/17381030. html.

37. 《甘肃正宁县一幼儿园校车与卡车相撞》，http：//society. people. com. cn/GB/16271915. html.

38. 《江苏徐州丰县首羡镇发生校车翻车事故》，http：//society. people. com. cn/GB/16581969. html.

39. 《潜江市：全面实施联校办学和联片管理 推进义务教育区域一体化发展》，http：//www. moe. gov. cn/publicfiles/business/htmlfiles/moe/s5203/201108/122887. html.

40. 《兰州昨启动义务教育区域均衡"一体化办学"工程》，http：//xbsb. gansudaily. com. cn/system/2011/07/01/012054131. shtml.

41. 《重点学校政策》，http：//news. qq. com/zt2011/ghgcd/49. htm.

42. 《国家教育督导报告 2008（摘要）》，http：//www. china. com. cn/policy/txt/2008—12/16/content_ 16955206. htm.

四 外文资料

1. Van Scoffer, Richard D. Public Schooling in America：a Reference Handbook, Santa Barbara：ABC – CLIO, Inc. , 1991, pp. 42 – 43.

2. Graec, G. Weafare labourism versus the New Right, International Studies in Sociology of Education, 1991.

3. Simon Hakim, Paul Seidenstat and Gary W. Bowman, Privatizing Education and Educational Choice, Westport Connecticut London, 1994, pp. 122 – 123.

4. Peter W. Cookson Jr：School Choice —The struggle for the soul of American Education, Yale University Press, 1994, p. 14、p. 18.

5. Berube, M . R. American School Reform：Progressive, Equity, and Excellence Movement, 1883—1993, Connecticut：Praeger, 1994, p. 131.

6. J. A. Banks, An Introduction to Multicultural Education. New York：

Published by Simon&Schuster Company, 1994.

7. Paul T. Hill, Lawrence C. Pierce, James W. Guthrie: reinventing Public Education, The University of Chicago Press, 1998, p. 27.

8. Caldwell, B. J, and Hayward, D. K. The Future of Schools: Lessons from the Reform of Public Education, London: Falmer Press, 1998, p. 149.

9. Geoff Whitty. Greating Quasi – Markets in Education: A Review of Recent Research on Parental Choice and School Autonomy in the Three Country. In Marshall, J. and Peters, M. (eds.) Education Policy, Cheltenham: Edward Elgar Publishing, Inc. , 1999, p. 219.

10. Hume, D. A Treatise of Human Nature. In L. A. Selby – Bigge (Ed.). Oxford, UK: Clarendon Press. p. 538.

11. Samuelson, Paul. The Pure Theory of Public Expenditure. Review of Economics and Statistics, 36 (Nov), 1954.

12. James M. Buchanan . The Demand and Supply of Public Goods. First published in 1968 by Rand McNally & Company.

13. Kathleen Cotton, Affective and Social Benefits of Small – Scale Schooling. 1996.

14. Randall W. Eberts, Ellen Kehoe Schwartz and Joe A. Stone. School Reform, School Size, and Student Achievement. Economic Review, 1990 (2).

15. Cotton, Kathleen, Affective and Social Benefits of Small – Scale Schooling. 1996.

16. Yao – Chi Lu, Luther Tweeten. The Impact of Busing on Student Achievement. Growth and Change, 1973 (4).

17. Herfin, M. Another Development. Approaches and Strategies. Uppsala: Dag Hammarskjld Foundation, 1977.

18. Barke, M. , Newton, M. The EU Leader Initiative and Endogenous Rural Development: the Application of the Program in Two Rural Areas of Andalusia, Southern Spain. Journal of Rural Studies, 1997, (3).

19. Sergio, B. Is There Room For Local Development in a Globalized World. Cepal Review, 2005, 86.

20. Educational Evaluation and Policy Analysis, Vol. 19, No. pp. 205 –

208 Fall 1997.

21. Cost Analysis for Educational Policy – making: A Review of Cost Studies in Education in Developing Countries. Review of Educational Research, Vol. 58, No. 2, 1988.

22. ERIC Clearing house on Rural Education and Small Schools Charlesron WV. Onging Dilemmas of Schools Size: A Sport Story. Howley, Craig, 1996, 12.

23. Patrieia Wasley, Linda C. Powell, Esther Mosak, Sherry P. King, Nicole E. Holland, Matt Gladden, Michelle Fine. Small Schools: Great Studies – A Study of New Small Schools in Chicago. Bank Street College of Edueation. 2000.

24. Michael Klonsky. How Smaller Schools Prevent School Violence. Education Leadership. 2002 (2): 66.

25. Mike Davies. Human Scale by Design. Website: www.hse.org.uk.

26. Wenger, Etienne. Communities of Practice: Learning, Meaning and Identity. Cambridge University Press, 1998.

27. Kooiman J. Modern Governance: New Government – Society Interactions. London: SAGE. Cooper, 1995.

28. NEA, Issue Paper on Rural Education. http://www.nea.org.rural/lacpapersrural.html.

29. Lam D. Generating Extreme Inequality: Schooling, Earnings, and Intergenerational Transmission of Human Capital in Brazil. http://www.eric.ed.gov/sitemap/html, 1999 – 11 – 08/2006 – 12 – 02.

30. James W etz. Human Scale Education – Relationships as springboard for learning Mary Tasker. Human Scale Education – History, Values and Practice. http://www.hse.org.uk.

五 学位论文

1. 姚永强:《西部地区基础教育资源宏观配置研究》,南充:四川师范学院,2002年。

2. 田芬:《基础教育均衡发展研究》,苏州:苏州大学,2004年。

3. 杨军:《西北少数民族基础教育均衡发展研究》,兰州:西北师范大学，2005 年。

4. 赵炳坤：《经济学视角的中国高等教育发展方式研究》，武汉：武汉理工大学，2011 年。

5. 郑小明：《"超大规模高中"现象研究》，南京：南京师范大学，2008 年。

6. 梁彦清：《美国微型学校述评》，上海：华东师范大学，2006 年。

7. 郑洁：《"要素学校联盟"的理念与实践研究——20 世纪 80 年代以来美国进步主义取向的教育变革探究》，福州：福建师范大学，2011 年。

8. 付卫东：《我国义务教育学校教师绩效工资制度改革研究》，武汉：华中师范大学，2012 年。

六 政策法规

1. 《中华人民共和国教育法》
2. 《中华人民共和国义务教育法》
3. 《中国教育改革和发展纲要》
4. 《面向 21 世纪教育振兴行动计划》
5. 《国家中长期教育改革和发展规划纲要（2010—2020 年）》
6. 《国务院关于基础教育改革与发展的决定》
7. 《国务院关于进一步加强农村教育工作的决定》
8. 《国务院关于深入推进义务教育均衡发展的意见》
9. 《国务院关于加强教师队伍建设的意见》
10. 《国务院关于深化农村义务教育经费保障机制改革的通知》
11. 《国务院关于进一步加大财政教育投入的意见》
12. 《国务院关于深化改革加快发展民族教育的决定》
13. 《国务院办公厅关于规范农村义务教育学校布局调整的意见》
14. 《国务院办公厅转发国家教委等部门关于 1996 年在全国开展治理中小学乱收费工作实施意见的通知》
15. 《国务院办公厅关于实施农村义务教育学生营养改善计划的意见》
16. 《国务院办公厅关于开展国家教育体制改革试点的通知》
17. 《国务院办公厅关于完善农村义务教育管理体制的通知》

18. 《关于推动东西部地区学校对口支援工作的通知》

19. 《关于进一步推进义务教育均衡发展的若干意见》

20. 《教育部关于贯彻落实科学发展观进一步推进义务教育均衡发展的意见》

21. 《关于加强大中城市薄弱学校建设办好义务教育阶段每一所学校的若干意见》

22. 《关于大力推进城镇教师支援农村教育工作的意见》

23. 《关于大力推进农村义务教育教师队伍建设的意见》

24. 《关于加强大中城市薄弱学校建设办好义务教育阶段每一所学校的若干意见》

25. 《财政部、教育部关于实施农村义务教育薄弱学校改造计划的通知》

26. 《中央支持地方改善基础教育办学条件专项资金管理暂行办法》

27. 《关于进一步做好农村寄宿制学校建设工程实施工作的若干意见》

28. 《关于切实加强义务教育经费管理的紧急通知》

29. 《县域义务教育均衡发展督导评估暂行办法》

30. 《教育部、国家发展改革委、审计署关于印发〈治理义务教育阶段择校乱收费的八条措施〉的通知》

31. 《教育部关于治理义务教育阶段择校乱收费问题的指导意见》

32. 《城市普通中小学校校舍建设标准》

33. 《农村普通中小学校建设标准》

后 记

时光荏苒，岁月如梭，弹指一挥间，已然三年，本书终于在博士论文的基础上完稿并将付梓。有人说，科学研究是痛苦的；有人说，学术探讨是快乐的，而我在本书的写作过程中是痛苦并快乐着。的确，工作十余载、已过而立之年的我，开始每每坐在电脑前，或面对一本又一本的学术著作和专业期刊一片茫然，或面对诸多观点无所适从，或面对专业问题一筹莫展之时，总感觉那么枯燥而又一丝痛苦。慢慢地，慢慢地，自己在不知不觉中已能够从紧张焦虑而又惶恐不安中静下心来，能够从困顿茫然而又束手无策中厘清自己的研究思路，能够从纷繁复杂而又仁者见仁的诸多观点中找到自己的突破口，自己又感受着一点欣喜与快乐。在书稿完成掩卷之刻，自己感受到了些许兴奋与释然。正所谓："千淘万漉虽辛苦，吹尽黄沙始见金。"

作为一名大学教师，常常教育自己的学生要学会做人，懂得感恩。回顾过去几年，自己需要感谢的人很多。首先要感谢我的恩师范先佐教授，是他给了我投师门下、继续学习的机会。从我读硕士研究生开始，范老师就一直关心、指导和帮助我。无论是学术还是做人，范老师都给予了我谆谆教导，使我在而立之年还能不断地成长。范老师丰富的阅历、敏锐的视角、充沛的精力、孜孜不倦的探索精神以及严谨的学术态度时刻在深深地感染着我，使我终身受益。特别是在博士论文选题时，范老师的高瞻远瞩、悉心点拨，使我找准了研究的方向；在博士论文写作及书稿修订过程中，范老师不辞辛劳，修改文稿一丝不苟，大到文稿结构，小到遣词造句，都给予了精心的指导和修正，使我的博士论文及书稿得以顺利完成。

我要感谢华中师范大学教育学院学养深厚的各位老师，我有幸领略到了他们高尚的师德、深厚的学识和精湛的学术。特别要感谢郭文安教授，虽已年过八旬，却依然耕耘在讲坛，潜心于学海，令人肃然起敬，能够当面领略到郭老师的学术思想与教学风格，得到郭老师的细心指导和谆谆教诲，我真是三生有幸。还有雷万鹏教授，教育科研方法的讲授深入浅出，让我领略到了华师大年轻学者才华横溢的风采，也让我更深入地接触到实证研究的方法和技巧。还有王坤庆教授、涂艳国教授和杜时忠教授，你们精彩的学术讲座让学生拓宽了学术视野，你们在不同场合的贴心指教让学生受益匪浅。

我要感谢我的同窗好友白正府博士；感谢我的同学杨定玉博士、张国云博士、艾小平博士、马勇博士、袁川博士；感谢我的师兄师姐付卫东博士、董世华博士、肖军虎博士、杨江峰博士、杨晓霞博士；感谢我的师弟师妹贾云鹏博士、曾红权博士、邱猛跃博士、谯欣怡博士、林云博士、张河森博士；感谢我的华师大室友徐兴林博士、杨勇博士。正是在与他们的学术探讨及观点争鸣过程中，我在选题初期深受启发，并为博士论文的构思提供了诸多灵感，使我获益匪浅；也正是在博士论文的写作过程中他们为我收集到大量的第一、第二手资料，并提出很多切实可行的写作建议，使我的博士论文最终完成。

我要感谢我已过古稀之年的母亲，是你伟大的母爱和无私的奉献将我们兄弟姊妹拉扯大，是你的任劳任怨使我能毫无顾忌、全身心地投入到工作和外出学习之中。感谢我的妻子何丽芬女士，多年来，你在做好自己工作的同时还承担着繁重的家务和教导孩子的重任，没有你的深明事理和大力支持，我的生活也将不会这么幸福，我的学习之路也将不会这么顺利。感谢我的女儿可心，你无时无刻不在给家庭带来欢乐，可爸爸常常难以陪伴在你身边，给你足够的呵护，即使爸爸妈妈都不能在你身边的时候，你还能那么乖巧懂事。

"路漫漫其修远兮，吾将上下而求索。"义务教育均衡发展方式转变是一项复杂的系统工程，而对义务教育均衡发展方式转变的研究也刚刚展开。受制于学识疏浅、视角有限以及精力不济等因素，本书在理论基础、内容体系以及学术观点等方面或许存在一些缺陷和不足。加之日常工作繁忙，家庭琐事杂陈，使得本书的定稿也略显仓促，存在疏漏和错误也在所难免。故恳请各位学者专家批评指正，我将在义务教育均衡发展方式转变研究中将各位专家学者的宝贵意见转化为学术实践，潜心耕耘，系统而深入地进行研究，以无负于各位老师及专家学者们的指导与厚望，为促进我国义务教育均衡发展做出自己应有的贡献。